Le courage de vivre

Albina du Boisrouvray

Le courage de vivre

Préface de Daniel Rondeau,
de l'Académie française

Flammarion

ISBN : 978-2-0802-5131-2

À mes filleuls, Charlotte, Alexandre, Philippe,
François-Louis et Sohan, et à tous ces enfants
de la « génération larguée », qui le sont devenus aussi.

PRÉFACE

Albina est née sous une corne d'abondance. La fortune coule à torrents des montagnes andines. Une famille de bâtards, un caboulot de mineurs, des lamas, un grand-père quechua qui découvre à 5000 mètres d'altitude un gisement de minerai à ciel ouvert. Le roi de l'étain est né. Nous nageons en plein *réalisme magique*. L'argent Patino redore de vieux blasons européens. Changement d'atmosphère. Bienvenue chez les Polignac, les Grimaldi, les Boisrouvray. Un fond de gaullisme de guerre, des radiations hollywoodiennes, une pointe d'*Europe galante*.

Enfant mal aimée et révoltée, Albina est le fruit de ce mélange instable. Elle tire la langue, fait des pirouettes, son enfance ressemble à celle d'Eloïse, l'héroïne de Kay Thompson. La petite fille grandit et s'aperçoit qu'elle est belle. Ses cheveux sont très noirs, ses yeux très verts, comme ceux de la comtesse de Polignac, son aïeule, l'amie inséparable de Marie-Antoinette, mais elle préfère qu'on lui dise qu'elle ressemble à une *chola* des hauts plateaux. Albina tutoie des écrivains, leur offre une revue, rejoint les pionniers de l'écologie, escorte Johnny en amazone sur sa Harley. Elle s'habille à gauche et prend *Le Nouvel Observateur* pour le quartier général du Grand Soir.

Jean-Luc Godard, période *La Chinoise*, n'est jamais loin. Lassée de faire son cinéma, elle se lance dans la production. *Fort Saganne* est le nom de sa plus mémorable bataille. Une victoire, bien sûr. Cannes se lève pour elle. On ne résiste pas à Albina.

Et puis survient ce jour fatal, le 14 janvier 1986, précédé d'une rafale de présages. « Maman, il ne faudra pas t'inquiéter si tu entends qu'un hélico s'est écrasé, ce ne sera pas moi », lui avait encore dit son fils quelques jour auparavant. Mais ce jour-là, le 14 janvier 1986, c'est de lui dont il est question sur les ondes des radios. François-Xavier vient de se tuer aux commandes de son hélicoptère pendant le Paris-Dakar. Il avait vingt-quatre ans. Mère ravagée, Albina devient fille de sa douleur. Chacun savait qu'elle avait du caractère, du charme, une intelligence aiguisée, mais elle n'est plus qu'une femme qui pleure.

Son premier réflexe est d'élever une tour de glace autour de son chagrin. Elle s'enferme avec sa garde suisse dans une redoute du Valais. Loin de tout, mais près du ciel, dans ce Golgotha des alpages, elle peut gémir, crier, se taire. Albina ne sort de son refuge qu'un an plus tard, sans larmes, sans défaillances, debout, portée par une obsession neuve qui relève de la communion des saints : François-Xavier Bagnoud est vivant. Et vivra son idéal. Pilote d'Air Glaciers, le jeune homme avait enluminé sa jeunesse d'un mot de six lettres : SAUVER. Sauver les dévissés de la montagne, les noyés des avalanches, à l'exemple de son père et des guides qui étaient tous leurs amis.

Un cœur brisé est imprévisible. Personne ne sait jamais vers quelle pente la douleur le poussera. Albina se jette sur les chemins d'une nouvelle puissance qui se nomme l'Amour. À peine renaissante, elle assigne une mission supérieure à sa volonté, à ses talents, à son argent et à ses amis. Elle brode de ses mains les initiales (FXB) de son fils sur la bannière qu'elle veut planter dans les pays où des enfants pleurent, c'est-à-dire partout. Un grand mouvement se fait par elle qui surgit souvent où on ne l'attend pas. Elle bâtit, elle soigne, elle alerte, elle organise, elle accompagne. Dans le Valais, soins palliatifs, maison du sauvetage. En Ouganda, au Rwanda, en Inde, elle prend des orphelins dans ses bras, berce des enfants malades du sida, invente des solutions et des structures (son maître-mot) pour libérer les femmes de la plus âpre des pauvretés. Nous avons tous dans notre vie un moment où nous pouvons choisir ce que nous voulons devenir. Albina a saisi ce moment. Elle a eu le *courage de vivre*, elle a maintenant le courage de raconter. Lisez-la avec confiance. Albina a perdu son fils, mais sous chacun de ses mots, un cœur bat pour ceux qui n'ont plus de mère.

Liste des sigles utilisés

FFL : Forces françaises libres

CPCR : Center for Protection for Children's Rights

SLORC : State Law and Order Restoration Council

FXB : l'ensemble de l'Organisation composée de FFXB et de AFXB

FFXB : Fondation Francois-Xavier Bagnoud

AFXB : Association Francois-Xavier Bagnoud

CNN : Cable News Network

GAPC : Global Aids Policy Coalition

CDE : Convention des droits de l'enfant

OMS : Organisation mondiale de la santé

CGAP : Consultative Group to Assist the Poor

BRAC : Bangladesh Rural Advancement Committee

UNICEF : United Nations of International Children's Emergency Fund

USAID : United States Aid for International Developement

Pour en savoir plus sur le travail d'Albina du Boisrouvray et de l'ONG FXB, et sur l'impact et le rayonnement internationaux de leurs actions, scannez ce QR Code.

Cette année-là, l'hiver était glacial.
Ma vie s'y est arrêtée, le 14 janvier 1986.
En même temps que celle de mon fils François-Xavier.
Il avait vingt-quatre ans.
Un avenir généreux et prometteur devant lui.
Le Rallye Paris-Dakar a mis fin à son destin.
Le mien a été pulvérisé.
Je fus calcinée dans les flammes, émotionnellement incinérée.
Il n'y a pas de mots pour le dire, il n'y a pas de mots pour l'écrire.
François était la poutre faîtière de mon existence, mon enfant unique, ma priorité.
Tout était relié à lui et tout tournait autour de lui.
Foudroyée, je suis devenue un lambeau d'humanité déchiquetée, une boule de douleur recroquevillée, paralysée, muette, pétrifiée.
Que restait-il de la femme que j'avais été pendant quarante-six ans ? Rien.

Livre I

Ma rébellion

Les circonstances sont bien peu de chose,
le caractère est tout.

Benjamin Constant

La vie ne se comprend que par un retour
en arrière, mais on ne la vit qu'en avant.

Søren Kirkegaard

Métisse, je suis hybride.

Un amalgame de contradictions géographiques, ethniques, sociales, économiques et culturelles. 15 % française et celte, 20 % ibérique, 28 % européenne du Sud tous azimuts et 21 % amérindienne du Sud-Est asiatique. Les pourcentages restants se répartissent entre Afrique noire et Moyen-Orient : arabe, juive, et même 1 % africaine, fragment vraisemblablement légué par une ancêtre esclave dans les champs de canne à sucre des basses terres boliviennes.

Paradoxe. Oxymore incarné.

Luz Mila, ma mère, était la benjamine d'une famille bolivienne extrêmement fortunée. Menue, très petite et fragile, *Chola* à la peau basanée mais visage blanchi par un lavage au lait, rituel de chaque soir, elle mit au monde les 2,250 kilos du patchwork ethnique que je suis dans une crise d'éclampsie. Le matin du 2 juillet 1939, à l'Hôpital américain de Neuilly-sur-Seine, elle en eut même une luxation de l'épaule…

Affublée du prénom de ma grand-mère maternelle, Albina Patino, je débarquais dans cette banlieue parisienne cossue, à la veille de la Seconde Guerre mondiale. Je portais donc une double tradition : celle de la vieille aristocratie bretonne et auvergnate côté paternel par les Jacquelot du Boisrouvray et les Polignac. Et celle d'une bourgeoisie récemment enrichie, fortement métissée quechua, d'origine très pauvre : le côté Patino de ma mère.

Huit jours durant, je suis restée en couveuse. Maman n'avait pas de lait et, devant mon refus obstiné des laits en poudre, l'hôpital nous procura celui d'une nourrice anonyme de Levallois pour laquelle j'ai une infinie reconnaissance. Arriva fin juillet une nurse anglaise diplômée qui avait successivement élevé presque tous les petits-enfants de la tribu Patino. Miss Eva Rust, dite « Nursie », fille d'un pasteur protestant. Grande et grisonnante, allure de gendarme dans son uniforme bleu marine, elle était solide et fiable, quelque peu prude et répressive mais dotée d'une imagination enchanteresse.

Au retour de ma mère dans la maison de ses parents, 32, avenue Foch, enclave bolivienne sitôt la porte passée, je fus, pour soustraire ma famille à mes cris perçants, immédiatement remisée au dernier étage. Marie-Louise Parent, douce et distinguée femme de chambre de Maman, alertée malgré la distance par mes hurlements, me trouva, un après-midi, seule sous les combles. Mauve de rage, bleue de froid, sans couverture. « Je vous ai mise au chaud et consolée. » Tendresse maternelle absente, je suis cependant née avec une petite cuillère en étain dans la bouche.

L'étain. Ce métal avait, plusieurs décennies auparavant, scellé le destin de mon grand-père Simon Patino, avant qu'il ne devienne le patriarche dictatorial que j'ai connu. Il naquit en 1860 de père inconnu, tout comme ses deux demi-frères. *Cholo* quechua de la province de Cochabamba, à 2 700 mètres d'altitude, Simon fut à la fois orphelin et mineur à seize ans. Mon arrière-grand-mère Mali avait tenu un café sur la petite place en terre battue d'un pauvre village andin, Carrassa. Elle y servait la chicha, bière locale de maïs. À la mort de leur mère, Simon entraîna avec lui son demi-frère Ernesto âgé de dix ans, pour travailler dans les mines d'étain à plus de 4 500 mètres d'altitude. Par chance et débrouillardise, ce jeune homme aventureux, passé de mineur à employé dans un magasin d'outils de prospection, découvrit au-dessus d'Oruro, à 5 000 mètres d'altitude, presque à fleur de terre, un gisement qui deviendra la plus gigantesque mine d'étain du monde. Dans les premiers temps, ma grand-mère Albina, escortée de lamas, descendait des morceaux de roche de minerais à dos de mulet, pour emprunter, jusqu'à la banque d'Oruro, bourgade de sa naissance.

En l'absence de son patron, Simon avait fait crédit à un client, lequel avait laissé les titres de propriété d'une mine d'argent en gage. Revenu bredouille, le client abandonna ses titres au propriétaire du magasin. Celui-ci jeta mon grand-père à la rue avec, en guise de dédommagement, ces morceaux de papier apparemment inutiles.

Alors que tous traquaient l'argent des Incas, Simon, qui lisait les journaux, avait compris que l'étain deviendrait le métal du futur : boîtes de conserve, papier argenté, armements.

À quarante ans, ayant su saisir sa chance, il était devenu très riche. Une fortune considérable que la bourgeoisie étriquée et jalouse de la petite ville d'Oruro n'accepta jamais, du fait de son origine pauvre, paysanne, bâtarde et métisse. Les *Cholos*, les sang-mêlé, étaient considérés comme des Indiens, méprisés. Arrogante absurdité : là-bas, toute la population est métissée, à majorité quechua et aymara, avec dans les veines du sang espagnol des Conquistadores. L'élite locale bolivienne n'assumait pas son sang indien et cultivait un prétentieux dédain à l'égard de tout ce qui n'était pas « pur européen ».

N'ayant pas supporté d'être rejeté par ces petits-bourgeois également métissés de la provinciale Oruro, Simon embarqua avec femme et enfants, en 1912, et rejoignit l'Europe. Là, sa fortune déjà considérable le propulsa au rang des grands bourgeois nouveaux riches. Il était bien décidé à faire entrer ses filles et son fils dans l'aristocratie européenne et, tant qu'à faire, apparentée à des altesses royales. Ce qui fut fait pour trois d'entre eux : en résultèrent deux mariages malheureux et dysfonctionnels. L'omerta sur nos origines indiennes, bâtardes et misérables, enveloppa dès lors la famille, tel un épais brouillard.

Ce grand-père Simon, j'aurais aimé mieux le connaître. J'aime à penser que de lui je tiens mon obstination, le fait que le mot « impossible » soit absent de mon vocabulaire. En revanche, sur les questions politiques, nous nous serions terriblement frités. Je n'aurais pas supporté son obsession de *l'argent avant tout* et son manque d'empathie pour ceux qui ne réussissent pas. Mais, comme lui, rien n'arrête mon imaginaire en action. Souvent ça marche. Et parfois non. *Grandaddy*, à table avec ses adolescents, fait des projets de vacances :

— Si nous prenions un bateau ? Pour aller en Suisse ?

Silence. Jusqu'à ce que sa fille aînée Graziella, la plus audacieuse, ose lui dire :

— Mais Papa, il n'y a pas de mer en Suisse.

— Qu'importe. Nous construirons un canal ! répliqua-t-il.

Je me souviens d'un petit monsieur très droit et bedonnant. Coiffé, tous les étés, d'un Fedora Al Capone. Je me souviens de ses yeux gris, de ses pommettes hautes, de ses cheveux gris plaqués en arrière. Très élégant dans un costume tout aussi gris, il sentait bon l'eau de Cologne quand, timidement, je l'embrassais. J'avais remarqué une de ses oreilles, dentelée. Grand-père avait dû défendre son lopin de terre minière de la cupidité de prospecteurs locaux. Armé de fusils et barricadé derrière des protections de fortune, il avait entendu siffler la balle qui emporta ce bout d'oreille.

Souvent, très souvent, il sortait du gousset de son gilet une montre ronde en or. Maniaque quant à l'exactitude, il me faisait penser au Lapin d'Alice. Étrangement germanique dans sa discipline de travail, à table il devenait bon vivant, aimant festoyer, un verre de champagne à la main. Dans une quête constante de ce que la vie pouvait procurer de meilleur pour lui et pour les siens. Il repose aujourd'hui dans le mausolée en marbre de Carrare, coiffé d'un dôme qu'il avait fait construire dans sa ferme modèle, l'Hacienda Pairumani, à 2 700 mètres d'altitude. Quatre anges à trompette dorée y paradent. Aux pieds de ce monument, il fit sceller un grand mortier de mineur. Message implicite qui résume sa vie et qui fut son mantra : « Vous voyez donc qu'il est possible d'aller depuis ceci jusqu'à cela. »

Dès qu'il en avait eu les moyens, il avait acheté cette hacienda et la villa qu'il baptisa « Albina ». Un rêve réalisé. Adolescent, pauvre, lorgnant à travers les grilles de l'entrée, il apercevait une élégante dame blanche, gantée et chapeautée, coupant les oranges du jardin. « Un jour viendra où je serai propriétaire de cette maison », se disait-il.

Mon père était chef de la famille des Jacquelot du Boisrouvray. Par sa mère, une Polignac, je me retrouvais renvoyée à de nombreuses pages de l'histoire de France. C'est des Jacquelot que je tire mon titre anachronique et désuet de comtesse du Boisrouvray dont la presse people aime tant à m'accoutrer. En République, je trouve cela insolite, décalé et lourd à porter. Réducteur également, m'emprisonnant dans une case stigmatisante dans laquelle je n'ai pas assez de place et où j'étouffe. Entre ma mère, socialement surclassée et ethniquement déplacée, et ma famille paternelle où l'on vivait dans les souvenirs glorieux d'un monde disparu, en marge du présent, entre soi, où sont ma place et ma cohérence ? Ma grand-mère paternelle Joséphine, surnommée Pita par sa mère mexicaine originaire de l'Espagne colonisatrice, s'ennuyait dans le froid château breton de son père. Comte de province costaud et trapu, Maxime de Polignac avait la curieuse réputation, dans les foires locales, de soulever les ânes par le cou avec ses dents. Pita, belle rousse narcissique, était excentrique, caustique et douée d'une voix digne d'une diva, dont elle avait le caractère. À la fois adepte de l'abbé Mugnier et groupie d'artistes, pour lesquels elle organisait des soirées musicales où elle-même chantait. On lui prêta des aventures extraconjugales avec nombre de musiciens, grands-ducs russes et pairs de France.

À dix-huit ans, Pita épousa le futur colonel Amaury de Jacquelot, comte du Boisrouvray, pour échapper au château humide et glacial de Kerscamp. Petit homme moustachu et trapu, droit comme un i, fumant la pipe, Amaury devint un héros à Verdun et fut décoré du cou à la taille, y compris par les Américains. De ce mariage naquirent cinq enfants, dont Guy, mon père, l'aîné. Pita était elle-même l'aînée d'une fratrie de huit, dont le dernier fils, oncle Pierre, épousa la princesse Charlotte de Monaco. Celui-ci fut un ami de Proust, de Paul Valéry, et de beaucoup d'autres écrivains. Un puits d'humour et de raffinement.

— Comment avez-vous réussi à lire autant de livres, oncle Pierre ? lui demandai-je, éblouie.

— Toute ma vie, j'ai consacré deux heures en fin de journée à la lecture

Ayant perdu leur mère à l'âge de dix ans, Bonne-Maman Pita l'éleva souvent avec ses propres enfants. D'où la complicité fraternelle qui les a liés, mon père et lui, leurs vies durant.

Cet oncle gagna définitivement mon cœur, quand, un matin, ma mère m'ayant enjoint de lui faire une révérence tandis qu'il m'embrassait, « comme il se doit lorsqu'une Altesse vous dit bonjour », il me chuchota en souriant après plusieurs tentatives carambolantes : « Ne crois-tu pas que nous pourrions cesser cette petite gymnastique ridicule ? » Je suis restée attachée toute ma vie à son incomparable humour et à sa grande gentillesse.

À huit ans, je découvris les cousines de Papa, exotiques à mes yeux. Tante Marie-Blanche, fille de Jeanne Lanvin, recevait dans son salon, rue Barbet-de-Jouy, les artistes les plus talentueux de l'avant- et après-guerre : « Bébé » Bérard, Serge de Diaghilev, Nadia Boulanger. En robe d'organdi, entre deux guéridons, j'entendis pour la première fois Aldo Ciccolini interpréter des *Nocturnes* de Chopin. Découverte du piano classique. Chamboulée par une émotion inconnue.

Il y avait aussi Tante Pata, somptueusement belle, des yeux verts immenses, des traits sculptés à la perfection. Elle souffrait de Parkinson, main tremblante, bracelets tintinnabulants. Mais jamais, au bout de son bras agité de soubresauts, sa tasse de thé ne se renversa. Son mari, l'oncle Charles de Polignac, était adorable et tendre. Féru de chinois. Petit homme rondouillard exhibant, ton sur ton, une fine moustache blanche sur une peau de lait. « Vois-tu, ma chérie, me disait-il, les Chinois conseillent de suivre le chemin du Wu-Wei, l'attitude du Non-Agir. » Gracieuse façon d'excuser ce qui eût pu passer pour de la paresse. Ils buvaient tous du champagne comme si c'était de l'orangeade, leur mère, héritière Pommery, les ayant abreuvés aux plus fines bulles dès le biberon. Ces oncles et tantes, aux cheveux blancs mousseux, devisant dans un français exquis, furent pour moi et mon « américanité » un choc culturel. Ils m'intimidaient beaucoup. Si sophistiqués, distants, polis. Leurs codes m'étaient étranges et étrangers.

Silencieuse, j'écoutais leurs conversations, essayant d'assimiler toutes ces nouvelles informations. Comprenant dans le même temps qu'il y avait des zones obscures, autour desquelles chacun slalomait. Il semblait ainsi exister quelque part un oncle Melchior et une tante Nina ayant un peu trop fait ami-ami avec les « Boches ». La politique n'était pas un sujet de conversation admis à l'heure du thé, mais, laissant traîner mes oreilles du côté du petit groupe de messieurs fumant leurs cigares, j'appris que « le cher Général » renâclait à gouverner avec un groupe maudit, « les Communistes ». Il y avait un autre nom qui revenait à mots couverts : celui d'un « Maréchal Pétain », surtout pendant les rares visites chez mes grands-parents paternels, dans leur petit appartement encombré et chaleureux du 16e arrondissement. Je ressentais de vives tensions. Entre mon père et le sien, et ma mère et sa belle-mère. Quant aux « de Jacquelot du Boisrouvray », une espèce bretonne plus terrienne qui m'aurait certainement bien plu, on n'en rencontrait jamais.

Je me suis donc retrouvée, jusqu'à ce que j'exerce ma liberté et vive mon indépendance, dans un double milieu. D'un côté, titré et raffiné, BCBG et conventionnel, très conservateur. De l'autre, obscènement et ostentatoirement riche et jet-set, occultant ses origines. Les deux clans partageant néanmoins le goût du paraître aux dépens de l'être. Je grandissais entre des traditions incompatibles, des valeurs opposées, et sans affinités pour leur amalgame hétéroclite. Très vite je devins anthropologue et entomologiste, tantôt amusée, tantôt horrifiée, de mes propres origines, que je rejetais en bloc.

Nous étions une famille de nomades opulents. Quand Noël arrivait, notre transhumance nous emportait à Saint-Moritz. À l'hôtel Palace, nous retrouvions beaucoup d'amis « café society », (aujourd'hui on dirait *jet-set*), de Maman. Les femmes ne travaillaient pas. Leur but dans la vie : être jolies, habillées à la dernière mode, les ongles très longs et rouges. Quant aux hommes, ils vivaient de leurs rentes ou de Wall Street. Tous skiaient tard le matin et tapaient le carton tard le soir.

Cette faune, en grande partie de la *Mitteleuropa* devenue communiste, voyait son monde lui échapper. Le colonialisme se dissolvait, les peuples gagnaient leur indépendance. Les Nations unies avaient été érigées, la Déclaration des droits humains avait été prononcée. Les insinuations antisémites avaient eu le bec cloué par l'Holocauste. De nouvelles richesses s'imposaient, issues de pays aux populations ethniques colorées, dont la famille de Maman. Le temps des fêtes aristocratiques, insouciantes, des grandes chasses en Europe centrale était désormais relégué dans le placard aux souvenirs.

De cette enfance cosmopolite à travers les continents est née mon attirance et le fait que je sois le plus à l'aise dans la grande bigarrure. L'hétérogénéité de l'humanité, qu'elle soit sociale, économique ou génétique. Repliée dans une seule case, je panique et claustrophobise. Ces mélanges qui m'habitent me donnent une force sans laquelle je n'aurais pu exercer, de la manière dont je l'ai fait, les professions successives de productrice de cinéma et d'humanitaire militante.

En 1940, mon grand-père, refusant de vivre dans une France occupée, déracina de nouveau sa famille, cette fois en direction de New York. La tribu Patino reprit donc sa migration, traversant en voiture la France et l'Espagne jusqu'à Lisbonne. À la frontière franco-espagnole, ma mère fit preuve d'un grand courage : elle sortit de la Rolls, présenta à l'officier allemand en faction son passeport diplomatique au nom de Mlle Patino et réussit, grâce à son charme naturel, à obtenir un *Ausweis* sans aucune inspection du véhicule. L'Allemand était loin de se douter qu'un bébé de la comtesse du Boisrouvray, femme d'un résistant gaulliste, et sa *nannie* anglaise étaient camouflés à bord !

Puis, de Lisbonne, nous avons embarqué sur l'un des derniers bateaux pour l'Amérique, zigzagué entre les sous-marins allemands et sommes arrivés à New York, à l'hôtel Plaza. Nous avons ainsi vécu les cinq années suivantes dans la surabondance et en sécurité. Mais les rumeurs de la guerre et de ses innombrables morts nous bouleversaient. Ma mère, perchée sur des talons de douze centimètres, toujours impeccable, embijoutée comme un sapin de Noël, pleurait parfois. Nursie aussi. D'avoir perdu un ami ou un proche. La tragédie qui se jouait à cause de « Boches », que j'avais assimilés aux Skiswicks, ces animaux cruels et malveillants de mon livre d'images, m'effrayait. Une fois par semaine, à midi, de bruyantes sirènes retentissaient, en écho solidaire à celles qui, de l'autre côté de l'océan, annonçaient des bombardements. Le danger semblait alors à nos portes, brisant pour quelques minutes la sérénité de Central Park et de l'hôtel Plaza, « mon Plaza » comme je l'appelais.

Avec Cousin Jimmy, nous balancions toutes sortes de choses dans la colonne destinée au courrier. Cette similitude avec l'Éloïse de Kay Thompson était troublante : même tortue, bigoudis et nurse anglaise. Je me sentais protégée par le cocon tissé autour de nous par mes grands-parents, leurs enfants, leurs petits-enfants et tous les employés qui les suivaient dans notre exode. Itinérants, nous étions dispersés dans trois hôtels de Manhattan. Pour moi, un village dont les tipis étaient des gratte-ciels. Et jamais, en cinq ans, nous ne nous sommes vraiment installés. Pourtant, je me suis enracinée solidement, comme un cactus, dans le sol new-yorkais.

Le 9 juillet 1940, Papa et son jeune frère Maurice avaient rejoint le général de Gaulle. J'avais à peine un an. Amaury, le héros de Verdun, ne jurait, lui, bien entendu, que par le Maréchal. Il leur fallut beaucoup de force de caractère pour que mon père et son frère rallient les Forces françaises libres. Maurice, navigateur de Romain Gary – qui le mentionne dans *Éducation européenne* –, fut abattu avec son avion en Libye. Papa, quant à lui, fut rapatrié du Caire par bateau en 1942, sur un brancard, trois vertèbres cassées. Et opéré dès son arrivée à New York. Longtemps, il dut porter un corset.

J'étais heureuse de son retour : à trois ans, j'allais enfin faire connaissance avec mon père ! Ma première rencontre avec lui, après les vacances d'été, fut traumatisante. Lors de ma visite quotidienne à ma mère – un quart d'heure d'ennui partagé –, elle me montrait souvent cette photo de lui, posant au milieu du désert, grand et fier dans son uniforme d'aviateur. Alors, cet après-midi-là, lorsque Nursie me poussa dans une pièce sombre vers un monsieur en fauteuil roulant, je ne pus retenir mes larmes. « Va embrasser Papa, m'encouragea-t-elle. Surtout fais attention, ne le bouscule pas, il est blessé. » Le monsieur me tendit les bras dans un sourire lumineux, m'offrant un petit lapin en peluche. Cette rencontre mêla grande déception et tendresse aussi inattendue que réciproque.

Au bout de plusieurs semaines, Papa quitta son fauteuil. À chaque visite quotidienne obligatoire aux parents désormais réunis, il jouait à me soulever et me faire virevolter. « Attention, Guy, ton dos ! s'écriait Mila d'une voix perçante. Tu vas te faire mal, elle est lourde. » Nourrie aux œufs au bacon et au porridge quotidien de Nursie, je devais en effet peser à peu près le même poids que ma filiforme Tanagra de mère.

La présence soudaine de mon père dans ma vie me troublait. D'abord son physique, si éloigné de ceux que je côtoyais. Sa proximité tactile, son sourire, sa tendresse à mon égard étaient aussi nouveaux pour moi. Ils me ravissaient et m'effrayaient, tant ces manières contrastaient avec ce à quoi ma mère m'avait habituée. Oui, nous vivions dans le luxe ; dans ce domaine nous nagions dans des eaux tropicales. Mais question affection, c'était la banquise du pôle Nord !

Jeudi, jour de congé de Nursie, j'étais obligée de rester avec « Mummy » et sa femme de chambre espagnole, Florencia, son clone. Mêmes cheveux noirs, mêmes yeux couleur charbon, même chignon enfermé dans une résille de velours noire piquée d'épingles. Elles essayaient de m'endormir. Leurs épingles à cheveux dégringolaient sur ma figure – je compris très tôt que ces deux étrangères à lourd accent, fragiles et affolées, ne me seraient si besoin en était, jamais d'aucun secours.

Nursie était mon socle, mon rocher de Gibraltar. Je ne doutais pas de son amour pour moi, même si elle ne le manifestait pas. D'un naturel austère, conservatrice, elle était intraitable sur les bonnes manières. Il m'était par exemple interdit d'éternuer : il fallait appuyer un doigt sous les narines pour empêcher l'explosion. Mais elle était aussi rassurante et transformait la vie en conte de fées : en été, elle me faisait planter dans le jardin de l'auberge de North Conway, dans le New Hampshire, des graines de carottes et de radis, que nous choisissions soigneusement à la droguerie du village. Le lendemain, nous nous extasions sur les carottes et radis sortis de terre qu'elle avait pris soin de planter pendant la nuit…

Le grand favori de Nursie était mon cousin germain Jimmy, le fils de Graziella, la sœur aînée de Maman. Lui aussi l'adorait. Garçon au caractère tricheur, jaloux, manipulateur, il pouvait se montrer diabolique, limite sadique. Il inventait toutes sortes de bêtises, auxquelles il m'associait et pour lesquelles moi seule étais punie. Mais je ne réclamais pas, trop fière d'être la préférée de ce « grand frère ».

La famille de ma mère était de culture résolument machiste : les hommes menaient le bal. Ils étaient des atouts précieux, des sortes de trophées. Leur parole était sans appel. Petite fille, j'étais traitée comme une poupée. Or je n'avais pour ambition que de participer aux jeux des garçons, notamment de m'associer à ceux risqués et amusants de Cousin Jimmy. Au lieu de cela, on me badigeonnait les jambes d'eau sucrée pour que mes chaussettes cessent de vriller à force de courir ! Chaque soir, je dormais très inconfortablement installée à cause des bigoudis en papier kraft dans ma chevelure, car ma mère avait la hantise que je me réveille un matin avec des cheveux raides de *Chola* ! Elle tentait aussi de maintenir ma précaire blondeur à grand renfort de rinçages à la tisane de camomille. Ainsi Maman exhibait-elle deux trophées dorés à ses côtés lors des réunions de famille, son mari et sa fille. Plus tard, une de ses nombreuses déceptions à mon égard fut que d'année en année ma blondeur fonçait obstinément...

Je pris très tôt conscience de la place des femmes dans ce monde d'hommes. Déjà, lorsque je rendais visite à mes grands-parents, je trouvais bien plus intéressantes les discussions des fumeurs de cigares que les pépiements d'oiseaux multicolores perchés sur les sofas de l'angle opposé. L'air grave et préoccupé, les hommes, rassemblés autour de Grandaddy, parlaient politique et cours de la Bourse. Évidemment, je n'y comprenais rien. Mais leurs échanges me paraissaient plus ancrés dans cette vie que j'entrapercevais au-dehors et dont j'ignorais encore tout. Je percevais confusément que les femmes, dont je faisais partie, avaient dès la naissance un destin tout tracé : un mariage prestigieux suivi de la production de descendants. Les femmes, fabriques d'humanité. En revanche, il se dégageait des conversations des hommes un parfum d'aventures, d'adrénaline et un pouvoir de décision qui m'attiraient davantage.

Cela étant, mon grand-père, au grand dam de son fils, considérait ses filles comme des êtres à part entière, nanties des mêmes droits économiques que ses garçons. Pas question pour autant de les associer aux affaires, mais il consultait toujours sa moitié, Albina, une femme plantureuse de quinze ans sa cadette et douée de bon sens, avant de prendre une décision importante. C'est grâce à elle qu'il devint immensément riche : le jour où les Américains voulurent acheter sa mine d'étain à bon prix, il lui demanda son avis. « Si c'est si bon pour eux, c'est que c'est très bon pour nous », répliqua-t-elle. Il garda donc sa mine, et découvrit par la suite d'autres filons qui firent son impressionnante fortune. Simon décidait de tout concernant sa famille. Les parents des petits-enfants suivaient ses diktats. Y compris mon père.

Par son mariage avec mon grand-père, Granny avait été propulsée dans des contrées, dans des milieux, dont elle ne connaissait ni les codes ni les usages. Elle n'a d'ailleurs jamais su parler aucune langue des pays où elle a vécu en exil. Très droite dans ses robes noires, perles aux oreilles et autour du cou, elle souriait, calme et digne. Hochant la tête, sans mot dire.

Je sentais qu'elle m'aimait malgré cette impossibilité de communiquer dans une langue commune. Ses sourires, sa façon de me serrer la main avec poigne lorsque j'étais assise près d'elle me rassuraient. Les dimanches après-midi passés chez les grands-parents, dans leur salon du Waldorf Astoria, étaient des réunions de tribu chaleureuse. Granny me faisait danser la ronde sur l'air de *Sur le pont d'Avignon*, joué au piano par Cousine Ena tandis que Tante Graziella, qui m'adorait et déclarait que j'étais la fille qu'elle aurait voulu avoir, cherchait à m'attraper dans ma course. C'est grâce à Tante Graziella que mes parents se sont rencontrés. « Gatchy », comme elle était surnommée, avait un faible pour mon père. Mariée à un homme rendu invalide par un accident de voiture, elle avait invité Papa au cinéma, chaperonnée par sa sœur cadette...

Ma mère, quant à elle, portait aux nues les fils de Graziella, Georges et Jimmy, jalouse que sa sœur, rivale, ait enfanté deux garçons alors qu'elle n'avait été capable de fabriquer qu'une seule fille. Mal à l'aise avec les démonstrations de tendresse, surtout de la part des femmes, je soupçonnais les déclarations d'amour de ma tante de n'être qu'un piège. Pour m'enfermer, pour empêcher ma liberté de mouvement, voire ma liberté tout court. L'amour me semblait être un alibi pour obtenir ma soumission, de la même manière que la passion de ma mère pour ses propres parents et vice versa en avait fait leur objet et leur prisonnière. Ce qui avait contribué à déconnecter cette femme immature de la réalité.

Très tôt, je développai un caractère curieux, logique et obstiné. Je n'avais pas encore trois ans quand Pearl Harbor a été attaquée. L'ayant entendu à la radio, je courus, excitée, porteuse de scoop, l'annoncer à Nursie occupée à préparer le petit-déjeuner :

— Les Japonais ont attaqué l'Amérique ! lui criai-je.

— Arrête de dire des bêtises, me rétorqua-t-elle.

Être éconduite si injustement me causa vexation et blessure.

À peine plus âgée, lorsque les Américains sont entrés en guerre en 1942, je fus désignée comme petite ambassadrice pour offrir un bouquet à Eleanor Roosevelt de la part des FFL. L'initiatrice de la Déclaration des droits de l'homme s'agenouilla pour être à la hauteur de la minuscule messagère que j'étais, terrorisée par les flashs des photographes de presse. Un signe de mes futurs combats ?

À quatre ans, je fus renvoyée dès le premier jour d'un jardin d'enfants tenu par des religieuses. Après nous avoir réunies en classe de catéchisme, l'enseignante nous avait dit :

— L'Homme est le sel de la Terre.

— Alors la femme en est le poivre ? avais-je demandé, logiquement.

Bannie de la classe pour impertinence, je fus réexpédiée au Plaza avec le commentaire suivant : « Manque de maturité pour intégrer cette classe de petites filles bien élevées. » Décidément, toute vérité n'était pas bonne à dire.

Dernière de couvée, je n'avais le droit ni de me mêler aux jeux des grandes, ni de prendre la parole. Même Jimmy s'y mettait : « Arrête de donner ton avis, Crevette ! » Cette frustration a sans doute exacerbé ma curiosité et mon désir de participer. Exclue, je développais une passion pour la lecture. Ayant appris à lire vers quatre ans, je dévorais tout, y compris les journaux que laissait traîner Nursie : *Babar*, puis *Winnie l'Ourson*, *Le Vent dans les saules*. L'année suivante, je découvris *Le Livre de la Jungle* et *Les Quatre Filles du docteur March*. Mais ma feuille de route, mon mode d'emploi de la vie, fut *Alice au pays des merveilles*. J'imaginais des histoires abracadabrantes afin de rejoindre mes personnages préférés, auxquels j'associais les vingt-quatre peluches logées dans mon lit. Mes fidèles amis, que j'aimais d'un amour sans limites, avec qui je discutais des heures la nuit venue et qui me consolaient des embûches de la vie enfantine.

Plongée dans mes lectures, je poursuivais seule mes divagations. L'une d'entre elles était d'habiter dans une vraie maison, comme celles des protagonistes de ces histoires. Ou encore de marcher avec les patins à glace de ma poupée, attachés à mes chaussures par des élastiques, puisque, paniqués à l'idée que je me casse quelque chose, tous refusaient de m'en donner de vrais. Têtue et arc-boutée que j'étais sur mon rêve, je finis par avoir gain de cause…

Ma crédule naïveté, doublée de l'obstination que j'avais à défendre mon point de vue, faisaient les beaux jours de mes cousines Tina et Isabelle, les filles du frère de Maman, Antenor. Isabelle, dite Gypsy à cause de sa complexion et de son regard sombre, seulement trois ans de plus que moi, était posée et déjà très sophistiquée. Mortifiée chaque fois qu'on me collait avec elle. Plus tard, elle épousa son premier amour qui l'avait enlevée et mourut à dix-sept ans.

Jimmy aussi s'en donnait à cœur joie. Dépitée, je retournais à mes livres d'enfant qui ne les intéressaient en rien et me mettaient à l'abri de toute intrusion moqueuse. Seule l'indifférente Ena restait distante et muette. Ena, fille de la si ravissante deuxième sœur de Maman, Elena, morte à New York en 1942 d'un cancer. Ena, qui m'a émue pendant l'épidémie de Covid 19, me téléphonant affectueusement pour prendre des nouvelles. Il nous aura fallu devenir octogénaires pour nous découvrir une complicité intime.

Lorsque je sortais de mon cocon anachronique, New York m'exposait à sa mixité sociale et à son racisme ambiant. En plein hiver, un après-midi, Nursie et moi avions traversé Harlem en voiture jusqu'au zoo du Bronx. Les maisons ressemblaient à celles détruites par la guerre que nous montraient les actualités des cinémas de Broadway ou les photos des journaux : façades noircies, fenêtres cassées. Partout, ici dans les rues, des gens frigorifiés, en haillons dans le froid glacial. Un monsieur afro-américain, âgé et courbé, coiffé d'un mince bonnet noir, s'approcha de la limousine, sans doute pour mendier. Je voulus baisser la vitre pour lui sourire, lui parler, mais la nurse, affolée, me l'interdit fermement. J'eus alors le sentiment, sans pouvoir le formuler, que la guerre, effrayante mais lointaine, s'était soudain immiscée dans notre ville, avec son cortège de souffrances, de malheurs et de destructions.

Une autre fois, à l'âge de six ans, je déambulai seule dans Central Park, échappant à la surveillance de Nursie, et rejoignis un groupe de petites filles noires. Ensemble, assises au pied d'un grand arbre, nous avions commencé à feuilleter leur livre d'images. Nursie déboula, tel un rocher en chute libre, et m'arracha à mes nouvelles et douces amies. Alors que je lui demandai, outragée, la raison de cette injustice, elle me répondit : « Les petites filles blanches ne jouent pas avec les petites filles noires, qui de toute façon n'auraient jamais dû dériver jusque dans le centre de Manhattan. »

Cette histoire me plongea dans une grande perplexité. Les Blancs devaient donc rester dans le centre de Manhattan, les Noirs dans le haut ? Mais nous, alors, qui n'étions ni noirs ni vraiment blancs, nous, les beiges, où nous situions-nous ? Et mon père ? Une étrangeté exotique de toute façon. Prudemment, comme je le fis toujours par la suite, je gardai pour moi ces interrogations. Pressentant qu'il serait impossible d'avoir sur ces sujets une conversation rationnelle avec quiconque.

Au début de l'été, nous prîmes le train de nuit à Grand Central Station, pour nous réveiller le lendemain dans le New Hampshire, entourés par ses Blue Mountains. La gare m'impressionna, bondée, grouillant de milliers d'individus agités. Jamais pourtant je n'eus peur de m'y perdre. La main de Nursie fermement serrée autour de la mienne suffisait à me rassurer. Cette incursion à Grand Central Station était aussi la seule occasion que j'avais de découvrir un autre New York, celui de la nuit. Le soleil couché, j'explorais un nouvel univers : New York et ses lumières...

Un matin d'octobre 1945, j'avais six ans et trois mois, Nursie m'annonça que les Alliés avaient gagné la guerre. Que nous devions faire nos valises et quitter notre nid. Quitter New York ? Quitter l'Amérique, mon pays, celui où je me croyais enracinée à jamais ? Angoisse et désespoir. Découverte que rien n'est jamais pérenne... Je vois encore, sur le quai, les soixante-quinze bagages de nos grands-parents, de Tante Graziella et de l'oncle George

Ortiz Linares, de Jimmy, de l'oncle Antenor, de mes parents, de Nursie, Florencia et les miens, ainsi que ceux des femmes de chambre, valets et secrétaires… De nous tous, attendant le *Rio Hachal*, bateau qui nous emmènerait vers notre nouvelle terre d'accueil : l'Argentine.

De mes vingt-quatre peluches adorées, ma mère avait décrété qu'il m'en fallait choisir deux. Un sac de plus avec tous mes amis imaginaires n'aurait pourtant pas changé la face du monde, vu la quantité de valises et de paquets ! Je vécus cette injonction comme une très violente injustice. J'en ressentis une cruelle déchirure. Toutes avaient une histoire. Toutes m'avaient procuré la tendresse et la chaleur humaine dont j'étais privée. Je réussis à en négocier trois : Teddy Bleu et Piglet, peluches à la peau douce, qui sont encore dans ma chambre aujourd'hui, et Babar Rouge, que plus tard j'ai donné à mon fils. Moi, j'avais dormi coincée entre ces vingt-quatre animaux.

Nous laissions également en Amérique du Nord, dans son université de Harvard, Cousin George, le fils aîné de Tante Graziella. Mais aussi les cousines Tina et Gypsy, qui, à la suite du divorce interminable de leurs parents, restèrent avec leur mère, la superbe et redoutable tante Cristina de Bourbon, duchesse de Durcal. Quant à Cousine Ena, son père Peps, d'origine andalouse, propriétaire de l'apéritif Jerez de la Frontera et Grand d'Espagne, l'emmena vivre avec lui à Cuba après s'être remarié. La tribu rassurante et son cocon éclataient, mes repères disparaissaient. Je découvrais la tristesse et le désarroi.

La caravane Patino, ainsi tronquée, navigua trois semaines jusqu'à Buenos Aires. Nouvelle installation dans un cinq-étoiles : L'Alvear Palace. Après une crise cardiaque, Grandaddy, quatre-vingt-six ans, avait voulu rentrer dans son pays d'origine, la Bolivie, pour y mourir. Ainsi l'indestructible patriarche abordait-il son dernier rivage. L'Argentine, escale de convalescence obligatoire avant de rejoindre les 2 700 mètres d'altitude de Cochabamba.

J'arrivai déboussolée et déprimée en Amérique du Sud. L'été commençait dans l'hémisphère Sud, alors que j'avais quitté New York sous la neige. Ma santé se détériora. Première opération chirurgicale d'une longue série : l'appendicite. À la clinique, j'étais effrayée par l'intervention mais curieuse d'avoir à passer ma première nuit toute seule. En même temps, je découvrais, émerveillée, les médecins latinos, exubérants, drôles et chaleureux. J'étais éblouie et intimidée par ces hommes beaux, virils, taquins et affectueux. Jamais je n'avais été confrontée à autant de contact physique. Surtout masculin. J'étais ravie, cependant soucieuse du fait qu'on m'eût ôté une partie de ma personne. Je voulus le voir, cet appendice, découvrir cette partie invisible de mon corps.

Ce passage en Argentine fut de courte durée : en juin 1946, mon père m'annonça que je rentrais en Europe. Mon grand-père n'était toujours pas en état de rejoindre la Bolivie, alors mes parents ne feraient que l'aller-retour. Nursie, elle, rejoindrait l'Angleterre, et Jimmy, une école en Suisse. « Enfin, tu vas apprendre le français », décréta Papa.

Je ne pris pas conscience alors des lacérations profondes que ce nouveau déracinement provoquait probablement en moi. J'étais en plein déni. Mais l'angoisse de devoir de nouveau arracher les frêles attaches que je venais de nouer était bien présente. Un soir, du fond de mon lit, j'entendis un cri s'élever de la rue : « *Viva Perón !* » Alors, en chemise de nuit, je sortis sur le balcon et m'époumonai de plusieurs vigoureux « *Viva Perón !* », sans avoir la moindre idée de qui il s'agissait. Je souhaitais simplement m'intégrer à ma patrie récente et être solidaire de mes nouveaux compatriotes.

Durant le vol, traversant l'Atlantique, je me rongeais les ongles d'inquiétude, curieuse de ce qui m'attendait. Avant de nous déposer de l'autre côté des Alpes, le pilote passa très bas sur Londres pour nous montrer la ville éventrée. Désolation et dévastation. Horreur et souffrance. Contraste choquant avec une Suisse indemne où nous avons atterri dans un camaïeu de vert et de bleu.

C'est sur le tarmac de Genève que je rencontrai, étonnée, cette famille française que je n'avais même pas vue en photo. Autant Papa, au milieu des Patino, se démarquait par sa taille et sa couleur de peau, ses yeux bleus et ses cheveux dorés, autant ici, en Europe, c'était Maman la pièce rapportée parmi ces Boisrouvray semblables à mon père. Henri, son frère, en dépit de ses cheveux châtain foncé, avait le même visage pâle. Sa sœur Christiane, et sa belle-sœur Monique, les mêmes yeux bleus et cheveux couleur blé. Je n'avais jamais remarqué à quel point je ressemblais à Papa, avec mes cheveux clairs. Je m'assimilais toujours à ces gens petits, bruns, la peau caramel, effervescents autour de moi : ma famille... C'est donc avec stupéfaction que je découvris cette autre famille.

Posés, élégants, sophistiqués et flanqués de deux caniches géants et toilettés. L'un noir, l'autre blanc. Impassibles. Que je jugeais ridicules. Rien à voir avec les pékinois agités et poilus de Granny et des tantes. Un autre monde !

Je trouvais ces femmes très adultes, maniérées, précieuses et mielleuses. Je découvrirais par la suite que les Françaises citadines étaient souvent ainsi, des salons du 16ᵉ arrondissement aux vendeuses des magasins de la capitale. Ma famille maternelle m'avait habituée à la fois à plus d'exubérance dans la sphère privée et à une réserve froide tant que l'on n'était pas encore intimes. À bien moins d'artifices dans les sentiments et leur expression. J'apprenais.

Nous étions de nouveau logés dans un cinq-étoiles, à Ouchy-sous-Lausanne, au bord du lac Léman. Le calme avant un épouvantable séisme : deux jours plus tard, on m'annonça le départ immédiat de Nursie pour l'Angleterre. Sonnée, emplie soudain d'un chagrin jusqu'alors inconnu, je pris conscience que la vie n'était qu'une succession de parenthèses : instants de grandes joies, puis longs déserts de tristesse. Pour moi, la vie se résumait à être blessée, à cicatriser, à être charcutée encore plus profondément, à me reconstruire de nouveau… Avec Nursie s'envolait mon seul lien affectif fort et solide. Le monde s'effondrait…

Cette nuit-là, moi qui ne pleurais presque jamais, je n'ai cessé de sangloter. À sept ans, j'étais confrontée à la mort. À la perte d'un être aimé. Absence, solitude, deuil. Je n'ose penser à ce que devait ressentir Nursie. On m'interdit bien sûr de communiquer avec elle. Ainsi qu'avec Jimmy, envoyé dans un pensionnat. « Les enfants oublient vite ! » décréta mon père. Pas moi. Plus tard je fis mienne l'injonction de Mao : que je ne pourrais compter que sur mes propres forces.

Pour me réconforter, mes parents m'offrirent comme cadeau d'anniversaire un cocker noir nommé Dusky, semblable à celui que j'aimais lors des vacances à North Conway. Mais comment l'aimer alors que je ne l'avais pas choisi ? C'était comme un mariage forcé. Le soir du départ de Nursie, je dégoupillai une grenade qui anéantit à jamais les relations déjà quasi inexistantes avec ma mère. Cette personne infantile et rancunière qui habitait au bout du corridor, quel que soit l'hôtel dans lequel nous vivions.

La nuit du départ de Miss Rust, elle me proposa de dormir exceptionnellement avec elle dans son lit. Jamais elle n'avait eu auparavant un geste de tendresse maternelle. Lors de débordements inattendus d'affection tactile de ma part, j'entendais : « Attention, ne te jette pas sur moi comme cela, tu vas froisser ma robe. » Ce soir-là, glacée, je lui rétorquai : « Non ! Je te déteste ! » et réintégrai ma chambre.

Lors des douze années suivantes, elle ne me pardonna ni mes mots ni mon refus. Quant à moi, je n'avais aucune envie de la moindre relation avec elle. Elle ne comptait pas. J'avais un regard dédaigneux à son égard. Pour elle, étais-je sa fille ? J'étais indissociable de mon père. Je portais son nom. Je lui ressemblais. Quel rendez-vous manqué, quel mauvais timing ! Maman avait certes de solides qualités. Directe, honnête, intègre, fiable et loyale, elle était digne de confiance. Mais, sa vie durant, je fus incapable de les discerner, encore moins de les apprécier. En revanche, je lui sais gré de m'en avoir transmis certaines, qui, tissées au fil des années avec une habileté manipulatrice héritée de mon père, ont pu me rendre inflexible lorsque j'ai eu à me défendre. Mon credo : « Ma survie est ma priorité. Tout obstacle, sans considérations éthiques, est à balayer. » Pas follement civilisé, j'en conviens. Mais efficace. Aurais-je accompli autant de choses dans ma vie, pour les autres et pour moi-même, sans cette force quelque peu brutale et cette détermination ? Heureusement couplée avec une tendresse et une compassion immédiate pour la souffrance, surtout celle des plus faibles et de ceux dont je me sens responsable.

Ma mère était consciente d'être figée dans un rôle d'apparat, celui de parader en manteau Balenciaga, qui ne reflétait en rien ses aspirations intimes. Ses conditions de vie étaient aux antipodes inimaginables de celles des femmes issues, comme elle, d'une immigration. Cependant, il me semble qu'on peut, sans faire insulte ni à l'une, ni aux autres, respectueusement, y trouver les mêmes douloureuses difficultés d'intégration. Ma mère, comme toute femme immigrée sans grande éducation formelle, était dépourvue des codes et des outils pour décrypter la culture locale et s'y fondre. Maman, si incongrue dans une classe sociale où ce genre de difficultés est silencieusement nié, occulté par les privilèges de l'argent et du statut aristocratique. Aussi était-elle la cible d'insinuations blessantes, d'attitudes condescendantes. Elle qui ne recherchait qu'amitié sincère et affection ne trouva la plupart du temps que minauderies humiliantes et faux-semblants intéressés.

Bien des années plus tard, lors de la « Marche des Beurs » en 1983, j'ai ressenti cette même humiliation, cette même douleur. Des gens issus d'ailleurs, qui avaient faim d'amitié et souhaitaient que les autres leur tendent la main, ont parcouru cette France qu'ils admiraient et ont été rejetés par les Français. Profondément choquée et blessée à l'époque, je fus parmi les premiers à rejoindre Harlem Désir et son beau mouvement d'alors, « Touche pas à mon pote ! ».

Après mon propre rejet de ma mère, je m'enfonçais dans le mutisme. Extrêmement angoissée, je ne faisais confiance à personne. Surtout pas à ces deux femmes blondes, sœur et belle-sœur de Papa, des inconnues avec qui je ne partageais rien. Aucune épaisseur d'histoire, aucune complicité. Je refusais absolument de parler français. Mes parents étaient repartis pour Buenos Aires, Tante Christiane, qui insistait pour se faire appeler Tanty, me parlait dans cette langue et je répondais en anglais. C'était ma façon de résister, d'affirmer mon identité. J'avais en tête qu'une fois traversée cette désagréable parenthèse suisse, je retournerais à New York. Lueur d'espoir à laquelle je me raccrochais comme à un phare à l'horizon.

Arriva une gouvernante espagnole, Mlle Vargas, chargée de m'inculquer des notions de sa langue. Grande, distinguée, sobrement habillée, lunettes de professeur sur le nez et chignon gris sur la nuque, elle essaya l'autorité comme hors-d'œuvre. Je devins odieuse. Je me cachais derrière les portes et lui sautais dessus en poussant des cris de bête sauvage. Au bout de quinze jours, ayant le cœur fragile, elle rendit son tablier. J'avais gagné.

Je me battais pour ma liberté, pour retourner dans le monde auquel j'appartenais. Je me rebellais contre toute tentative de faire de moi une bonne petite Française. Tout en ayant, paradoxalement, une peur réelle que la tante et son entourage ne disparaissent : je me serais alors retrouvée seule dans un pays inconnu, sans amis, ni ressources, ni moyens de communiquer. Au cas où, j'amassais des provisions de nourriture. Au fond de mon armoire, je stockais les aliments du petit-déjeuner, qui étaient grignotés quand je m'assurais de leur présence. Des souris de palace ? Seuls résistaient les petits pots de miel et de confiture. Il faudrait s'en contenter. Et comment acheter un billet sans un sou en poche ? Voler ou vendre le chien devenaient les seules options. Prête à tout pour recouvrer ma liberté et me défendre, je développais des réflexes de survie. Dans mon contexte familial, cela doit paraître ridiculement grotesque. Mais une enfant de sept ans, déstabilisée, ne raisonne pas. Son horizon angoissé ne peut être que terre à terre.

Automne 1946, départ d'Ouchy pour rejoindre Villars-sur-Ollon, perché dans les Alpes vaudoises. On y entendait le tintement rassurant des cloches des vaches et leurs beuglements. Ce terroir suisse me rappelait mes vacances dans le New Hampshire, me réconfortait, même si j'étais privée des douceurs locales : fromages, beurre, saucissons, gâteaux de la pâtisserie du village et chocolat suisse, interdits puisque j'avais eu ma première hépatite à Ouchy. Conséquence probable des crudités et de l'eau en Argentine. Ou plus simplement du stress et du chagrin. Décidée à retrouver des plaisirs gustatifs, je chapardais sur les plateaux des petits-déjeuners dans les couloirs de la pension de famille Marie-Louise. Habitat à taille humaine. Curieusement, ces excès ne provoquèrent aucun vomissement !

Je refusais toujours de parler français. L'épreuve de force avec ma tante se durcissait. J'avais repéré une colonie de vacances et je n'avais qu'une envie : y loger et rencontrer d'autres enfants. « Tu iras quand tu parleras bien le français », fut la réponse bornée de la tante, à qui je persistais à répondre en anglais. Alors que là-bas j'aurais parlé la langue en deux jours.

Pragmatique, c'est à cette époque que j'appris à me concentrer sur les « petits plaisirs de la vie » : un beau coucher de soleil sur les sommets étincelants de neige fraîche, la caresse chaude de ce soleil sur mon visage, un croissant au beurre, subtilisé. Trouver dans le moment présent la joie d'être vivante.

Ce n'est qu'à la fin de l'été 1947, avant de rentrer à Paris, que Josée, l'habile jeune fille au pair qui nous accompagnait, me piégea. La veille du départ, elle m'annonça :

— Teddy Bleu souhaite rester à Lausanne.

Je lui rétorquai alors dans un français parfait :

— Bien sûr que non ! Il ne me quittera jamais et je ne l'abandonnerai pas non plus !

Un moment d'inattention due à l'indignation, et je m'étais fait avoir comme un rat ! Je venais d'avoir huit ans.

Préalablement à la fonte des neiges, nous étions reparties, la tante, le chien, la jeune fille au pair qui me faisait la classe, et moi, pour la Suisse italienne. La transhumance se poursuivait. J'ignorais la raison de tous ces voyages, même si je soupçonne ma tante d'avoir cédé aux sirènes du tourisme helvétique après quatre années de guerre et de privations. Nous avons éclusé cette année-là cinq villégiatures différentes !

La tante, m'ayant surprise à lire après le couvre-feu décrété à vingt et une heures, engagea avec moi une guerre sans merci et imagina un système de punition, qui, bien que passablement sadique, ne lui assura pas la victoire. Arrivée trop tard dans ma chambre pour y surprendre la lampe allumée, elle voulut me faire avouer mon délit. Mentant avec obstination, je refusai de céder. Pour parvenir à ses fins, elle retira de ma chambre tous mes objets familiers, un par un. Mon réveil, mes livres bien sûr.

Même Teddy Bleu et Piglet y passèrent. Là, je faillis craquer. Mais j'étais décidée, quoi qu'il m'en coûte, à ne pas céder au chantage. Je fus même confinée au lit avec l'horrible régime antihépatite : poisson et légumes bouillis à tous les repas. Ce statu quo dura trois semaines au bout desquelles je fus délivrée par la venue du docteur René Laforgue et de sa femme Délia, les meilleurs amis de ma tante. Lui était un grand psychanalyste, élève de Freud, aux allures de père Noël. Je le soupçonne d'avoir passé un savon magistral à la « Tanty » pour sa psychologie lamentable. Mais, même s'il m'avait fallu un allié, finalement, cette guerre-là, je l'avais gagnée. J'en conclus que dans toute situation difficile, péniblement supportable, il fallait s'obstiner et tenir. Se focaliser sur la certitude qu'au bout du tunnel il y aurait toujours une lumière. Nouvelle leçon qui, je l'ignorais alors, serait une corde de rappel précieuse l'année suivante.

Le docteur Laforgue se montra un interlocuteur des plus intéressants. Il me parla de l'infiniment grand et de l'infiniment petit. Perplexe, j'essayai de couper un ruban en deux, puis encore et encore. À tel point que, n'ayant plus de ruban visible à couper, je finis par m'entailler la peau du doigt. L'infini m'échappait. Comme l'avait fait l'éternité, expliquée par Nursie : ni commencement ni fin, pour ce qui concerne le temps.

À l'étape suivante, à Locarno, un jour que je promenais seule mon chien dans le jardin de l'hôtel Excelsior où nous séjournions, je rencontrai un vieux monsieur indien. Vêtu d'un *kurta* gris, il était coiffé d'une sorte de képi de même couleur et s'aidait d'une élégante canne à pommeau d'ivoire sculptée. De sa voix douce, en anglais, il me parla de Delhi, du Rajasthan, des tigres attaquant les villageois et des éléphants des forêts. Il me raconta la religion hindouiste et m'apprit la réincarnation. « Peut-être nous sommes-nous connus dans une autre vie ? » lui demandai-je alors. Beaucoup plus tard, mon ami Sudhir Anand, professeur à Harvard, à qui je narrai cette anecdote, suggérera qu'il s'agissait peut-être bien de Nehru, qui passait chaque année ses vacances en Suisse, dans le Tessin.

La veille de notre départ de Locarno, en chemise de nuit, mes longs cheveux libérés de leurs tresses, je suis descendue à la réception demander son numéro de chambre. Je voulais le supplier de m'emmener en Inde. Ramenée manu militari dans ma chambre par le concierge, je n'ai pu lui dire au revoir. Peut-être est-ce à travers lui que j'ai commencé à aimer l'Inde, pays pour lequel je me passionnerai bien plus tard et où je fis une part importante de mon travail pendant plus de vingt-cinq ans. Quelque part, dans la mémoire de mon cœur, reste à jamais l'empreinte de cet être magnétique.

Prosaïquement, je repris le train avec ma tante échevelée et bavarde pour rentrer, cette fois, à Paris.

Mon grand-père décéda au printemps 1947 comme il avait vécu. Ayant dégusté une coupe de champagne. Son enterrement fut un événement national. Pendant les trois jours que dura le trajet en train menant le cercueil d'Argentine jusqu'en Bolivie, à la moindre gare où le convoi s'arrêta des Indiens *cholos* montaient dans le wagon déposer une fleur ou un bouquet, donner l'accolade, *abrazos*, à Granny et à ses enfants, toucher le cercueil de *Tata*. Le Père. Un Indien métissé, bâtard et très pauvre comme eux, devenu un richissime industriel reconnu et respecté. Personne ne jugea nécessaire de me faire traverser l'Atlantique à cette occasion. Je me sentais en exil. Je n'en fus pas triste, c'était ainsi.

Granny, ses deux filles, son fils et ses gendres regagnèrent Paris en septembre. Elle ne souhaitait pas réintégrer son hôtel particulier de l'avenue Foch, à côté de celui de sa fille Graziella. Nous nous retrouvions avec une très vieille dame beige, ridée, habillée de noir, encore plus déprimée et silencieuse. On l'installa alors à l'hôtel George-V. Elle qui, malgré l'immense fortune de son mari, a toujours continué à vivre parcimonieusement. Un jour, sa seule amie en France, Mme Ducomet, une Espagnole vigoureuse, sa secrétaire et interprète, lui suggéra d'entrer dans une boutique acheter la robe qui lui plaisait tant. Ma grand-mère répondit :

— C'est trop cher !

— Mais votre mari a fait fortune, vous pouvez vous l'acheter ! lui objecta-t-elle.

La réponse de Granny fut sans appel :

— Ce n'est pas tout de gagner de l'argent, encore faut-il savoir le garder.

Une grande tendresse m'envahit lorsque j'entends ce genre d'anecdote : toute sa vie, elle est restée cette petite *Chola* bâtarde et pauvre, catapultée dans un monde de richesses dont elle n'a jamais pris l'entière mesure.

Débarquant enfin à Paris à la fin de l'été 1947, je fus très déçue. Papa considérait la capitale française comme « la plus belle ville au monde » et il tenta de m'en convaincre. Il me fit descendre les Champs-Élysées depuis l'Arc de Triomphe en vantant cette « perspective unique au monde ». « Ils sont bien bas, les immeubles », murmurai-je. Il en fut dépité. Élevée à New York, mes références étaient autres.

L'entreprise de francisation de sa fille sang-mêlé ne fut pas une franche réussite. L'équation de l'ingénieur de Centrale ne tombait pas juste. Peut-être que s'il m'avait emmenée à l'Institut de France, montré la Bibliothèque Mazarine, comme le fit bien plus tard Marc Lambron, et raconté, tel un conte, notre parenté avec cet immigré du Sud ministre de Louis XIV, je me serais sentie plus française, intégrée à l'histoire de ce pays. Et Paris en aurait été plus sympathique.

Nous logions tous trois avec Granny dans ce énième cinq-étoiles de l'avenue George V, mes parents n'ayant jamais acquis de maison. Maman, petit sphinx, toujours tirée à quatre épingles et perchée sur ses très hauts talons, déprimait. Aux côtés de Granny, triste et taciturne, Luz Mila, qui ne montrait jamais d'émotion d'aucune sorte, était devenue angoissée, agressive, colérique et bavarde. La nouvelle gouvernante, Mlle Breton et moi, nous retrouvions souvent les boucs émissaires de sa furie, de son ressentiment, de sa paranoïa accusatrice. Même le chien risquait un coup de talon pointu s'il approchait au mauvais moment !

Papa justifiait le comportement irrationnel et violent de sa femme par la mort de son père et la dépression de sa mère. Aucunement convaincue par ses explications, je trouvais injustes les accusations mensongères sorties de son esprit malade dont nous étions victimes. J'avais peur de ces explosions imprévisibles, qui me collaient chaque fois des crampes à l'estomac. Ces spasmes m'empêchaient de respirer, c'était comme si le simple fait d'exister suffisait à déclencher les foudres maternelles. Je me sentais incarcérée dans un univers violent de non-sens.

J'évitais ma mère, personne dérangée et dérangeante, mais l'angoisse s'insinuait en moi. Mlle Breton, douce et calme Suissesse, était chargée de m'inculquer une instruction française, le calendrier du nomadisme m'interdisant toute scolarité. Je n'étais pas un cadeau ! Lors de nos balades, j'échappais à sa vigilance et courais à travers les rues du 8e arrondissement pour semer ma geôlière. Laquelle profita du voyage de trois mois, prévu en Bolivie à la fin de l'hiver, pour nous quitter.

Longtemps, bien longtemps après, alors que j'habitais en Suisse, je reçus une lettre d'elle dans laquelle elle me confia être atteinte d'un cancer. Je lui rendis visite et m'excusai d'avoir été si impossible. « Ma petite chérie, me dit-elle, je comprenais très bien. Je vous pressentais malheureuse. En dépit des apparences, cette enfance était pénible, votre maman si difficile. » Elle avait sans doute raison. Pourtant, à l'époque, je ne me sentais pas malheureuse. J'étais une rebelle entrée en résistance. Une prisonnière cherchant à fuir son pénitencier doré.

Le printemps 1948 se passa à l'hacienda Pairumani, à Cochabamba, pour célébrer l'anniversaire de la mort de Grandaddy.

Cette maison, dans l'exploitation agricole, est pour moi synonyme de douze semaines de bonheur. Maman était plus calme qu'à Paris. Retourner chez sa mère, dans ce pays tant aimé où elle aurait souhaité vivre, l'apaisait. Sortie de son élégant aquarium parisien, jusque tard dans la nuit, elle chantait et dansait. En compagnie de ses cousins et cousines, qui organisaient des sérénades de guitare. Au grand dam de Papa se levant tôt le lendemain pour travailler. Quant à moi, je jubilais dans ma liberté. Enfin ! Sans gouvernante pour me surveiller, j'allais et venais comme bon me semblait à la découverte de cette immense plantation et de sa ferme, enserrée dans de magnifiques paysages, entre sommets enneigés et végétation tropicale. Pour une enfant avide de découvertes aventureuses, à neuf ans, quelle aubaine ! Ma grand-mère me disait : « Aussi loin que tu puisses marcher, tu seras toujours chez toi. » Et c'était vrai.

Carlos, le « gaucho » en charge des chevaux, m'apprit à monter à cheval. « Accroche-toi à sa crinière, baisse la tête quand tu passes les branches. » Je découvrais l'extase de la vitesse et des grands espaces. Une joie de vivre me submergeait tandis que j'écoutais des récits locaux imprégnés du réalisme magique de l'Amérique andine. En éternelle robe de chambre rose, de son balcon ma mère me voyait galoper. Affolée :

— Guy, Guy, vois ce que la petite a encore inventé.

Mon père répondait :

— Avec ses grands-pères cavaliers confirmés, l'un dévalant les Andes pour rejoindre ses mines et l'autre ayant fait Saumur, elle a de qui tenir.

Je n'allais toujours pas en classe mais parlais l'espagnol. Mes échanges quotidiens avec les paysans de la ferme, à la laiterie ou dans les étables, m'en apprenaient plus sur la vie qu'une école classique. De même, j'engrangeais des provisions de tendresse et de plaisirs gastronomiques. Granny, sur les genoux de laquelle je pouvais grimper, m'initia cette année-là aux empanadas pimentés à l'*aji* et me fit découvrir le quinoa, inconnu à l'époque en Europe.

Fin du printemps. Arriva le jour de rentrer à Paris. Granny, ses filles, son fils et son gendre Ortiz ne raffolaient pas de « frôler les sommets parmi les condors ». Je pris donc seule l'avion avec Papa et nous passâmes trois jours rien que lui et moi.

Lors de ces quelques heures en tête à tête, pendant les repas ou lorsqu'il me brossait les cheveux, maintenant sérieusement châtains, il me racontait sa vie d'avant, lorsqu'il était célibataire. Comment, vivant dans la brousse près du fleuve Congo, il avait dirigé une prospection d'or et de diamants, seul Blanc avec son ami et ingénieur Jacques-Henri Calmette, au milieu de huit cents Congolais. Il avait une lionne apprivoisée, Doude, et un chimpanzé,

Von-Von. Doude terrorisait les travailleurs africains : elle leur sautait dessus en rugissant lorsqu'ils apportaient des plats, dont elle se régalait ensuite. Von-Von, lui, subtilisait la brosse à dents et le dentifrice, essayant de se laver les dents en pressant le tube dans tous les sens. Ces anecdotes, toutes plus oniriques les unes que les autres, me faisaient rêver…

La parenthèse paternelle refermée, je retrouvai mon lit au George-V. Cette nuit-là, ayant fait le plein de chocolats dans l'avion, je décidai de m'en gaver dans le noir, cachée au creux de mes draps. Tôt le matin, ma porte s'entrebâilla, laissant entrer une dame aux cheveux gris. Maigre, un grand nez busqué et flanqué du même petit chignon que la vieille dame dans *Babar*, elle était souriante et pourvue d'une voix distinguée et douce. Elle ouvrit les rideaux. Voyant mon lit souillé et mon visage barbouillé de chocolat, elle se mit à nettoyer l'ensemble à grande eau tandis que nous devisions sympathiquement. Ma mère entra : « Je vois que tu as fait la connaissance de Mme Henriette. Désormais c'est elle qui va s'occuper de toi ! »

Je fulminai : cette nouvelle gouvernante avait fait « amie-amie » avec moi pour mieux m'apprivoiser. Quelle trahison ! Elle devenait une ennemie de plus. Je la détestai sur-le-champ. J'appris qu'elle était la fille de Mme Ducomet, l'interprète de Granny. Ce n'est que bien plus tard que je pris conscience à quel point engager cette Mme Henriette avait été une rare mais bonne décision de Maman.

L'été suivant, mes parents firent un aller-retour pour nous installer, Mme Henriette, Dusky et moi, à Carteret, sur la Manche, dans une auberge normande construite en bois, perchée en haut d'une falaise. Tout ici fleurait la pêche, promettant une vie de pieds ensablés. C'était cependant un lieu très à la mode, où séjournaient bon nombre de Parisiens mondains. Le soir, tous descendaient dans la salle à manger rustique en robes soyeuses et veste genre smoking, comme s'ils dînaient au Ritz. Je les regardais défiler, l'œil moqueur.

J'étais fière d'être la seule enfant sans ses parents. Je me voyais en insurgée, indépendante, en dépit de la présence de Mme Henriette, à qui je n'épargnais aucune invention saugrenue. Cet été-là, je découvris la plage et son air iodé, les marées, les crevettes et les crabes. Et c'était épatant ! Je me fis aussi des amis : Éliane de Bartillat et son frère Christian ; les filles Janzé, dont le père était un ami de pensionnat de Papa.

Frénétiquement, nous construisions des châteaux de sable avant que la marée vienne remplir leurs douves et finalement les détruire. Débusquer les moules à marée basse et chasser les mouettes stridentes de leurs rochers étaient nos passe-temps favoris. Début septembre, après deux mois sans contraintes parentales, j'avais grossi, j'étais en pleine forme. Cette rentrée s'annonçait prometteuse : mes parents avaient enfin trouvé une maison à Neuilly-sur-Seine. J'allais finalement intégrer une école !

Je déchantai vite. D'abord, la maison n'avait rien à voir avec ce que je m'étais imaginé. C'était une villa rose, de style palladien, construite avant la guerre par un couple d'originaux cultivés et fous de Venise, les Fauchier-Magnan. Je la trouvais incongrue avec ces colonnes et ces marches dans tous les sens. Je n'y connaissais rien en architecture, mais je voyais bien qu'elle détonnait parmi celles du voisinage.

Maman me montra ma chambre : bleu très pâle, murs recouverts de peintures représentant les *Fables* de la Fontaine. « Il ne faut surtout pas y passer les mains », précisa-t-elle immédiatement. Voyant ma déception, elle s'empressa d'ajouter : « Dans l'autre aile de la maison, au-dessus du théâtre italien, à côté de mon boudoir, il y a une autre pièce pour toi, au sol en lino. Tu pourras y peindre et faire la cuisine avec la petite cuisinière électrique offerte par Granny pour ton anniversaire. » Toutes ces explications me dépassaient. Autant je saisissais la logique d'un boudoir : en colère si souvent, elle pouvait s'y enfermer pour bouder. Mais un théâtre italien… ? Ce dont j'étais en revanche certaine, c'était que cette immense bâtisse prétentieuse et tarabiscotée était aux antipodes de mon rêve de maisonnette aux volets peints pourvue d'une cheminée fumante.

Le lendemain matin, pressée d'aller découvrir « ma » pièce, je n'attendis pas le réveil de Maman, qui n'apparaissait jamais avant midi. J'entraînai Mme Henriette dans l'exploration des lieux. Dusky avait été expédiée chez les jardiniers, M. et Mme Mazerat. Dans leur petite maison au toit de tuiles flanquée d'une cheminée et bordée d'un potager que je voyais d'une de mes fenêtres et qui semblait si accueillante.

Arpentant notre nouvelle demeure, suivant les indications maternelles, je trouvai un escalier qui menait audessus de ce qui me parut être, par l'extrême hauteur de son plafond, le fameux théâtre. Sur le palier, trois portes. Je poussai la première : la salle était tendue de soie et d'une moquette épaisse, j'en conclus que c'était le « boudoir ». La porte d'à côté s'ouvrit sur une pièce totalement noire. Dès mon premier pas courageux, j'eus conscience qu'il n'y avait pas de sol sous mon pied. « Comme Alice au pays des merveilles tombant dans le trou du Lapin » fut ma dernière réflexion avant de chuter de deux étages dans la cage d'un ascenseur !

Je disparus dans le vide sous les yeux épouvantés de la pauvre Mme Henriette. J'aurais dû m'écraser et mourir ce jour de septembre 1948.

Elle retrouva tant bien que mal son chemin dans le labyrinthe d'escaliers et de couloirs et courut chercher le jardinier pour me récupérer là où j'étais tombée. Évanouie, je ne me souvenais de rien et restai interdite quand je découvris, ouvrant enfin les yeux, les barreaux qui me faisaient face. Je distinguais au-dessus de moi la lueur d'un briquet. J'entendais qu'on m'appelait. Je sentais comme un liquide chaud qui dégoulinait de ma tête, laquelle tournait. Je tentai de me relever et retombai aussitôt, inconsciente.

M. Mazerat finit par ouvrir la grille de l'ascenseur en passant par le fameux théâtre italien. Le soleil éclatant de fin d'été me réveilla tandis qu'il me transportait par le jardin dans ses bras forts et rassurants. Sonnée, je ne ressentais aucune douleur. On m'étendit sur le sofa et on réveilla ma mère. Je la vis se figer dans l'embrasure de la porte et l'entendis dire calmement : « Mettez un linge sous sa tête, le sang va salir le chintz du canapé ! » Entre deux pertes de connaissance, j'eus le temps de trouver la remarque un peu rude, mais je n'en fus pas blessée : présence désagréable mais incontournable, Maman était une sorte de pollution inévitable de laquelle je devais m'accommoder. Je n'avais jamais eu le sentiment qu'elle fût « ma mère ». Ce que l'on ne connaît pas ne peut nous manquer.

Papa, voyant mon corps sanguinolent, se cacha le visage dans les mains et poussa un grand cri. Le médecin, arrivé à son tour, fit appeler une ambulance et m'accompagna à l'Hôpital américain. « Je veux Teddy Bleu », murmurai-je faiblement. Mme Henriette se précipita pour me l'apporter.

On me diagnostiqua une commotion cérébrale importante, un nez cassé, un col du fémur rompu, deux grosses entorses aux chevilles et les poignets endommagés, l'un cassé, l'autre fêlé. J'eus la chance d'être opérée par le plus grand des chirurgiens : l'extraordinaire professeur Merle d'Aubigné. Malheureusement, une grève générale d'électricité l'obligea à écourter l'opération. Recousue hâtivement à la lueur d'une chandelle, je dus repartir au bloc le lendemain. Finalement, je restai trois mois à l'hôpital, avec des plâtres partout et un poids qui tirait ma jambe droite, désormais arrimée à mon bassin par un gros clou en acier. Jambe qui nécessiterait cinq opérations.

Le premier jour où Mme Henriette vint me rendre visite, je me préparai au pire : immobilisée, j'étais à sa merci ! Elle allait pouvoir se venger. La vieille dame s'approcha de moi, en larmes. Serrant avec amour les bouts de doigts sortant du plâtre : « Ma petite chérie, j'ai eu si peur, je vous ai crue morte au fond de ce trou ! » J'étais sidérée. Je décidai à mon tour de la protéger, ce que je fis jusqu'à la fin de sa vie.

Chaque jour, ma mère me rendait visite une dizaine de minutes à midi, avant d'aller déjeuner, ou vers dix-huit heures, avant un cocktail. Debout au pied du lit (assise, elle aurait à coup sûr froissé sa robe Balenciaga), elle demandait qu'on redresse un oreiller ou qu'on ordonne autrement la chambre. Au moins évitait-on les scènes hystériques. C'était comme un moustique entrant et sortant. L'après-midi, Papa venait me faire la lecture : *Les Facéties du sapeur Camember* me donnaient des migraines ! Je le laissai faire quelque temps, ne voulant pas le peiner, puis finis par le lui avouer. À l'inverse, les histoires à suspense que me contait l'infirmière de nuit, Mme Meunier, me passionnaient. Quand nous reprîmes contact vingt-cinq ans plus tard et que je lui rappelai cet épisode, elle m'apprit qu'elle avait inventé ces histoires pour que je ne tombe pas dans le coma…

Détail incongru : c'est confinée dans cet hôpital que je reçus ma première demande en mariage. Mon voisin de chambre, un Grec de vingt-cinq ans, souffrait de sclérose en plaques. En robe de chambre de soie bleu nuit, il me rendait visite. Nous bavardions. Il déclara à Mme Henriette qu'il attendrait mes quinze ans pour demander ma main. L'apprenant, la comtesse fit, bien entendu, interdire ses visites…

Une troisième opération fut nécessaire pendant ces trois mois d'hospitalisation pour récupérer l'usage de ma jambe droite. Une quatrième un an plus tard pour retirer le clou. Je rentrai à la maison en décembre dans un lit médicalisé que l'on installa dans la salle de bains. C'est le professeur Merle d'Aubigné lui-même qui me leva et me fit faire mes premiers pas. Arrivé à la fenêtre, me tenant par la main, cet austère protestant avait les larmes aux yeux. « Voilà ! Vous êtes comme neuve, jeune fille. » Il avait réussi. Réussi à me donner une vie et un avenir. Jamais je ne l'oublierai.

Ces mois d'immobilisation et de souffrance furent une deuxième grande leçon de vie : contre les humains et leurs méfaits, on peut tout obtenir par la rébellion et la résistance. En revanche, pour venir à bout des coups du destin, la seule parade est de faire le dos rond et d'attendre. La résilience en somme.

Janvier 1949. J'intégrai enfin l'école Sainte-Marie à Neuilly. Mon père exigea que je m'y rende à pied : vingt minutes de marche en boitant, c'était la rééducation de l'époque. Papa ne m'ayant pas expliqué l'intérêt d'un tel procédé, mais l'ayant exigé de sa voix autoritaire, je trouvais injuste qu'il y ait deux chauffeurs à la villa palladienne et qu'aucun ne puisse m'emmener ! En même temps, j'aurais eu honte d'aller à l'école en voiture avec chauffeur. Je trouvais déplacé cet étalage d'opulence dans cette période difficile qu'était l'immédiat après-guerre. Je rejetais la beauté et le raffinement extrême de cette demeure. En effet, ces qualités, par ailleurs admirables, avaient tout de même failli m'assassiner...

À l'école, je me retrouvais exclue des jeux. J'étais rafistolée, certes, mais je ressentais de la solitude. Arrivée handicapée en milieu d'année, sans les codes de l'éducation française, sans amies, je n'étais pas heureuse. Mon malêtre fut de courte durée, la maladie me rattrapa après deux mois de scolarisation. Fin février, je frôlai de nouveau la mort : une grave dilatation bronchique me cloua au lit avec plus de 40 degrés de fièvre durant des semaines. Mes parents repartis avec Granny en Bolivie, c'est encore l'affectueuse Mme Henriette et sa mère qui prirent soin de moi.

Notre très gentil voisin, le docteur Guichard, m'imposa ce traitement qu'on venait de découvrir, la pénicilline. Chacune des piqûres était un supplice tant j'étais maigre, mais le médicament eut raison de l'infection. Les soins tendres et attentifs des deux Mmes Ducomet avaient accéléré ma guérison.

De nouveau, je m'en suis sortie, et de nouveau, j'ai retrouvé la joie d'être en vie et l'adrénaline qui va avec. Ce n'est qu'après la fameuse date anniversaire de la mort de mon grand-père que Papa rentra, seul, à Paris. « Je n'ai pas voulu prévenir ta mère de ton état, m'expliqua-t-il en arrivant. Elle aurait été déchirée entre venir à ton chevet ou laisser sa mère là-bas, si loin. » L'histoire ne dit pas qui Maman aurait choisi finalement, mais Papa ne joua pas en sa faveur en rentrant seul…

Le professeur Barietti, le pneumologue consulté, m'ayant interdit les hivers humides et froids jusqu'à réduction totale de ma dilatation bronchique, Papa décida de m'expédier vivre au Maroc, à Marrakech. Sa sœur Christiane venait d'emménager à Casablanca. À l'époque, dans les années 1950, c'était le bout du monde. Aucune foule touristique. Les rares Français qui vivaient là-bas cultivaient des plantations d'oliviers ou d'orangers.

C'est ainsi que Mme Henriette, Dusky et moi quittâmes Marseille à bord du *Koutoubia*.

Après des heures de voyage sur une route défoncée, traversée par des chameaux et des ânes, nous découvrîmes Marrakech, à l'orée du désert. Plutôt que de louer une maison dans le Guéliz, quartier européen proche du lycée français, Papa nous avait réservé deux chambres à La Mamounia. Ce somptueux hôtel, situé au seuil de la Médina, était un ancien palais marocain au jardin verdoyant de palmiers, orangers et bougainvilliers. Derrière les remparts rouges en pisé, nous vivions au pied de la mosquée Koutoubia, insérée dans le quartier arabe. Je venais d'avoir dix ans. Je m'apprêtais à vivre les quatre plus belles années de mon enfance.

La Mamounia recelait toute la beauté de l'art arabe : plafonds en bois de cèdre sculptés, murs de céramiques colorées, tapis en laine épaisse tissés dans l'Atlas, meubles de bois incrustés de nacre sur lesquels reposaient des plateaux en cuivre gravés où étaient servis le thé à la menthe et les cornes de gazelle. Les sommets enneigés de l'Atlas s'offraient à mes yeux émerveillés chaque matin. Au loin, le ciel était presque toujours bleu, sauf lorsque s'annonçait une tempête de sable venue des tréfonds du bled, beige et ocre. Quant au soir mauve strié d'orange, il présageait, lui, des lendemains éclatants.

Mon père passait nous voir une fois par an. Il nous emmenait, Mme Henriette et moi, visiter le pays en voiture : les abords de l'Atlas, Ouarzazate, Taroudant. Ma mère, elle, fit le déplacement pour Noël, la première année. Mais sa valise ayant été perdue durant le voyage, elle refusa de quitter son lit, n'ayant, selon elle, rien à se mettre. Pourtant, les souks regorgeaient de magnifiques djellabas brodées, semblables aux « déshabillés » qu'elle portait à Neuilly pour dîner. Seulement, les siennes venaient de chez Bergdorf Goodman, à New York. Pour rien au monde elle n'aurait mis les pieds dans les souks, qu'elle trouvait sales et « surencombrés » d'humains. Sans doute ces rues grouillantes du centre de Marrakech étaient-elles un miroir de l'ethnicité et de la modeste condition de ses ancêtres. Elle resta donc au lit trois jours, tentant désespérément de joindre Paris afin qu'on lui envoie de quoi se vêtir. Ce fut sa première et dernière visite.

Arrivée à Marrakech à l'âge où l'on commence à s'intéresser au monde qui nous entoure, prétextant sortir le chien que j'attachais à un palmier, je m'installais comme un chat sur une étagère au fond de la boutique de l'hôtel et parcourais avidement livres et journaux. Je découvris Jean-Paul Sartre, à travers *Noir et Blanc*. Simone de Beauvoir, la vie et la pensée affranchie des existentialistes de Saint-Germain-des-Prés, la mouvance du Café de Flore. J'acquis alors d'innombrables outils pour m'ouvrir au monde, l'idée que l'on pouvait passer outre aux limites de son aquarium, si doré soit-il, jeter aux orties les oukases imposés et penser par soi-même. Mme Pagézy, la femme d'un associé de mon père qui séjournait aussi à l'hôtel, me fascinait par les réponses qu'elle apportait à mes questions sur la politique française et marocaine. « Je l'adopterais bien, cette petite, disait-elle à Mme Henriette. Elle est intelligente et précoce. Ses parents ne s'occupent absolument pas d'elle. » J'aurais bien aimé que son plan se concrétise, mais il n'y en avait pas le moindre espoir !

Je n'allais toujours pas en classe, supposée suivre ma scolarité par correspondance. Je bâclais copieusement mes devoirs, l'école de la vie était tellement plus passionnante !

Ces matinées de lectures volées m'apportaient les bases intellectuelles suffisantes pour décrypter la planète. Elles étaient ma dose de drogue qui m'énergisait pour la journée. Loin de la grisaille des salles de classe, j'apprenais.

Dans cette ville sainte de l'Islam, l'heure m'était donnée par les appels quotidiens à la prière, depuis les quatre coins de la tour de la mosquée, psalmodiés par le muezzin en haut de la Koutoubia, lorsque tous s'arrêtaient dans le jardin et que chacun, se tournant vers La Mecque, s'y adonnait. Le jour se découpait ainsi en cinq morceaux, telle une pastilla. Dans la rue, les couleurs les plus audacieuses se mêlaient, djellaba mauve et voile framboise, turquoise et ocre. J'avais la sensation de déambuler dans une illustration des *Mille et Une Nuits*. Mme Henriette avait ses commerçants préférés entre Médina, Mellah le quartier juif, et Guéliz, l'Européen. Moi, j'étais extatique de vivre à la jonction de ces différentes cultures, religions et modes de vie. Quels trésors recelaient la planète et ses locataires !

Avec le temps, je finis par connaître chaque échoppe du souk et son propriétaire. Ils jouaient à marchander avec la petite Française solitaire qui errait à sa guise entre les étals et les charrettes.

— Chouf, ce beau tapis, on te fait un bon prix.

— Combien ?

— Pour toi, Lalaicha, 5 000 francs.

— Beaucoup trop, rétorquai-je.

— On te le laisse à 3 000.

— Encore trop, pas plus de 600…

Ils savaient que je n'en avais pas le moindre centime et que, parvenus à un accord, j'allais m'enfuir. Ces initiations au marchandage me furent très utiles plus tard dans les négociations de mes contrats de cinéma !

À La Mamounia aussi, il se passait toujours quelque chose. L'hôtel était le décor de fêtes de mariages mémorables. Je me faufilais au milieu de la foule des mariages juifs dont j'aimais les chants émouvants et nostalgiques. Invariablement, on me proposait avec hospitalité un verre de lait d'amande frais. J'aimais aussi me glisser au milieu des convives des *diffa*, ces banquets aux multiples mets savoureux que donnaient les notables locaux. Les serveurs, mes copains, me mettaient de côté un morceau de tajine au citron, des pâtisseries ou de la pastilla dont je me régalais. Considérée comme difficile par mon entourage dès qu'il s'agissait d'avaler entrecôtes, légumes, blanquette et même crème caramel à table, dans les coulisses je faisais preuve d'un sérieux appétit, hérité de Papa, fin gourmet et gourmand.

Lors de nos trajets en voiture, et tandis que ma mère prenait le train, effrayée par la façon de conduire de son mari, mon père débusquait toujours des restaurants étoilés. Ainsi, à neuf ans déjà, m'avait-il fait découvrir les plats les plus raffinés et des vins exceptionnels. J'avais appris, entre autres, qu'un Château Yquem de plusieurs décennies se mariait parfaitement avec un foie gras et rehaussait les subtilités d'un curry. Si Maman m'avait vue à cet âge boire du vin, elle aurait hurlé ! Pas tant pour ma consommation d'alcool que par jalousie à l'égard de ces tête-à-tête père-fille.

La Mamounia était à l'époque le lieu de villégiature privilégié des riches et des puissants, internationaux comme locaux, et offrait un panorama exhaustif de leurs mœurs d'alors. De leurs jeux, de leurs stratégies, de leurs tromperies. Comme la femme de ce monsieur handicapé, Mme S., visiblement en grand flirt avec M. Triolet, propriétaire du poney Stello. Il avait été, selon Mme Henriette, le premier mari d'Elsa Triolet, maintenant mariée à l'écrivain Aragon. Je savais qui ils étaient. La boutique de lecture possédait leurs livres. J'avais lu dans un magazine qu'Aragon, l'ami des surréalistes, était également communiste, comme les Mazerat. Je trouvais admirable qu'Elsa ait préféré un écrivain communiste à un riche industriel. Ce qui ne m'empêchait pas d'accepter les invitations dudit Triolet pour monter dans son tilbury et tenir les rênes de Stello. Je me voyais comme une adulte et m'imaginais avoir chipé son amant à Mme S...

Le samedi après-midi, c'était thé dansant au bar. Y venaient beaucoup de soldats de la base américaine proche, avec leurs fiancées. Je suppliais Mme Henriette de me laisser prendre au moins un Coca-Cola. Me voyant me trémousser sur ma chaise au rythme de « *Mambo, que rico el mambo, mambo, que rico es es es* », un très jeune soldat rougissant s'approcha et demanda si je voulais danser. « Non ! » répliqua sèchement Mme Henriette. Mais cela m'était égal. Mes effets de séduction s'adressaient en réalité au guitariste espagnol de l'orchestre, Jésus, dit Suso. Un clone de Rudolph Valentino, qui jamais ne prêtait attention à moi si ce n'est pour me tapoter fraternellement la joue quand je dérivais à bicyclette près du bungalow du groupe dans le jardin.

Assis au soleil matinal en pyjama, les cinq musiciens sirotaient, qui un café, qui du vin, fumant des cigares. Ils étaient pour moi le comble de la séduction et de la sensualité latino. Un jour que j'essayais de tomber de vélo devant Jésus, c'est Daniel, l'autre guitariste, qui me ramassa. Il épousseta les feuilles dont j'étais couverte avec une affection paternelle. Quelle injure ! Comment Jésus ne voyait-il pas que j'étais une adulte déjà titulaire de deux demandes en mariage – j'y reviendrai. Comment ne voyait-t-il pas qu'en dépit de mes socquettes j'étais une femme, au même titre que les stupides blondes au bras desquelles il se promenait le soir ?

Vexée, je retournais à mes courses à bicyclette et à mes romans d'espionnage. Sur mon vélo, j'avais arrimé une boîte percée de clous, décorée de boutons et d'une antenne. Avec ma radio fictive, je m'imaginais en filature pour le compte du Glaoui, le Pacha de Marrakech, cherchant à débusquer quel jardinier pouvait être un espion caché agissant au nom du Sultan ou de Guy Mollet – j'avais lu dans la presse une nouvelle au sujet des relations délicates entre ces trois personnages. J'avais aussi glané des bribes de conversation entre Mme Henriette et le capitaine Passot, régisseur du jardin, au sujet du Pacha réputé inviter ses ennemis dans un fort du Haut Atlas dont ils ne revenaient jamais. Toute nouvelle information m'était utile pour me forger une vision du monde très personnelle.

C'est en pédalant furieusement dans les allées de ce même jardin touffu que je croisai Si Sadek, fils du Glaoui, lisant le Coran. Très bel homme, vêtu de superbes djellabas lamées, sabre en or et argent suspendu à son côté, il était juge principal du tribunal de Marrakech. Levant les yeux de sa lecture religieuse, il me sourit et me demanda d'une voix très douce :

— Vous vous plaisez ici ?

— *Besef, waha,* oui, beaucoup, répondis-je.

— Et vous parlez arabe ?

— Pas encore, mais c'est mon projet, je souhaite rester dans ce pays.

J'ai dû un jour, au cours de l'une de nos conversations, exprimer le vœu de rencontrer son père, car Mme Henriette et moi nous sommes retrouvées invitées à prendre le thé au palais. Le jour J, mon cœur battait la chamade. Le Glaoui était un homme d'un certain âge, d'un charisme impressionnant, qui me rappelait mon grand-père. Assises sur des coussins fortement rembourrés, nous hochions la tête tout en grignotant quelques pâtisseries au miel et sirotant un thé à la menthe. Je fus à la fois enchantée d'avoir pu rencontrer cet homme de pouvoir et très intimidée par ses yeux malicieux et perçants, au point qu'en sortant j'ai demandé à Mme Henriette : « Croyez-vous qu'il nous aurait emprisonnées dans un sombre donjon si nous lui avions déplu ? »

Habitué hivernal de La Mamounia, Winston Churchill séjournait à l'hôtel et peignait des aquarelles au milieu du jardin, caché dans une contre-allée. Toujours à bicyclette, je passais et repassais devant le chevalet. Timide, mais audacieuse et curieuse, je commentais ce que je voyais. Le grand homme de la guerre de 1940 me dévisagea tout d'abord d'un air bougon. Puis à force de me voir, il sourit et marmonna quelques paroles à mon intention.

À Marrakech, plus d'une fois par an, se levait une tempête de sable. Trois, six, ou neuf jours d'un sirocco dense s'insinuant partout, dans les vêtements, les cheveux, les placards. Après son passage, les dégâts étaient considérables. Surtout dans les jardins, où les étroits canaux d'irrigation, faits main, souffraient énormément. Le système ingénieux des minuscules écluses en métal que mes amis les jardiniers avaient inventé était souvent détruit. Ils devaient chaque fois déterrer les canalisations, les nettoyer, les reconstruire. Des heures de travail supplémentaires pour ces hommes humbles au quotidien difficile.

Dès mon arrivée, le premier automne, je fus bouleversée par la misère palpable de la population marocaine, d'abord place Jemaa el-Fna, puis dans les souks. Parmi cette foule arabe compacte, bruyante, effervescente, nous étions les seules habillées à l'européenne, entourées de mendiants en haillons, de handicapés, de mutilés dont les yeux purulents étaient couverts de mouches. Beaucoup toussaient. « La tuberculose est endémique ici », commenta Mme Henriette. La plupart semblaient tout simplement épuisés, les yeux rougis. Pauvreté, maladie et souffrance affichées partout.

Plongée dans la réalité de la vie, si éloignée de ce que j'avais connu jusqu'alors, je me mis à pleurer. C'était donc cela, la condition humaine ? J'étais reconnaissante au destin de me réintégrer à La Mamounia et son décor de conte de fées, mais consciente que, derrière les hauts murs d'enceinte, demeurait la souffrance de milliers d'individus. Je ressentais leurs douloureuses préoccupations : souci des fins de mois, de pouvoir nourrir leurs enfants, de pouvoir payer un médecin.

J'avais dix ans et je commençais à comprendre combien la société dysfonctionnait. Pendant l'heure quotidienne de sieste imposée, j'essayais de concevoir comment l'humanité dans son ensemble était organisée. Mal, me semblait-il. Que faire pour y remédier ? Je ne connaissais rien, ou presque, du fonctionnement des sociétés ni des systèmes politiques. J'en entrevis les contours, cette année-là, grâce aux heures que je passais à la boutique de journaux. J'arrivai à la conclusion que la meilleure chose que je puisse faire en grandissant serait de gérer un petit pays de la planète. De le diriger. D'être responsable de tous ses habitants et chargée de pourvoir à leur bien-être et à leur bonheur.

Je décidai alors de commencer à me préoccuper du bien-être des enfants de mon âge. Il fallait d'abord leur fournir des vêtements. Quel était le minimum requis ? De même pour la nourriture. « De combien de pains a besoin une famille, disons de trois enfants, par semaine ? Dix grosses baguettes ? Combien de kilos de farine et combien d'hectares sont-ils nécessaires pour récolter suffisamment de blé ? » Exténuée par cet exercice mental épuisant, je m'endormais. Plus tard, je tentais d'attaquer un autre angle, sans plus de succès. Mais, entêtée, je poursuivais.

Cependant, plus je persévérais, plus je me sentais incapable et inutile, et j'abandonnais mon projet.

Six ans plus tard, j'avais complètement oublié ces humbles tentatives de réparer le monde. Mais, dès que je le pourrais, j'intégrerais tous les mouvements gauchistes ou révolutionnaires de mon époque, j'adhérerais aux slogans et aux idéologies qui ambitionnaient de changer le monde politiquement, économiquement, socialement et de le rendre meilleur. Pour le bonheur de tous, pas uniquement pour quelques privilégiés. Je rêvais toujours d'un monde qui fonctionnerait pour tous les humains et non contre la plupart.

Pour l'heure, l'adolescente que j'étais se retrouvait happée dans la fascination exercée par le Maroc, son art, sa musique, sa culture et ses coutumes, en même temps que par la futilité de la vie à La Mamounia. Tonalités contradictoires d'une symphonie quotidienne. S'était tout de même imprimée quelque part en moi la probabilité de la précarité de toutes choses et de l'insécurité matérielle.

Mes parents voyageant beaucoup, il arrivait que leur secrétaire ait du retard dans l'envoi des chèques postaux, indispensables à notre vie. La pauvre Mme Henriette devenait très anxieuse à l'idée de devoir expliquer le retard de paiement à la direction de l'hôtel. Que pouvais-je faire pour calmer son angoisse ? Sa survie, celle de Dusky et la mienne dépendaient de cet argent.

Promenant un jour Dusky dans les jardins abondamment fleuris, j'eus une révélation : ces fleurs étant gratuites, je pourrais toujours en faire de jolis bouquets que je vendrais à l'entrée aux clients et aux touristes. Je pouvais dormir tranquille, j'avais la solution. Mme Henriette n'aurait plus trop de souci à se faire. Beaucoup plus tard, un jour que je voyageais en voiture avec Papa, vers l'âge de seize ans, je lui racontai cette anecdote. Il frôla l'apoplexie et freina brutalement : « Enfin, comment pouvais-tu te raconter des balivernes pareilles ? Ne te rendais-tu pas compte que tes parents étaient très riches et que tu ne risquais en rien de manquer de quoi que ce soit ? » Eh bien non ! J'avais développé un sentiment d'insécurité chronique : ils vivaient sur un autre continent et après de longs mois passés sans signe de vie de leur part, les fonds s'amenuisant, rien ne me garantissait qu'ils étaient un rempart indestructible pour notre *gruppetto*. C.Q.F.D., monsieur l'ingénieur ! Mon anxiété d'enfant était profonde.

Les soirs de Ramadan, depuis ma fenêtre, j'entendais les festivités de rupture du jeûne. Des odeurs de feu de bois montaient de derrière le mur d'enceinte de l'hôtel, mélangées aux épices et à l'inévitable odeur d'urine provenant des buissons. Il m'arrivait d'apercevoir au loin, émergeant du fond des sables, une nonchalante caravane de chameaux, portant d'immenses grappes de dattes qui traînaient jusqu'à terre, menée par les hommes et les femmes bleus du désert. Les Touaregs.

Les femmes de Goulimine venaient parfois faire une démonstration de leurs danses dans les salons de La Mamounia. Ces beautés, non voilées, enveloppées d'amples vêtements bleu profond, mains tatouées au henné, m'éblouissaient. Elles dansaient, magnifiques, au son des tambourins, des violons et des flûtes du désert. Elles s'amusaient à me mettre à genoux, comme elles, et penchées en arrière m'apprenaient leurs mouvements si délicats et gracieux. Rectifiant la position d'un doigt, d'un bras de la malhabile préadolescente à tresses que j'étais. Par le regard, le toucher, nos échanges étaient riches et chaleureux. Ivres de fous rires, nous communiquions, muettes, par gestes.

M'identifiant à une véritable Marrakshi, je me plaisais à copier mes amies marocaines. Parfois elles jouaient à La Mamounia, parfois j'allais goûter chez elles. Arriva le jour où elles apparurent voilées. Elles avaient eu leurs règles ; le voile devenait une obligation indiscutable, signe de leur maturité sexuelle. Elles pouvaient désormais être mariées et procréer. Porter le voile n'était pas leur choix. Ce fut le mien. Je voulais faire comme elles. J'étais si loin d'imaginer le symbole de soumission qu'il pouvait représenter ! L'inacceptable et cruel manque de liberté auquel cela participait ! Je trouvais cet accessoire tout simplement seyant. Je me cachais derrière la fine transparence de la mousseline : le contact visuel devenait un jeu amusant. En observant les femmes dans la Médina, j'appris comment les yeux pouvaient être porteurs de messages lourds de sous-entendus érotiques. Dernier atout, et non des moindres, le voile protégeait des mouches, de la poussière et des mauvaises odeurs.

Je passais des heures place Jemaa el-Fna. J'avais noué une amitié avec le charmeur de serpents. De bruyants chants rythmés par les tambours soulignaient chacun de ses gestes. D'un panier en paille il sortait un ou deux cobras noirs très agités. Enroulant l'un d'entre eux autour d'un bras, de l'autre il brandissait très haut le second, dont la mâchoire ouverte laissait entrevoir de longs crocs. Puis, dans un mouvement théâtral, accompagné d'un grand cri, il libérait ses longs cheveux couleur de jais de leur pince, enroulant le serpent autour de son cou et de sa chevelure. Comme une écharpe animale. J'étais hypnotisée ! Plus les années passaient, plus j'avais confiance dans son art, si bien que, le dernier hiver, sous le regard horrifié de la chère Mme Henriette, je le laissai enrouler l'animal froid et gluant autour de mon bras. Je me sentis rudement courageuse ! Cette audace compensait en quelque sorte le souvenir humiliant de ma chute dans une cage d'ascenseur.

Djillali, ancien spahi, gardien de l'hôtel, habillé en uniforme et coiffé d'un turban blanc, se prit de passion pour la jeune fille souvent voilée que j'étais alors, et parlant quatre mots d'arabe. Il me considérait comme islamisée et intégrée… Il me fit ma seconde demande en mariage. J'avais treize ans. Il nous convia, Mme Henriette et moi, à prendre le thé à la menthe chez lui dans la Médina. Nous y rencontrâmes ses trois autres femmes. Ayant expliqué à Mme Henriette, paniquée, que, selon le Coran, il avait droit à quatre épouses, il demanda ma main. Je fus ramenée illico presto dans le bunker de La Mamounia par ma gouvernante ! Mais le spahi, m'ayant donné en cachette une petite bague en argent ciselée, continua néanmoins de me considérer comme sa future promise.

Durant ces quatre années passées à Marrakech, mes goûts, mes choix, mes opinions s'étaient affirmés, sans personne pour me guider, à part un petit peu Mme Henriette, pianiste aux rêves chimériques. Mon identité en construction ne reflétait en rien mon terroir mi-Patino, mi-Boisrouvray, cette culture, ces valeurs et cette façon de penser de la rue Perronet, à Neuilly-sur-Seine. Cette absence de famille fut en fait ma très grande chance. La clé de la liberté et de l'autonomie. Un abandon bénéfique. Reliée à aucun clan. Ni à celui de l'aristocratie, ni à celui de l'argent et ses pouvoirs. Seule mais libre. Un précieux et riche apprentissage. Ma vie était enivrante. Chaque jour me gratifiait d'une dose supplémentaire de nouveautés, de façons différentes de voir les choses, de se comporter, de traverser l'existence.

À l'entrée dans l'adolescence, je savais que je pouvais transgresser les interdits, qu'il fallait profiter du bonheur car il était éphémère, contrairement à la souffrance. J'avais appris la résilience. J'étais devenue une redoutable guerrière.

Le dernier hiver m'apporta la seule expérience désagréable de ce Maroc enchanteur. Tournicotant autour de Jésus, le guitariste, je tapai dans l'œil de Pedro, le chanteur boudiné de l'orchestre. Pas très séduisant, il me poursuivait en chantant boléros d'amour et compliments.

Un jour que je promenais Dusky dans l'orangeraie, il surgit de nulle part, m'agrippa et me plaqua un long baiser sur les lèvres. Médusée, horrifiée, je le laissai pourtant faire sans protester. Cette nouvelle sensation était exquise ; la tête me tournait, pareil à un état d'ivresse. C'est alors que je me suis rendu compte que ce que je ressentais me faisait perdre le contrôle. M'arrachant violemment à Pedro, j'allai vomir dans les buissons, tant j'étais dégoûtée que mon corps pût si facilement céder au plaisir donné par un homme qui ne me séduisait même pas. Un homme pour lequel je n'éprouvais aucun sentiment. Savourer n'était pas consentir !

Cette expérience troublante me traumatisa. Les années suivantes, je refusai en bloc toute avance sexuelle ou déclaration amoureuse de la part de jeunes garçons ou d'hommes. Personnages qui auraient risqué d'avoir sur moi une emprise en dépit de mes sentiments ou de ma volonté. Longtemps, très longtemps, je ne flirtais qu'avec ceux qui ne dégageaient aucune sensualité. Boucliers contre une dépendance physique. Avec eux, je gardais le contrôle.

Au mois de mars, Mme Henriette reçut un télégramme annonçant la mort de Granny. Triste, très triste nouvelle. J'aimais beaucoup ma grand-mère, cette vieille dame d'une autre époque, d'une autre histoire, pourtant très rigide et que ses autres petits-enfants appréciaient peu. Veuve depuis quatre ans, déracinée dans un palace parisien, Granny était morte de tristesse dans son sommeil. Deux ans auparavant, le gouvernement communiste de Juan Lechin avait nationalisé mines, terres et banques en Bolivie, balayant ainsi son histoire et ses repères. La plus grande partie de la fortune Patino avait été confisquée par le pouvoir. Ce n'est pas l'argent qui intéressait ma grand-mère, elle ne s'était jamais considérée comme riche, mais tout ce que son mari avait construit de ses mains dans son pays venait de lui être enlevé. C'était comme s'il mourait une seconde fois.

La génération des enfants, en revanche, se répandait en lamentations sur les pertes subies par la famille. Par un tour de passe-passe boursier sur les actions qui ne valaient plus rien, avec la complicité d'une banque canadienne – inimaginable de nos jours –, mon père sauva quelque peu la mise et calma le jeu. Les enfants n'auraient pas à réduire trop leur train de vie.

Tout juste revenue du Maroc, admise maintenant à la table des adultes, j'assistais à ces conversations de combines financières, de fiscalité, mâtinées de potins parisiens qui me faisaient bâiller d'ennui. Je ne me sentais concernée ni par l'argent familial ni par les discussions mondaines, préférant mes rêveries orientales et les nouvelles de la marche du monde. Après la cérémonie et la mise au caveau à l'église de Saint-Pierre-de-Chaillot, où le cercueil de Granny attendrait des jours politiques meilleurs avant de reposer dans le mausolée de Cochabamba, Papa prit une grande décision : le professeur Barriety ayant décrété qu'un climat sec et chaud ne m'était plus indispensable, je terminerais l'année scolaire en pension. À trois mois de mes quatorze ans. Fini le Maroc, direction l'Angleterre !

« Tu parles français, un peu d'espagnol, un peu d'arabe, il s'agit de retrouver ton anglais », décréta Papa. Intéressée par la perspective de reparler la langue de Shakespeare et de manger des « kippers », jamais je ne regardai en arrière, principe que j'appliquerai toute ma vie. Mme Henriette et moi avions bien versé quelques larmes nostalgiques dans le train Marrakech-Casablanca, mais j'étais curieuse de ce que pourrait bien receler ce nouveau pays. Impatiente d'atteindre la majorité des vingt et un ans et le droit légal de piloter ma vie. Je n'imaginais pas à quel point la rebelle émancipée que j'étais allait se retrouver prisonnière.

Le poste de Mme Henriette ne survécut pas à ce brusque changement. J'étais très triste de la quitter après quatre ans de joie, de gentillesse et de confiance mutuelle. Mais je savais que cette fois-ci je resterais en contact avec elle, quelles que soient les injonctions parentales. Et je le fis jusqu'à la fin de ses jours.

Me voici donc expédiée à Heathfield, Ascot, après les vacances de Pâques de 1953. La fille du meilleur ami de mon père en était revenue « parfaitement comme il faut ». Après presque quatre ans de liberté et d'autonomie, j'ai tout de suite détesté cet endroit où je me sentais séquestrée. Dès mon arrivée, les Anglaises, plutôt xénophobes, me traitèrent de *frog*, « grenouille », puisqu'en France on les mange. Chaque matin, il fallait courir, à jeun, en short et tee-shirt à manches courtes, autour du bâtiment principal. Interdiction formelle de marcher pour reprendre son souffle, sous peine d'effectuer un tour supplémentaire ! Il n'y avait pas d'eau chaude au robinet, nous devions aller la chercher au fond du corridor avec un joli broc de porcelaine. Dès l'automne, on gelait, et mieux valait s'habiller sous les draps pour conserver un peu de chaleur. Le printemps anglais n'étant pas exactement chaud, les sessions de piscine dans une eau à 15 degrés étaient pénibles. Elles auraient collé une bronchite à plus d'une. Je me découvris rudement solide.

Les premiers mois au pensionnat furent donc très désagréables, mais je m'adaptais. L'année suivante, je quittai le dortoir pour une chambre double que je partageais avec ma voisine de lit, Julia Williamson, rousse bouclée fort sympathique. Dès lors, ma vie s'adoucit. Jusqu'au jour où je fus choisie pour jouer un morceau de piano à la réunion des parents. Paralysée par le trac et la timidité, je refusai. « Je vais me saccager les mains », confiai-je un soir à Julia. Après de nombreux coups répétés de brosse à cheveux, je réussis à faire gonfler mains et doigts…

J'avais toujours du mal en anglais, ne l'ayant pas pratiqué durant sept ans. Les professeurs ne m'épargnaient pas. Surtout en gymnastique, où j'avais des difficultés avec ma jambe et confondais les directions ; depuis ma commotion cérébrale, j'avais, et j'ai toujours, des problèmes de représentation spatiale.

Le samedi, avec l'argent de poche distribué par le pensionnat, nous allions à la boutique de l'école acheter de délicieux gâteaux : les *Penguins*, biscuits enrobés de chocolat crémeux. Sous les arbres centenaires, par beau temps, près du radiateur en hiver, nous lisions Daphné du Maurier et d'autres ouvrages, jugés trop osés pour nous autres supputées oies blanches, que nous chipions dans le casier des grandes.

Durant les vacances scolaires, mes parents venaient à Londres et nous passions ensemble quelques jours que je redoutais. L'humeur de ma mère depuis la mort de la sienne était encore plus massacrante. Elle éruptait tel un volcan au moindre prétexte ou, je m'en rends compte aujourd'hui, à la plus infime provocation consciente ou non de mon père. Ces repas à trois, invariablement truffés de contentieux, de disputes, de reproches agressifs, me nouaient l'estomac et me renvoyaient à l'anxiété des vacances à Genève et des repas à Neuilly. Après le bonheur, l'harmonie et la sérénité du Maroc, quelle galère ! Rentrant à Heathfield, j'allais à la chapelle anglicane et implorais : « Mon Dieu, faites que mes parents divorcent ! »

Cet hiver-là, j'eus d'autres sujets d'angoisse et de prière. Cousine Isabelle, dite Gypsie, dix-sept ans, s'était fait enlever pendant les vacances de Noël par un très séduisant jeune Franco-Anglais de vingt-quatre ans, Jimmy Goldsmith. Elle était mineure et lui de père juif ! Grand scandale dans cette famille plutôt antisémite et maladivement conventionnelle ! Le couple avait disparu des radars. Nous étions au Caire en vacances de Noël quand nous avons appris la nouvelle. « C'est épouvantable, étais-tu au courant ? » hurla Maman de sa voix la plus stridente. Bien sûr que non ! Je n'avais aucun contact avec ma cousine, pour qui j'étais quantité négligeable.

Pendant une bonne semaine, les journaux publièrent en une des articles à sensation et des photos du couple.

L'hystérie familiale m'était incompréhensible : ils étaient amoureux, beaux et heureux sur les clichés, pourquoi tant d'énervement ? Réintégrant ma pension, j'appris par la presse anglaise, à laquelle nous avions accès, que ma cousine s'était mariée dans un petit village écossais dont le maire se fichait de l'âge de la mariée et qu'elle était enceinte. Du coup, ma famille étant au cœur d'un scandale dont chacun pouvait suivre les épisodes quotidiens, je devins objet de curiosité admirative pour mes compagnes de classe. De l'admiration, j'en avais, moi, pour ce jeune couple courageux, bravant les interdits pour vivre un amour romantique, échappant à l'incarcération chez l'oncle Anténor, piétinant préjugés et tabous. Un exemple à suivre !

Plus tard, le jeune garçon deviendrait un homme d'affaires puissant et riche, auprès de qui son beau-père chercherait parfois conseil. Mais Isabelle ne serait plus. En mai de cette même année, en effet, nouveau coup de théâtre. Toujours par les journaux, j'appris son hospitalisation en urgence. Enceinte de sept mois, elle avait fait deux ruptures d'anévrisme. Les médecins réussirent à sauver son bébé, une petite fille, mais elle mourut. J'étais profondément triste ! J'aimais Isabelle comme une sœur inaccessible. J'aurais tant voulu assister à son enterrement… Son cercueil fut placé peu de temps à côté de celui de Granny. Après des dissensions familiales ensuite, au cimetière du Père-Lachaise. Elle devenait mon héroïne. La désobéissance à « la famille » se lisait dorénavant, en filigrane, comme une sentence de mort.

Durant cette ultime année de pensionnat anglais, la dernière avant de passer l'équivalent du deuxième baccalauréat français, Papa eut un éclair de génie. Je m'apprêtais à passer mon premier examen, le *O-Level*, que je réussirais avec succès, lorsqu'il m'annonça :

— L'an prochain, quand tu auras réussi le second, le *A-Level*, tu viendras en France passer le premier baccalauréat français à la session de septembre.

— Comment veux-tu que je réussisse un examen français en ayant fait depuis deux ans mes études en Angleterre ? lui répondis-je, atterrée.

Mes propos durent interpeller son cerveau logique de centralien, car il me sortit d'Ascot à la fin de l'année scolaire 1954 et m'inscrivit à Mortefontaine, pensionnat au nom sinistre tenu par des dominicaines dans un ravissant petit château près de Chantilly.

Je venais d'avoir quinze ans, et donc censée intégrer une classe de seconde. Mère Marie Odile, professeure de mathématiques au visage carré, me fit passer un examen écrit et oral, à l'issue duquel elle me dit, d'une voix suave qui tranchait avec son physique solide et bourru : « Mon enfant, vous avez un niveau de sixième ! Pourtant, vous me paraissez bien intelligente. Je vous place donc dans la classe qui vous correspond. En seconde. Si, à la fin du trimestre, vous n'êtes pas classée dans les dix premières, je vous redescendrai d'une classe. Et ainsi de suite. » Décidée à ne pas être rétrogradée, je me classai deuxième aux examens de décembre, puis ne quittai plus la première place, jusqu'au baccalauréat dix-huit mois plus tard.

À Mortefontaine, la vie était confortable. Le couvent était chauffé. Ambiance bienveillante de la part des sœurs comme des élèves. Je regardais ces dernières avec un certain dédain. Adolescentes aisées et couvées pour la plupart, je les trouvais inintéressantes. J'avais déjà vécu tant de choses ! Je me sentais comme une adulte égarée dans un pensionnat de jeunes filles. Décidée cependant à en tirer le meilleur parti, assistée d'une complice très inventive, assez cancre et extrêmement sympathique, Marie-Jean Delteil.

Dès le premier soir, je proposai une bataille d'oreillers dans le dortoir. Même ma très sage cousine Édith Decazes s'y mit, dans des éclats de rire bruyants. « Comment ! Vous aussi Édith, si posée et raisonnable ? » manqua de s'étouffer la surveillante dominicaine espagnole, qui ronflait la nuit derrière un fin rideau. Pour me punir, on m'expédia dans une minuscule chambre au fond du couloir. J'étais désolée de perdre la compagnie de mes toutes nouvelles amies, surtout Marie-Jean la dissipée, mais soulagée d'échapper aux ronflements !

Mère Marie Odile me protégea pendant ces deux années où j'en fis voir de toutes les couleurs au couvent et à ses occupantes. Elle me regardait avec admiration depuis le test du premier trimestre. J'étais totalement nulle en géométrie dans l'espace, probable conséquence de ma commotion cérébrale, au point que mon père s'était exclamé un jour au Maroc : « Ma fille est bête comme une vache ! » Cela ne m'avait pas ébranlée, je n'avais aucune intention de devenir mathématicienne ou scientifique, mais j'avais été quelque peu vexée d'être comparée à une ruminante. Ici, au contraire, j'épatais la directrice des études par mes résultats et les élèves par mon insubordination. J'eus beaucoup de chance de tomber sur cette enseignante : elle me trouvait brillante, justifiant mes lacunes par le fait qu'on ne m'avait pas donné les outils pour exprimer mes capacités. Elle fut la première personne détentrice d'autorité à me faire confiance et à m'encourager. Ma chance fut d'avoir pendant deux ans cette directrice d'études qui avait détecté mon potentiel avant que j'en eusse moi-même conscience.

Cependant, nous avions échangé nos noms contre des numéros. J'étais le 106. Réduite à un matricule, j'éprouvais la sensation d'être un colis déposé à la consigne ou une bagnarde. J'estimais que la moindre remarque ironique à mon égard était un manque de respect inadmissible et passible de sanction. « Sans foi et sans loi ! » m'assena un jour, écarlate, Mère Marie Pierre, cherchant, sans succès, à me détacher d'une élève au nom à particule que je rouais de coups de pied dans les tibias, après l'avoir plaquée contre le mur du couvent, pour un mot de trop.

Aujourd'hui, je n'aime pas la violence. Pas du tout. Et la désapprouve fortement. À commencer par la mienne, que j'ai domptée à force de volonté. Mais je comprends ce que ressentent les jeunes stigmatisés, oubliés, par exemple dans les banlieues. Privés de considération et d'opportunités. Je comprends cette plaie béante, le fait de chercher une compensation aux outrages subis dans la déprédation, de répondre par la haine au mépris. Je comprends les enfants des rues qui, livrés à eux-mêmes, ne peuvent compter que sur leur violence pour survivre. Je comprends combien le monde est coupable de négligence meurtrière, égoïste, créant, année après année, une génération mondiale larguée. Balayée. Et je sens aussi ses dangers, avec l'urgente nécessité d'y remédier.

Élisabeth Carreté est vite devenue ma meilleure amie, ma fidèle complice et protectrice. Nous réussîmes à mettre le couvent sens dessus dessous. Élisabeth était mon exacte opposée. Mise en plis parfaite et boucles inamovibles, toujours impeccable et propre, insoupçonnable, elle collait parfaitement dans le tableau des jeunes bourgeoises et aristocrates bon chic bon genre de l'institut. Quant à moi, j'étais toujours hirsute, la tignasse coupée court par mes propres soins, le tablier taché d'encres diverses. Enroulée, quelle que soit la saison, dans une écharpe rouge totalement interdite, étendard de ma rébellion. Mère Marie Pierre me l'ayant un matin arrachée à l'entrée de la chapelle, je hurlai : « Je suis fragile de la gorge, vous voulez me faire attraper une angine ? Puis une pneumonie ? Vous voulez ma mort ? » Peu habituée à être ainsi agressée, elle me la rendit.

De loin la meilleure élève de ma classe, j'étais promise à un premier bac avec mention, qui, dans les années 1950, n'était pas distribué comme des petits pains. Je devenais un atout de recrutement pour le pensionnat. Tôt, je compris comment gérer les rapports de force. Jusqu'où pouvais-je tirer la corde de l'insubordination sans risquer le renvoi ? Intriguée, je m'amusais. Après chaque punition que « Tortillon » – comme je surnommais Élisabeth à cause de ses boucles – et moi subissions, je lui demandai : « Combien de plumes de gloire avons-nous perdu aujourd'hui ? » Il était essentiel d'en conserver suffisamment pour préserver notre dignité. Surtout aux yeux de notre public : les petites classes et leurs élèves admiratives.

Une fois par mois, un bus nous déposait à Paris, à la Comédie Française. Tortillon m'exfiltrait dès le début du spectacle et je filais à Saint-Germain-des-Prés. Plonger dans ces lieux connus jusqu'alors seulement par mes lectures me donnait un shoot d'adrénaline. À la librairie Gibert, je découvrais Bakounine, les anarchistes auxquels je m'identifiais, épatée par les attentats russes de 1905 contre l'oppression. Marx me proposait une grille de lecture pour comprendre les dysfonctionnements de ma famille et l'inutilité sociétale de la vie de ses membres, uniquement définis par l'argent et la capacité d'oppression. Les privilèges, qui découlaient de leur richesse et de leur statut social, rendaient les capitalistes arrogants. J'engrangeais de nouveaux outils de réflexion et de compréhension du monde. J'ambitionnais de bousculer l'ordre établi, de renverser le système et de participer à la naissance d'un monde meilleur. Peu avant la fin du troisième acte d'*Andromaque* ou d'autres pièces classiques, je regagnais ma place et ressortais en rang, sage comme une image.

Un vendredi matin de prière dans la cour du couvent blanc, j'ouvris silencieusement mon cartable, dans lequel j'avais caché trois bouteilles d'encre – une verte, une rouge et une noire – attachées les unes aux autres par une ficelle. Profitant des têtes baissées au moment du « Je vous salue

Marie », je les sortis, les fis tournoyer comme au bout d'un lasso et les envoyai sur l'un des murs blancs. Levant le nez après l'« amen », la surveillante demanda qui était l'auteur du méfait. Silence épais. « Alors punition générale ! » Je me dénonçai : « C'est une déclaration artistique, un happening tachiste, ma Mère. Le peintre Mathieu en fait de semblables. » L'artiste en question, un ébouriffé excentrique, était venu déjeuner avec les Laforgue à la villa palladienne de Neuilly. Punie, j'astiquai le mur à la térébenthine tout le week-end, puis lavai à l'eau froide tablier et chiffons tachés.

J'étais odieuse, mon imagination sans limites. Si bien qu'en classe de première j'avais rallié presque toute la classe derrière ma bannière après avoir copieusement tabassé une bonne élève refusant ma dernière lubie : ne pas réviser la composition d'instruction religieuse. J'avais réuni la classe comme un chef de gang pour donner mes directives : « Voyons comment le curé va s'en sortir, lui qui est tenu au secret professionnel de la confession. On ira toutes, avant la remise des copies, se confesser et déclarer avoir triché à la compo. Soit il établira un classement et mentira, soit il nous dénoncera et trahira son secret professionnel. » Je fus quelque peu bluffée par le père. Déposant la pile de copies sur sa table, il nous dit :

« Commençons le cours, je pense que vous comprendrez toutes qu'il n'y a pas de classement aujourd'hui ! » Et pan !

Cependant, dans la foulée de cette expérience intéressante, la mère supérieure, hiérarchiquement au-dessus de la directrice des études, ma bonne fée mère Marie Odile, convoqua mon père. À sept heures du matin, avant sa partie de golf – probablement à Chantilly. Quelle ne fut pas ma stupéfaction de le découvrir au parloir, lui qui ne venait jamais. Abasourdie par un déluge de reproches, délivré d'une voix de stentor par le comte du Boisrouvray, chef de famille des Jacquelot, je ne retins qu'une phrase : « Si tu continues, je t'envoie dans une maison de correction au Canada ! » In petto, je me dis que s'il mettait sa menace à exécution, je mettrais, moi, le feu à ma prison ! Ne jamais baisser les bras. Ne jamais s'avouer vaincue ! Résister, puiser sa force dans les flammes de la rébellion. Je comprends aujourd'hui son inquiétude. Mes velléités de liberté et d'indépendance étaient autant d'épées de Damoclès suspendues au-dessus de ma famille, dont la réputation, déjà ébréchée par certains scandales, commençait à craquer aux entournures.

Je vivais dans l'angoisse permanente de préserver coûte que coûte ma liberté. J'avais confié à Papa, au début de l'année scolaire, mon désir d'intégrer la Sorbonne, après le second bac.

— Certainement pas, c'est un nid d'anarchistes ! avait-il répondu.

Il n'a pas gagné au change, quand on sait que j'ai fait partie d'un grand nombre de groupes gauchistes des années 1960 et vécu avec un député communiste italien – réalité que mon père occultera toujours avec soin.

— Alors un campus américain ?

— Sûrement pas ! Tu es trop américanisée déjà. Si tu veux absolument faire des études, fais Centrale !

Une offre de Gascon pour quelqu'un qui détestait les maths et la géométrie dans l'espace ! Papa, champion de la mécanique de la mauvaise foi…

Ma mère, me voyant constamment le nez dans les livres, persiflait, agressive : « Tu es un bas-bleu, aucun homme ne voudra t'épouser. » En revanche, lorsque j'arborais un pull moulant et une jupe épousant mes fesses rebondies de quinze ans, elle me balançait : « Tu as l'air d'une pute ! » Sa jalousie ne connaissait pas de limites. J'avais bien compris que son état psychologique était fragile et ne lui en voulais plus vraiment. Elle n'était qu'un obstacle que je ne pouvais déplacer de mon chemin puisque j'étais encore mineure. Avec son agressivité toxique, elle me pourrissait la vie. Pour cela, je la détestais.

J'étais mineure pour encore cinq longues années. Si l'université était impossible, alors je refusais de retourner dans un pensionnat passer un second bac ! Fatiguée, découragée, dans une impasse, je décidai de me marier.

Ainsi, en 1954, devant le non-respect de l'article 28 – celui concernant le droit à l'éducation de la Convention internationale des droits de l'enfant –, qui n'existerait qu'en 1989, décidai-je, révoltée et têtue, que je ne passerais pas ce second baccalauréat. J'ignorais l'existence de Sciences Po, je n'étais pas plus au courant de la possibilité de faire une licence d'ethnologie ou d'anthropologie dans une université de province, des études qui auraient peut-être été mieux acceptées. Confinée dans ma pension, j'étais comme hors circuit, extirpée de là certains dimanches pour assister à des rallyes, sorte de surboums BCBG. À un brillant jeune homme, futur ministre des Affaires étrangères, Jean François-Poncet, je demandai ce qu'il étudiait : « Je fais l'ENA », répondit-il en valsant. Je compris « Léda ». Mais que venait faire cette déesse Cygne dans les études ? J'ignorais l'existence de la prestigieuse école des élites dirigeantes du pays. Je n'osai pousser plus avant mes questions, elles n'auraient fait que trahir mon abyssale ignorance des codes et références de la société française.

J'ignorais aussi que je me fermais ainsi, par mon refus, les portes des études supérieures, donc de l'entrée possible dans l'indépendance économique par le travail intellectuel ou la politique française. Car en France, si l'on n'est pas bardée d'au moins un Bac+4, votre voix n'est d'emblée pas entendue.

Je me marierais donc. Je me faciliterais la vie, le mariage m'émanciperait. Troquer la dépendance paternelle contre celle d'un mari améliorerait mon sort. Un plan machiavélique prit forme peu à peu dans mon cerveau effervescent. L'été précédent, nous avions passé quelques jours dans le château normand de grands amis de mes parents, les Pomereu. Ma mère était en pâmoison devant leur fils, Bobby. Maigre, intelligent, plein de charme pour ne pas dire beau, il n'aimait que les très jeunes filles. Ses parents désespéraient de ne pas voir se marier leur fils unique de trente-six ans. Je venais d'en avoir seize, j'étais encore dans la bonne tranche d'âge.

Le flirt constant qu'il entretenait avec Maman, femme enfant inoffensive pour lui, m'agaçait, mais j'y discernais une échappatoire possible : si j'épousais ce monsieur, elle aurait un admirateur galant à demeure. De son côté, mon père passerait la patate chaude à une autre famille, et les parents Pomereu se retrouveraient nantis d'une belle-fille fertile. *Inch'Allah !* Fallait-il que je sois désemparée pour recourir à un tel stratagème. Bobby était un adepte d'Ouspensky et de Gurdjieff. À la lecture des écrits de ce Russe aux théories ésotériques reposant sur une sexualité déviante, j'apposai sur le gourou le label de pervers cinglé et sur l'élève celui de pédophile et malade mental…

Ce week-end-là, il me fit une cour évidente. Se dessina alors un projet, avec ses deux amis, Henri de Turenne, grand reporter à *France-Soir*, et Hector de Galard, directeur de *France Observateur*. Ces deux aristocrates de gauche apportaient de l'eau à mon moulin et m'enchantaient par leurs discours antisystème et anticapitaliste. Il fut décidé qu'ils viendraient me chercher tous les jeudis sous le mur du couvent pour m'emmener dîner dans la campagne de Senlis.

Je partais sitôt que tintait la cloche du dîner, durant lequel Tortillon masquait habilement mon absence, et traversais le cimetière des bonnes sœurs pour atteindre le très haut mur couvert de lierre. Le franchir n'était pas un problème, il était moins élevé côté cimetière. Grimper pour rentrer se révélait en revanche plus ardu. Me faufiler à vingt et une heures tapantes par la fenêtre de l'escalier des dortoirs, ouverte par les soins d'Élisabeth après le passage de la mère surveillante, tenait de la cascade de films policiers. Au bout de quelques semaines de ce manège et de baisers malhabiles, infiniment moins exquis que ceux de Pedro, Bobby me demanda de l'épouser. Ce que j'acceptai sur-le-champ, même si je ne l'aimais pas. Début mars, j'annonçai à mes parents :

— Je vais me marier avec Bobby de Pomereu.

Stupéfaction, mais pas d'opposition.

— N'es-tu pas un peu jeune pour te marier ? s'essaya mon père.

— Elle va avoir dix-sept ans, ma propre mère s'est mariée à quinze, et vois quel couple extraordinaire elle a formé avec mon père, s'empressa d'intervenir Maman.

— Mais comment a-t-il bien pu te faire sa demande ? Tu es en pension ! questionna Papa soudain soupçonneux.

— Durant les vacances de février, il nous a rendu visite, vous vous souvenez ? me rattrapai-je.

Soulagement partagé des trois côtés.

Juste avant le bac, les familles organisèrent un discret déjeuner de fiançailles. J'en profitai pour me faire renouveler toute ma garde-robe. Papa n'encourageant ni les gâteries ni la coquetterie, je devais toujours m'en tenir au strict minimum. Ce qui me faisait un peu râler au regard des innombrables paires de chaussures, sacs et ostensibles bijoux de sa propre femme. Mais je ne m'attardai pas, il m'était plus important de remplir ma tête que mes placards.

Mon père, voyant ma passion pour la lecture, me conseilla des ouvrages de sa bibliothèque : Lévy-Bruhl, dont *La Mentalité primitive* me passionnèrent, Freud, Arnold Toynbee, Oswald Spengler, *Cry, The Beloved Country* d'Alan Paton. Il me les passait discrètement quand nous nous croisions dans le corridor, évitant ainsi de déclencher la fureur jalouse et complexée de Mila. Aucun livre ne traînait par ailleurs dans les salons. Seuls avaient droit de cité, négligemment disposées sur un guéridon, les revues de *Connaissance des arts*. Lorsque je rentrais par le salon de musique et que je m'arrêtais pour goûter la paix des *Cantates* de Bach qu'il jouait sur son orgue, je n'attendais pas la fin de *Jésus que ma joie demeure*, qui m'apaisait, sachant que Maman pouvait débarquer à tout moment, détruisant l'harmonie et le recueillement par ses cris et sa vindicte.

Trois semaines avant le baccalauréat, littéraire pour moi, nous entrions en phase de révision. La mère prieure me convoqua pour un tour dans le parc. « Je vous renvoie. Vous effectuerez vos révisions chez vous, loin du couvent. Et je vous en interdis l'accès durant cinq ans, afin que les petites classes vous oublient. » Elle jubilait. « C'est l'un des plus beaux jours de ma vie. J'ai tant rêvé de cet instant ces deux dernières années, mais la directrice des études, qui vous trouve exceptionnelle, même dans vos trouvailles diaboliques, m'en a toujours empêchée. » Je suis rentrée à Neuilly sans évoquer mon renvoi. Mes parents ne firent aucune remarque...

J'obtins facilement le premier bachot avec mention bien, grâce à un 18 en dissertation. Le mariage, prévu en octobre, avait annihilé toute tentative paternelle de m'inscrire dans un cours privé ou un pensionnat à la rentrée. Je passai l'été en Méditerranée, enfermée sur un voilier de croisière. Les disputes parentales furent mises en sourdine par la présence d'une cousine Polignac et d'une amie de Mortefontaine dont les parents étaient très proches des miens. En somme, on stagnait toujours dans un bocal de poissons rouges.

Nos invitées bavardes et rieuses jouaient aux cartes avec Mila qui, enveloppée dans une couverture écossaise, attendait que ce mois de torture passe : elle détestait le bateau. J'avais emporté une pile de livres éclectiques, certains plus légers que mes lectures habituelles : Teilhard de Chardin, Paul Valéry ou Aragon. Des nouveautés de librairie, comme ce roman distrayant d'un certain Jean d'Ormesson, *L'amour est un plaisir*. Ce titre me renvoyait à ma mascarade matrimoniale et, l'été passant, je redoutais de plus en plus la mise à exécution de mon projet. J'avais la désagréable impression de me brader pour acheter ma liberté.

Arrivée en Port de Cannes, la séquestration estivale touchant à sa fin, je repérai un jeune homme brun et bronzé, avec un air de gitan, en short beige, un peu dépenaillé, jouant de la guitare sur le quai. M'installant avec la mienne tout près de la passerelle, j'entonnai du Brassens. Il se rapprocha et nous jouâmes, chantâmes et bavardâmes en riant toute la soirée. Les parents fulminaient. Ils ne pouvaient tout de même pas chasser Romano, comme il se faisait appeler, d'un coup de pied tel un chien encombrant.

— Tu devrais avoir honte, tu es fiancée, bougonna Papa.

— En tout cas, ne compte pas sortir du bateau, siffla ma mère.

Ravie, je récoltai de part et d'autre des regards menaçants. Le lendemain, Romano m'offrit une très jolie esquisse du voilier qu'il avait faite au crayon, en profitant pour y glisser son numéro de téléphone parisien. Décidément, il était temps d'agir.

Septembre arriva et nous nous installâmes près de Genève, à Bois-Malagny, dans le chalet familial. Le piège se refermait peu à peu sur moi. Rompre devenait urgent. J'écrivis à Bobby pour lui expliquer que je n'étais pas mûre pour le mariage. Avant de poster la lettre au village de Versoix, deux kilomètres plus loin, j'avalai un pastis, je crois même deux, au café local, pour me donner du courage. Titubante, je remontai jusqu'au chalet dans l'odeur réconfortante du goudron réchauffé par le soleil.

— Je ne me marie pas en octobre ni un autre mois, déclarai-je haut et fort à mes parents. Je viens de poster ma lettre de rupture.

Une explosion atomique n'aurait pas eu autant d'impact. Maman fit une terrible crise, elle s'égosilla et finit par fondre en larmes par terre. Papa, s'efforçant à grand-peine de garder son calme, m'expliquait qu'il était tout à fait normal d'avoir des frayeurs prénuptiales, que rompre un mois avant les noces ne se faisait pas, qu'on allait téléphoner aux Pomereu et arranger tout cela. Bien qu'ivre morte, je n'en démordais pas.

— Ta grand-mère doit se retourner dans sa tombe ! vociférait la comtesse.

Elle criait tellement que mes plombs ont sauté, mes nerfs avec.

— Laissez-moi vivre ma vie, je vais aller la gagner d'une manière ou d'une autre mais fichez-moi la paix ! Je ne resterai pas cinq minutes de plus dans cette maison avec une folle pareille, dis-je à Papa. Si tu m'obliges à rester en Suisse, je me coucherai sur la route Genève-Lausanne et passerai sous le premier camion, parce que j'en ai marre de cette vie-là !

Obligée d'abattre hypocritement la carte du suicide, de plonger dans l'extrême pour m'en sortir. Ne jamais lâcher, toujours se battre. Je ne voyais pas quelle autre menace brandir. Mon pauvre père prit peur et m'acheta dès le lendemain matin un billet Genève-Nice pour rejoindre sa sœur Christiane, rentrée du Maroc pour s'établir à Grasse. « Elle t'aidera à défaire tes cartons. »

La tante Christiane, pas encore organisée pour me loger, m'installa près de chez elle, dans un fort joli mas au bord d'un canal : l'Auberge de Plascassier, restaurant à la mode très prisé des Cannois et des touristes. Le propriétaire, Charles Gauthier, ancien danseur de tango, se prit d'amitié pour moi. Ce Chef tenait l'auberge avec sa femme et leurs trois filles qui servaient au restaurant et à la cuisine. Mon père avait payé ma chambre jusqu'en octobre ; je devais ensuite passer le reste de l'automne chez les cousins Polignac-des Roys à Paris, dont la fille Claude était une amie. Je trouvai vite ma place dans cette famille d'aubergistes accueillante, simple et joyeuse. Tous les matins, vers sept heures, j'astiquais à la serpillière les tomettes de la salle à manger au rythme des disques de tango de Charles. Ensuite, il m'embarquait faire le marché. Quelle délivrance que ces sorties culinaires ! La zone cuisine, à Neuilly, était interdite, tel un champ miné.

J'appris à reconnaître la maturité d'un melon, la fraîcheur d'un poisson, et à marchander (encore !) les prix à l'unité avec les maraîchers selon la quantité choisie. Le soir venu, Charles avait parfois la nostalgie de sa vie nocturne passée et m'emmenait dans ses virées. Il m'initia aux boîtes de nuit cannoises, celles des travestis, qui m'étonnaient, mais je n'en montrais rien.

Peu avant de partir pour New York, Papa me téléphona pour organiser mon retour parisien. Je refusai :

— Je ne veux pas voir ma mère. Elle ne sait pas se contrôler. Elle me hurle dessus et ça je ne supporte pas !

Il n'insista pas et proposa de me poster un billet pour rentrer après leur départ. Il laissa à mon intention, chez sa secrétaire, de quoi payer une école pour passer le second baccalauréat, nourrie, logée, blanchie chez les Des Roys. C'est alors que Charles me fit une proposition alléchante :

— Si tu veux, tu peux rester. C'est la morte-saison. Tu conserves ta chambre, tu travailles à plein temps avec mes filles et tu gardes tes pourboires comme argent de poche.

J'acceptai sans hésiter.

Mes parents, de l'autre côté de l'Atlantique, le décalage horaire et le téléphone hachuré, inaudible, les échanges d'informations étaient inexistants.

Trébuchant sur le gravier de la terrasse à cause de mes hauts talons, je servais les clients avec grand soin. Ma gaucherie dut les attendrir car mes pourboires étaient copieux. Je reçus même un jour un bouquet de la part d'un couple qui avait écrit sur la carte : « Pour la sympathique, jolie petite serveuse qui s'est occupée de nous si gentiment. » Je découvris aussi les effets d'une cuite carabinée ! En fin d'après-midi, Charles me mettant parfois au bar, j'avais servi divers cognacs, whiskies et chartreuses ce soir-là. Intriguée, je finis les fonds de verre et me resservis une Chartreuse verte que je jugeai délicieuse. Le lendemain, incapable de me lever, ma tête me tourna pendant vingt-quatre heures. Sa simple odeur, de nos jours, me donne des haut-le-cœur…

Les soirs de grandes tablées, j'assurais le spectacle, chantant Brassens, Aznavour et autres refrains à la mode, en anglais ou en espagnol. Un soir, une femme belle et distinguée me fixa longuement avant de me demander : « N'êtes-vous pas la petite Boisrouvray, la fille de Guy ? Que faites-vous là ? » Je balbutiai une dénégation peu convaincante. Elle n'insista pas. Je reçus peu de temps après un coup de téléphone de mon père, furieux d'avoir été berné. Il me pensait depuis longtemps rentrée à Paris, scolarisée, chez ses cousins, et me somma d'une voix tonitruante de regagner la capitale.

La très bigleuse Tante Yolande des Roys, née Polignac, m'accueillit chaleureusement Quai de New York, aujourd'hui Quai Kennedy ; elle était d'une myopie étonnante, portant des lunettes à verres d'une rare épaisseur. Son mari, en revanche, me toisa avec méfiance, imaginant que je serais un mauvais exemple pour ses enfants. Il ne m'a pratiquement jamais adressé la parole, si ce n'est pour des remontrances. J'expliquai que je m'étais inscrite à un cours privé dans le 16e arrondissement. Ne voyant pas à quoi je pouvais aspirer d'autre qu'au métier de serveuse, mais ayant pris goût à la comédie par mes mises en scène théâtrales de fin d'année au pensionnat, à l'auberge je m'étais renseignée auprès de Robert Hirsch sur des cours de théâtre. Il m'avait conseillé Tania Balachova.

Chaque matin, je prenais donc le métro jusqu'à Montmartre pour rejoindre le cours de la professeure russe. Parfois, Yves Barsacq, mon collègue apprenti acteur et neveu d'André Barsacq, m'y conduisait. Personne ne songeait à vérifier mes activités quotidiennes. Pendant le trajet, Yves me faisait répéter *L'Île aux chèvres*, *Hermione*, ou *Antigone* d'Anouilh, mon rôle préféré. La bipolarité de ma double vie continuait. Mon autonomie secrète aussi.

Beaucoup d'hommes me faisaient la cour. J'étais créative, drôle, jolie, avec du caractère et maladivement indépendante. Je n'étais ni étonnée, ni flattée. Je pensais candidement que c'était là le sort de toutes les jeunes filles de mon âge. Un attribut de la condition féminine. Je n'avais par ailleurs aucune difficulté à esquiver leurs avances, tant j'étais obsédée par le danger que représentait l'idée d'avoir un homme dans la peau. Des coups de cœur sans conséquences, oui ; en être dépendante, jamais.

Noël se profilant, et l'arrivée de mes parents avec, je crus prudent de disparaître de nouveau afin de prendre l'avantage sur les négociations à venir. Je ne voulais pas fêter la fin d'année en leur compagnie. Avec les derniers francs qui me restaient, je pris un billet de troisième classe pour Cannes et un sandwich à la gare de Lyon, direction l'auberge des Gauthier. Bien qu'il n'y eût à cette époque ni paparazzi, ni réseaux sociaux, mes parents redoutaient par-dessus tout que le public apprenne que leur fille travaillait comme serveuse dans une auberge provençale. La peur du scandale facilita donc la négociation : comme je refusais catégoriquement de rentrer à Neuilly-sur-Seine, mon père accepta de me laisser partir skier deux semaines à Zermatt avec un groupe de jeunes des rallyes mondains. Je me trouvai un amoureux de mon âge, Ghislain, qui skiait comme un as, avec qui je dansais joue contre joue le soir, mais qui n'aurait pas lâché une piste pour me tenir compagnie car je ne savais pas skier. On se roulait des pelles interminables. Ghislain n'était pas un danger car la passion et la sensualité ne l'étouffaient pas. J'étais donc tranquille, je ne perdrais pas la tête. Mais, comme je m'ennuyais, pour pimenter un peu notre quotidien je suggérai un kidnapping. Nostalgie de la trajectoire romanesque de Cousine Isabelle ? Affolé, paniqué même, le jeune homme « comme il faut », de vingt ans à peine, me jugea totalement piquée…

Dès son retour à Paris, mon père découvrit que je n'étais inscrite dans aucune école. Il vit rouge et me renvoya au Maroc, à Casablanca. Le prétexte : aider sa sœur, encore elle, à déménager ses derniers paquets. Tante Christiane n'avait à nouveau nulle part où me loger. Je me retrouvai seule à l'hôtel Anfa. Le cher docteur Laforgue, psychiatre de Maman, déménageait aussi de « Casa ». Hasard ou coïncidence ? Visiblement, il y avait complot. Papa, convaincu que j'avais des fusibles du cerveau à réparer, comptait sur le bon docteur pour me faire suivre une psychanalyse. Si cela pouvait calmer la tempête familiale et m'obtenir plus de liberté, pourquoi ne pas me prêter au jeu ?

Malheureusement, je ne profitai en rien des grands talents de cet élève de Freud : j'inventais des rêves à interpréter et me plaignais amèrement de ma vie de prisonnière, des agressions maternelles. J'en rajoutais au besoin, pour attendrir l'adorable docteur. Il était très paternel et protecteur. Je le soupçonnais, toute déontologie évacuée, de ramener mes plaintes à la case départ parentale. Ce qui ne pouvait qu'améliorer mon sort. Je me trouvai donc très contente, d'autant que je rencontrai chez lui des gens des plus intéressants : d'autres analystes, Françoise Dolto, Maryse Choisy, et Alain Cuny, l'acteur, qui jouera plus tard un rôle fatal dans la vie de ma malheureuse mère.

En ce temps-là, le couvre-feu était instauré à Casablanca. Confinée dans mon hôtel désert, je repérai une sculpturale blonde un peu vulgaire, qui dînait seule, comme moi, dans la grande salle à manger. Rapidement, nous avons pris nos repas ensemble. Anne-Marie, vingt-deux ans, était allemande, et la maîtresse du frère du roi, qui lui avait confisqué son passeport pour l'empêcher de le quitter. J'étais subjuguée : quelle vie dangereuse et romantique ! Pour être à la hauteur de ma nouvelle amie et pouvoir m'acheter, comme elle, colifichets séduisants et produits de beauté miracles, je vendis aux souks les rares biens que je possédais. De petites boucles d'oreilles en or et turquoise, un bracelet en or, cadeaux de Granny, ainsi qu'une veste en ragondin, butin de l'époque fiançailles. Je m'offris un beau tricot rouge dans le magasin de luxe indiqué par Anne-Marie, quelques crèmes magiques fort coûteuses, des vernis en pagaille. Et pour nous une *diffa* somptueuse dans le meilleur restaurant local de la ville pour compenser les blanquettes de veau et autres gigots de sept heures de l'hôtel, trop occidentaux à mon goût.

Dès que quelque chose de vendable se présentait à moi, je le transformais, comme je le fais encore, en billets de banque. Un matin de février, le téléphone sonna. Ma mère ! Je faillis tomber raide : jamais elle n'appelait. « Ma chérrrie, cela fait bien longtemps que tu es au Marrroc, n'as-tu pas envie de rrrentrrrer ? Ton père est parrrti pour dix jours, voyage d'affairrres en Malaisie, je m'ennuie seule, on pourrrait aller au cinéma, et prrrendre le thé chez Sirrrdar. Je te fais parrrvenir un billet de rrretourrr. »

Stupéfaite, j'acceptai et rentrai auprès d'elle à Paris.

Je n'en revenais pas. Avec le recul, il me semble évident que le bon psychiatre René Laforgue y était pour beaucoup. « Profitez de l'absence de votre mari pour créer un lien avec votre fille », avait-il dû lui conseiller. Il n'empêche : ce furent huit jours de futilité délicieuse, de rires juvéniles et de rare complicité mère-fille.

Ma mère avait vu vingt-quatre fois *Autant en emporte le vent* ! Peu lui importait : on allait le revoir, et se faire une ou deux séances de cinéma par jour ! De mon côté, je lui fis découvrir le Café de Flore et La Bûcherie. Son chauffeur garait la Rolls d'un air dégoûté aux adresses que j'indiquais. Un ou deux soirs, c'est elle qui suggéra une boîte de nuit russe, Raspoutine. Transportée par les chants tziganes auxquels elle se joignait, elle distribuait les billets pourboires comme des berlingots. Envoûtée par la Russie et son folklore, elle allait souvent prendre un thé chez son ami le prince Youssoupoff, le questionnant sans répit sur l'assassinat de Raspoutine.

Pendant cette semaine, j'étais en prise directe avec l'état psychologique de ma mère, cette enfant naïve à tendance bipolaire, que son mariage de convenances avec un aristocrate roué, charmeur, cultivé, froid et précieux, n'avait en rien arrangé. Blessée, écorchée, consciente du dédain et de la condescendance dont elle était en permanence la victime. Exaltée, emportée par une danse ou un chant en une minute, elle tombait dans une dépression profonde la suivante, et multipliait les tentatives de suicide. Somnifères et vin rouge.

Lorsque Papa rentra, les hurlements, les aigreurs et l'incompréhension réapparurent dans la seconde. J'avais bien raison de prier pour qu'advienne un jour le divorce de mes parents. Chacun de leur côté, ils auraient été très agréables à fréquenter. J'aurais pu profiter de leurs qualités et me comporter avec eux comme avec ceux et celles qui m'entouraient, c'est-à-dire avec attention et tendresse. Réinstallée dans la capitale, je fus expédiée de nouveau tous les dimanches dans les rallyes dansants du 16e arrondissement. J'avais la sensation de participer à une foire au mariage, où les jeunes filles de bonne famille étaient à vendre, comme les oies au marché de Brive-la-Gaillarde. Les jeunes garçons, le plus souvent boutonneux, nous faisaient une cour assidue avec force compliments enamourés. C'était flatteur pour l'ego. Je n'étais pas dupe mais je m'amusais beaucoup.

Agacé par mon oisiveté, mon père déclara un jour : « Puisque tu as décidé de ne pas faire d'études, alors trouve-toi un travail ou un stage. Je veux te voir hors de ta chambre à neuf heures au plus tard, on doit pouvoir y faire le ménage. » Sur le moment, je trouvai cela rude. Aujourd'hui, j'estime que certains diktats paternels m'ont inculqué une discipline et une rigueur qui m'ont été bien utiles par la suite.

Je me tournai vers Pierre Ordioni, haut fonctionnaire du Quai d'Orsay, un résistant gaulliste, ami de Papa, qui me prit en stage. Son adjoint, diplomate à lunettes dorées dont je partageais le bureau, m'accueillit d'un : « Vous tombez bien, j'écris un roman, *Bonjour tristesse* à l'envers. À travers la perspective de l'homme de quarante-cinq ans. Vous me servirez de modèle pour la jeune fille. »

Ma mission la plus importante : vers cinq heures, tous les soirs, porter missives et télégrammes annotés par Pierre au secrétaire d'État aux Affaires étrangères, Maurice Faure. Enfin, à son huissier... Mais, en rentrant le soir à Neuilly, sur la plateforme arrière de l'autobus, je jubilais, imaginant que je tenais chaque jour dans mes mains des secrets d'État... Je ne comprenais pas grand-chose à la politique française ni aux remarques feutrées échangées dans les couloirs du Quai d'Orsay. Pour tenter d'y voir plus clair, je me procurais d'autres journaux que ceux que je découpais pour les archives du coffre-fort cadenassé de Pierre Ordioni. Les éditos et les articles de Françoise Giroud et de Jean-Jacques Servan-Schreiber, dans *L'Express*, m'expliquaient clairement la guerre qui se déroulait en Algérie et la légitimité de ses habitants à réclamer leur indépendance. « Tu lis ce torchon ! » m'apostropha un cousin Polignac, le même qui m'avait demandé « comment mon grand-père était tombé de son cocotier dans sa Rolls ». Ces remarques méprisantes confortaient ma sympathie militante pour le peuple algérien opprimé et mon adhésion aux revendications du FLN.

Mon père avait échappé à cet atavisme social, ce dont j'étais fière. Un jour, après une petite manifestation en faveur de l'indépendance de l'Algérie, je rentrai à la maison, l'épaule endolorie par un coup de crosse distribué par un agent en pèlerine. Papa me vit masser mes bleus et commenta : « Il est vrai que nous avons gardé beaucoup trop longtemps nos colonies après la guerre. » De même, lorsqu'un cousin, descendant de Joséphine de Beauharnais, était arrivé à la garden-party annuelle du jardin de Neuilly escorté par Jean-Marie Le Pen, reconnaissable à son bandeau noir sur l'œil, Papa lui assena : « Mon petit Harry, tu repars comme tu es arrivé avec ton copain corsaire. Aucun individu partisan de la torture ne mettra les pieds chez moi. »

Cependant, de Gaulle, la Seconde Guerre mondiale et ses résistants me semblaient très loin. Aussi loin que le début de mon existence. Par conséquent, quand mon patron à cheveux gris, groupie du Général, me convoqua pour ranger les dossiers du coffre afin de jeter tout ce qui n'était pas d'actualité, « l'Ermite » de Colombey-les-Deux-Églises n'était pas la priorité dans mes préoccupations quotidiennes.

« Vous me proposerez en fin de journée ce qui est anachronique. » J'arrivai à l'heure dite avec deux piles épaisses de documents dans les bras. Tandis qu'il inspecta le tas destiné à la poubelle, il poussa un hurlement aigu. « Malheureuse ! Vous voulez jeter le dossier Colombey-les-Deux-Églises ! Il s'agit du Général ! » Ce vénérable vieillard presque chauve était pour moi un « has been », qui ne faisait pas la une de l'actualité comme les communistes, le Maroc ou l'Algérie, les grèves et les syndicats. Le dossier bleu fut reporté au coffre comme le Saint-Sacrement par un Pierre Ordioni offusqué.

J'allais avoir dix-huit ans, la majorité officielle trois ans plus tard me semblait encore très lointaine. Alors que mon père me refusait systématiquement l'accès à l'université ou les petits rôles sans importance que je dégotais, je refusais toujours, bien entendu, de passer le deuxième bachot. Fatiguée des disputes permanentes autour de mon avenir, j'avais décidé de profiter pour une fois de ce qui m'était offert et sortais tous les soirs.

Interdite de boîtes de nuit, je soudoyais des jeunes gens « bien sous tous rapports » pour m'y introduire malgré tout. C'est ainsi que je me liai d'amitié avec Régine au Whisky à Gogo, qui m'apprit les secrets du cha-cha-cha. Danse qui me valut ma troisième demande en mariage de la part d'un cavalier expert : un charmant Vénézuélien, Carlos Parra Perez, habitué des rallyes.

Une amie de mère chilienne, Clara Saint, avait déjà, elle, une vie d'adulte qu'elle gérait à sa guise. Fille d'un riche industriel de Buenos Aires, qui lui avait légué sa fortune, elle vivait dans un bel appartement Rue Copernic, possédait une télévision, agrément rare à l'époque, et entretenait sa mère, proche des milieux artistiques et du spectacle. J'enviais beaucoup le sort de Clara. Maquillée à la perfection d'un fond de teint d'une blancheur impeccable – mon père l'appelait le Fantôme –, elle charmait Maman, qui voyait en elle la fille idéale. Coiffée et habillée à la dernière mode, élégante, sage comme une image. En tout mon contraire. Secrètement, pourtant, nous avions scellé un pacte. Elle souhaitait sortir dans nos rallyes pour gens à la vie bien rangée ; moi, je voulais rencontrer des artistes qui menaient une vie de bohème. Nous avions par conséquent échangé nos réseaux. Je l'emmenai partout et elle me fit découvrir *Paris by night*.

Je sortais soit directement en compagnie de Clara, soit avec un jeune homme, accompagnant adoubé par mes parents, pour un dîner chez des « De Quelque chose », que je plantais sitôt le café servi pour rejoindre Clara dans ce que mon père aurait qualifié de *bouge* : un lieu malfamé. Au cabaret Milord l'Arsouille, par exemple, chez Francis Claude où, au petit matin, nous prenions un dernier verre en compagnie de Michèle Arnaud et de son pianiste Serge Gainsbourg, que Michèle faisait chanter tout à la fin du spectacle. « J'suis le poinçonneur des Lilas… » À l'Olympia ou dans les théâtres populaires, où nous faisions la claque pour Renée Passeur. Cette femme, à la voix graveleuse très éraillée, fumant sans répit, augmentant ses cils de bouts de ouate effilée, m'épatait. Elle arpentait d'un pas de gendarme les planches en vociférant son grand succès : « Tout ça n'vaut pas l'amour, un bel amour… », tandis que les titis parisiens et les ouvriers présents au Concert Pacra, à la Bastille, lui lançaient des quolibets… Que les interdits surannés de l'époque semblent encore plus ridicules aujourd'hui !

Cet été-là, on m'autorisa à passer une quinzaine de jours avec Clara dans l'appartement de son amie Michèle

Troyat à Cannes. Seules, sans adultes ! Nous étions invitées partout ; c'était très amusant. Une amie, Arlette Ricci, petite-fille de la célèbre couturière Nina, magnifique silhouette mince de mannequin et immenses yeux vert raisin, avait décrété que l'élégance était d'avoir une poitrine plate. Comme ce n'était point mon cas, je l'écrasais sous des bandes Velpo, recouvrant l'ensemble d'un épais tricot de marin. Transpirant sous le soleil de juillet, je refusais la plage et les costumes de bain. Cela m'arrangeait bien ; on y eût vu ma longue cicatrice rose sur la hanche droite. « Enlaidie à jamais », se serait lamentée ma mère…

Nous allions aussi au fameux Saint-Tropez en stop. J'emportais ma guitare, et, assise à même le quai du port, je chantais mon répertoire de Plascassier. Clara passait un bol et les touristes y jetaient des pièces. Grâce à notre butin, nous dînions au Bar du Soleil où officiait une vieille connaissance, Dany, le maître d'hôtel en chef de La Mamounia. Il nous laissait dormir sur les banquettes : nous n'avions pas ramassé suffisamment de monnaie pour nous payer une chambre à l'hôtel.

Cet interlude inespéré de quiétude et de liberté fut de courte durée. Mes parents, partant à l'automne pour New York, insistèrent pour que je les y accompagne. « Vas-y, m'encouragèrent Cousine Tina et Cousine Ena, de six ans mes aînées. On va prévenir toutes nos amies : tu vas beaucoup t'amuser. New York est une fête. »

Auparavant, fin juin, il fut décidé de donner un bal pour mes dix-huit ans qui tombaient quelques jours plus tard en juillet. Ces bals étaient organisés tout au long de l'année pour présenter les jeunes filles au « Grand Monde ». Versions très élégantes des fameux rallyes, à la mode des « marchés aux volailles », le premier prix étant un mariage prestigieux. L'idée d'un bal mondain, où je serais exhibée comme un trophée, m'exaspérait. Aussi, à quelques jours du grand événement, je disparus chez Clara. « Si c'est vraiment pour moi, ils seront obligés d'annuler. S'ils le maintiennent, preuve sera faite que je n'en étais que l'alibi. » Rapidement localisée par Maman, elle m'invita, comme elle le faisait avec ses amies, à prendre le thé, afin de négocier. J'avais obtenu, par la terreur d'un éventuel scandale social, ce à quoi je considérais avoir droit : être sollicitée pour accepter une activité me concernant, traitée avec un minimum de dignité et de considération. Avec respect. Finalement, j'acceptai cette fête qui s'avéra magnifique et amusante. J'avais le sentiment étrange de me retrouver la reine du bal dans un lieu où tant de fois j'avais eu la sensation d'en être la Cendrillon. Me revinrent en mémoire les mots de mes cousines : « New York est une fête… » Des opportunités joyeuses se dessinaient à l'horizon. J'étais prête à partir.

Je n'intégrerais jamais entièrement le groupe de Français, Patrick Guerrand-Hermès, Françoise Béghin, Kiki Hefler, émigrés pour rencontrer des Américains de leur âge. Les amies new-yorkaises de mes cousines, les sœurs Niscemi et Peggy Bancroft, m'inclurent dans leur cercle, malgré mon jeune âge. Elles étaient toutes plus âgées que moi, certaines étaient même mariées. Dégourdies, chaleureuses, bien que très sophistiquées, elles me prirent sous leur aile avec générosité et affection. À l'un des dîners chez Peggy, je fus placée à côté d'un grand, très beau et très élégant Vénézuélien de quarante-cinq ans, Reinaldo Herrera. Fumant Marlboro sur Marlboro dans un fume-cigarette en ivoire. Raffiné, cheveux grisonnants plaqués en arrière, il avait l'allure des acteurs hollywoodiens de l'époque. Marié avec trois enfants, dont deux plus âgés que moi, il possédait une bonne partie du pétrole de son pays. Il sortait le plus souvent en célibataire, jusqu'aux petites heures du matin, à El Morocco.

Ce soir-là, Reinaldo ne me quitta pas des yeux Il refusa même de s'asseoir ailleurs une fois le dîner terminé, en dépit des injonctions de la maîtresse de maison qui souhaitait que ses invités se mélangent. Il me répétait, de sa voix grave cassée, que j'avais une beauté extraordinaire, que j'étais tellement intéressante pour mon âge, si inhabituelle, tout en plongeant son regard ténébreux et tendre dans le mien. Éberluée, je n'étais pas habituée à autant de compliments romantiques et passionnés. J'étais à la fois conquise et médusée. La cour que me faisaient jusqu'alors les jeunes garçons était timide et maladroite. Pour moi, il était l'homme le plus séduisant, le plus beau et le plus aimant jamais rencontré. De plus il alliait la séduction et l'allure de mon père à la culture latino de ma mère.

À la suite de ce dîner, nous ne nous sommes plus quittés. Il me couvrait de cadeaux, me faisait découvrir un autre monde, celui des adultes, dont j'étais la princesse. Nous vivions notre relation en cachette, protégés par un alibi inattendu. Le fils aîné de Reinaldo s'appelait comme lui et avait quelques années de plus que moi. Celui-ci venait parfois me chercher jusque dans le salon de l'appartement du Waldorf Astoria où je logeais alors, flouant ainsi mes parents. Papa le trouvait charmant et distingué. Maman était aux anges. Et lorsque ses amies se hasardaient, autour d'une tasse de thé, à lui chuchoter : « Il faut que l'on te dise : ta fille a été vue tendrement enlacée par Reinaldo Herrera », ma mère répondait, sûre d'elle : « Je suis au courant, je l'adore et j'espère qu'ils vont se marier. » Jamais elle n'aurait pu soupçonner qu'il s'agissait du père ! Les amies restaient figées, sous le choc.

Certains soirs, mon ami et complice Patrick Guerrand-Hermès me servait de couverture. Une fois dehors, dans le vent glacial de la Cinquième Avenue, il me fustigeait :

« Mais enfin, ce type est marié et beaucoup trop vieux pour toi ! » Puis, amusé par mon culot, il me plantait en riant un baiser sonore et fraternel sur la joue. D'octobre au Nouvel An 1958, notre grand amour resta platonique. J'étais terrorisée à l'idée que Reinaldo puisse découvrir ma cicatrice. Or, juste avant Noël, ma mère prit rendez-vous chez son chirurgien esthétique pour éliminer cette disgrâce. Les sœurs Niscemi me rendirent visite à la clinique et se désolèrent que je ne puisse assister à la fête donnée à l'occasion du Nouvel An.

— Ce n'est pas possible que tu rates la plus belle fête de la saison ! Une soirée brésilienne, en plus ! Bien entendu, Reinaldo sera là. Dis à la clinique que tu veux passer le réveillon en famille. Tu es cicatrisée et tu trottines. Tu viens à la maison, on te passe une robe. Tes parents n'en sauront rien.

Je me laissai convaincre et appliquai le plan à la lettre. Soudain, tandis que, ravie, je planais dans les bras de mon bel amoureux sur un air langoureux de Sinatra, je sentis couler le long de ma jambe droite un liquide chaud. Deux points de suture avaient sauté... L'austère chirurgien ne comprit pas, mais alors pas du tout, comment ses coutures renommées avaient pu céder...

Mon secret dévoilé, je me laissais envelopper d'une bulle d'amour, de luxe et de bonheur voluptueux. Reinaldo me parlait mariage.

— Mais tu es déjà marié !

— Je ne supporte pas l'idée que tu me quittes, ton père va t'emmener une semaine dans le Sud, je ne veux pas que tu repartes ensuite en Europe sans promesse de ta part. Je vais divorcer.

Pourquoi refuser la main de l'homme que j'aimais ?

S'éloignèrent alors, pour un temps, les projets de carrière d'actrice de comédies musicales, tout comme mes lectures philosophiques et politiques. Outils si précieux pour comprendre mon environnement et ses contradictions, questionner l'existence et faire des choix. Cependant j'étais fatiguée de vivre dans l'opposition permanente. Pourquoi ne pas, pour une fois, laisser le flot de la vie m'emporter ? De plus, Maman et moi avions retrouvé un peu de la complicité du printemps. Entourée d'amies nord et sud-américaines, libre des contraintes de Neuilly, elle était heureuse à Manhattan et s'amusait comme une adolescente. Comme la fois où nous prîmes le thé avec le frère du roi d'Arabie Saoudite résidant lui aussi au Waldorf. À peine étions-nous arrivées sur la côte est qu'il chercha à me rencontrer, m'ayant repérée dans le drugstore de l'hôtel en train de feuilleter des livres. Par le truchement de son émissaire, le bel Ahmed Abdul Wahab, qui plus tard deviendrait ministre de la Santé du royaume, il me fit envoyer une immense corbeille de toutes sortes de fruits, avec une invitation pour ma mère et moi à prendre le thé dans le salon princier.

« Quelle sollicitation gracieuse ! Allons-y », s'enthousiasma ma mère, enchantée. Bien moins enthousiaste fut mon père, qui, rentré le lendemain du Canada, envoya un mot de remerciement qui coupa court à toute tentative de nouvelle visite des appartements royaux saoudiens…

Fin janvier approchait. En famille, nous allâmes retrouver le soleil du Sud. Mais, arrivés en Floride, ma mère fit immédiatement demi-tour, n'aimant ni le sable, ni le soleil. Reinaldo, en route pour le Venezuela, m'y avait suivie, et nous élaborions des stratagèmes insensés pour nous retrouver. Puis Papa poussa jusqu'à la Jamaïque pour jouer sur les golfs réputés de Round Hill, lieu de prédilection des « people » américains. Il n'y avait qu'une amie anglaise de ma génération. En revanche, je croisai des célébrités du showbiz : Alfred Hitchcock, les producteurs Sam Spiegel et David Selznick, avec sa femme l'actrice Jennifer Jones, Adele Astaire, souvent partenaire de son frère Fred sur scène. Pour couronner l'ensemble, débarquèrent le sénateur John Fitzgerald Kennedy et son époustouflante femme Jackie, vraie championne de ski nautique.

Le sénateur venait de faire des déclarations tonitruantes sur l'attitude critiquable de la France par rapport au contentieux algérien. J'espérais, sans oser y croire, pouvoir lui poser des questions. Quelle ne fut pas ma surprise de le voir me rejoindre au bord de l'eau au soleil couchant ! Assise dans les vagues, j'essayais de le questionner. Tout ce qu'il me répondait était : « Où habitez-vous à New York ? Où puis-je vous voir ? Quelles sont vos boîtes de nuit favorites ? » Très déçue, je ne m'attardai pas. Je haussais les épaules lorsque les grandes personnes parleraient de lui comme d'un futur président des États-Unis ! De retour à New York quelques semaines plus tard, le téléphone sonna. Maman décrocha. « Bonsoir, ici John Kennedy. Je suis pour la soirée à New York, puis-je vous inviter à dîner ? » annonça-t-il, pensant m'avoir au bout du fil. Maman jeta le combiné dans les mains de mon père, qui passa un savon gigantesque au futur président, lui rappelant qu'il était marié ! Je reçus, bien entendu, une dégelée de reproches. Comme si j'y étais pour quelque chose !

Il était prévu de longue date que je rentre en France à la fin mars. Reinaldo et moi, sûrs de nous, révisions notre plan : divorce, mariage et explications à nos familles respectives. Le voyage de retour sur le *Queen Elizabeth* m'arracha à lui.

Après presque une semaine de navigation, je retrouvai le rose familier de la villa palladienne et mes *Fables* de La Fontaine. J'étais totalement déboussolée. Après des années de déracinements, d'instabilité émotionnelle et affective, de chaos culturel et éducatif, je me retrouvais amoureuse d'un homme marié, de presque trente ans mon aîné. Au bord de briser la vie d'une femme que je connaissais à peine… De détruire une famille dont les enfants étaient mes amis. Dans la douce lumière du printemps français, tout cela me parut ingérable. J'allais me marier, je n'étais toujours pas majeure et n'avais jamais mené une vie d'adulte. Notre abyssale différence me sauta aux yeux… Que faire ? Je regardai longuement Teddy Bleu et Piglet, témoins impuissants de mon désarroi. Je décidai de rompre.

Meurtrie et profondément triste, j'écrivis à Reinaldo. Il se précipita à Paris pour me faire changer d'avis : « Ma douce, ma chérie, je comprends que tu sois bien jeune et veuilles peut-être étudier. Mais je te louerai un appartement ici, te donnerai une voiture. On peut attendre deux ans, je ne veux absolument pas te perdre. Ne me quitte pas ! »

J'étais déchirée. Certes, je l'aimais, moi aussi. Mais, autant j'avais hâte d'être exfiltrée de l'incohérence familiale, autant la perspective de me retrouver la maîtresse entretenue d'un homme de deux fois et demie mon âge m'apparaissait inenvisageable. De plus, j'étais mineure. « L'âge est sans importance quand on s'aime, insista mon bel amoureux vénézuélien. Regarde Rubirosa : il est bien plus vieux que moi et se marie avec une jeune femme de dix-neuf ans. » Malgré mon amour pour Reinaldo, je me rendais compte que je venais de vivre un rêve incompatible avec la réalité. Tous les deux, nous pleurions. Mais ma décision était prise. C'était écrit ainsi.

La santé mentale de Maman ne s'améliorait pas. Il lui arrivait de débouler à quatre heures du matin dans ma chambre en vociférant :

— Je te déshérite, je vais tout laisser aux religieuses !

— Quoi qu'il arrive, je ne compte absolument sur rien, et certainement pas sur ton argent ! répliquais-je, me chuchotant à moi-même :« Argent maudit, de toute façon. »

Parfois, elle m'acculait au fond d'un placard que je tentais de ranger.

— Je vois ton manège, tu veux diviser pour régner !

Qu'y avait-il à diviser ? Et pour régner sur quoi ?

Il me revient aussi une nuit où elle se dirigea vers la fenêtre de ma chambre et cria :

— Je vais me jeter en bas !

Je la raccompagnai alors jusque chez elle :

— Va dormir, Maman, il est très tard.

Elle ne me terrifiait plus, elle me faisait de la peine. Sous-jacent, nous ressentions ce combat invisible et souterrain. Comme s'il n'y avait pas place pour deux. Pas assez d'espace, d'oxygène et de vitalité à se partager.

Elle faisait pourtant des efforts pour habiter son rôle, comme s'intéresser aux collections de tableaux, d'argenterie, ou aux manuscrits médiévaux de son mari. Elle s'adonnait à la décoration, pour laquelle elle était douée, avec son meilleur ami Marcel Bissey. Mais sa vraie passion était les bijoux. Elle passait des après-midi entiers avec Louis Arpels, son autre ami de cœur, à admirer, soupeser, acheter des bracelets et des colliers, chez Van Cleef & Arpels. Ils furent cambriolés un soir à Neuilly. Nouveau drame paranoïaque : tour à tour la famille de Papa ou son propre frère Antenor furent soupçonnés d'avoir monté le coup. Seules furent épargnées les émeraudes que sa mère lui avait offertes lorsqu'elle venait déjeuner, enveloppées à la mode *chola* dans de la ouate. Les cambrioleurs s'étaient précipités sur les coffrets en ignorant ces boules bizarres.

Elle avait donc ses centres d'intérêt, mon père les siens : la Bourse, les affaires, le prix de l'or, le golf, les jeux de hasard et de cartes et de backgammon au Jockey Club ou à l'Automobile Club. Aucun des deux ne s'enquérait de ce qui m'intéressait, moi. Chacun allait son chemin ; je poursuivais le mien.

Maman et moi avions cependant un point commun sans le savoir : nous étions toutes deux groupies d'acteurs. Elle, d'Alain Cuny, acclamé par tout Paris dans *Tête d'or* de Paul Claudel ; moi, de Raf Vallone, dans *Vu du Pont*, d'Arthur Miller. Cuny cachait son homosexualité et, dans sa perversité sadique, flirtait avec ma mère – des amis communs les avaient présentés après une représentation. Elle voulut croire au grand amour et cette si grande désillusion déclencha sa dépression terminale.

Quant à moi, pour me consoler et oublier mon amour sud-américain, je dévorais films, pièces de théâtre, et dansais à m'étourdir. Quelle ne fut pas ma stupeur, assise dans les premiers rangs du théâtre Antoine, de comprendre que l'acteur principal, venant au bord de la scène, fixait avec insistance mon visage encadré d'un bandeau de soie turquoise. J'entraînai l'amie qui m'accompagnait apercevoir de plus près notre lointaine étoile tant admirée. « Allons en coulisses faire signer nos programmes. » Dès qu'il me vit, Raf Vallone me saisit par le poignet.

— Vous êtes si belle, qui êtes-vous ? Une actrice ?

Voix cassée familière. Regard enveloppant amoureux. Du déjà-vu.

— Venez dîner avec Charles Vanel et moi.

Saisie de panique, je déclinai l'invitation en dévalant l'escalier, les jambes à mon cou. Dans la rue, une voiture s'arrêta, la portière s'ouvrit.

— Allez, s'il vous plaît, entrez avec votre amie.

— Certainement pas, déclara celle-ci, en jeune fille convenable, tournant les talons. Viens, on rentre.

Je n'avais jamais joué la jeune fille « convenable », je n'allais pas commencer maintenant ! Je montai dans la voiture.

Étouffant de timidité, je n'ouvris pas la bouche, ni pendant le trajet ni au dîner, terrorisée d'écorner l'image flatteuse que Raf semblait avoir de moi. Après le repas, il proposa de me déposer. Je préférai prendre un taxi.

— Vous ne voulez me donner ni votre adresse ni votre téléphone ? me demanda-t-il avant de partir. Je ne connais que votre nom : Marina Sanchez. Voici mon numéro. J'habite à l'hôtel Raphaël, appelez-moi demain, ne serait-ce que pour me dire que vous êtes bien rentrée.

J'attendis quelques jours et, bien entendu, appelai.

Durant quelques semaines, chaque soir, un billet m'attendait au guichet du théâtre, au nom de Marina Sanchez. Je vis et revis la pièce. J'allais déjeuner à la campagne avec lui le dimanche dans sa voiture décapotable, cheveux au vent. Tandis qu'il me récitait Dante, je le regardais, admirative. Lui continuait à me dire combien j'étais belle, combien j'étais le personnage idéal pour jouer dans sa pièce. Qu'il était urgent de me présenter à Peter Brook, le metteur en scène, afin qu'il change d'actrice pour la tournée.

Je rentrais toujours à pied. Je ne voulais pas qu'il sache où j'habitais, terrifiée qu'il puisse découvrir qui j'étais et à quoi j'étais liée : la villa palladienne, mes parents, riches, titrés et tout le tralala qui allait avec. Tandis que je déambulais au milieu des avenues vides au petit matin, j'avais le sentiment de vivre cette période si excitante de la vie des jeunes filles vouées aux passions impossibles. À ne jamais laisser se décolorer dans la mémoire !

Mais mon euphorie fut de courte durée. Lorsque j'annonçai à mon père :

— Tu vas être fier, j'ai un engagement probable pour faire la tournée de la pièce à la mode, *Vu du Pont*, du grand auteur américain Miller, si le metteur en scène m'accepte.

Il doucha mes ambitions :

— J'ai vu la pièce, au deuxième acte il y a une scène en combinaison transparente, pas question que ma fille s'exhibe à moitié nue sur scène.

Comme à dix-huit ans, il était impossible de signer un contrat sans autorisation paternelle, ma carrière s'arrêta net, avant même d'avoir commencé.

Et puis, un soir, alors que j'assistais encore et toujours à la pièce, je vis assise au même rang que moi une Brigitte Bardot en transe, applaudissant à tout rompre et surtout ne quittant pas Raf des yeux. Il devait, c'était une évidence, avoir une belle brochette de conquêtes parisiennes. Alors, le jour où, dans un magazine, je tombai sur un reportage sur lui et sa famille : « Zut, encore un homme plus âgé marié avec des enfants ! »

Je disparus de son horizon du jour au lendemain. Ne connaissant ni mon nom, ni mon adresse, il ne pouvait pas me retrouver.

Je me plongeai dans ma drogue habituelle, le tourbillon des nuits parisiennes. Danser jusqu'à épuisement, jusqu'aux petites heures du jour, était mon meilleur remède. Libérant endorphines et adrénaline, je me fabriquais des « anticorps ». Je supportais ainsi mieux la violence quotidienne et menaçante qu'il y avait à vivre sous le même toit que ma mère. J'arrivais même, magnanime, à ne plus ressentir ces bouffées de haine qui m'envahissaient quelques mois auparavant. Maman était infiniment malheureuse : elle avait peur de vieillir. Elle ne riait pas aux éclats pour éviter de se creuser des rides. Et hormis notre escapade l'hiver précédent, elle ne savait profiter d'aucun des bonheurs de la vie. Pour ma part, j'étais courtisée, je savais m'amuser, j'avais la vie devant moi. Je pouvais par conséquent m'autoriser parfois le luxe de l'empathie. Je n'étais en rien l'enfant dont elle avait rêvé ; au contraire, j'étais même son exact opposé. Têtue et combative alors qu'elle m'aurait voulu soumise ; brune et mat de peau alors qu'elle me désirait blonde ; indépendante, sans coquetterie, alors qu'elle aurait tant aimé me forger à son image. Et pas le garçon qu'elle avait sans doute espéré. Nos centres d'intérêt étaient à des années-lumière les uns des autres. Elle était jalouse de ma jeunesse, de ma beauté présumée, de ma relation avec mon père. Mais, surtout, elle souffrait d'une profonde dépression.

Juin 1958 arriva avec la traditionnelle garden-party familiale. Épiant l'arrivée des invités dans le parc en fleurs, je voyais sous les tenues élégantes, couvertes de bijoux, des femmes transparentes. Sous leur maquillage outrancier, comme sous les crânes gominés des hommes, m'apparaissaient des squelettes blanchâtres avec de la ouate à la place de la cervelle. Toutes et tous, par leurs gestes et interactions, exécutaient une sinistre chorégraphie d'un ballet dérisoire. Si je continuais ainsi à descendre un chemin identique, je ne me voyais aller nulle part autre, que, comme eux, jusqu'à la mort. Inutile. Prenant forme, une décision envahit ma volonté : en septembre, je retournerais en classe et je terminerais ces fichues études. Je trouvai un établissement privé acceptable pour mon père, dans le 16e arrondissement. Dans un quartier bourgeois, certes, mais où le professeur Gilbert Spire enseignait entre deux cours au lycée. Il avait la réputation d'être un esprit libre, expliquait la philosophie avec originalité à contre-courant des idées reçues. Je décidai de m'y inscrire. Il allait s'avérer acrobatique de jongler entre ces études et le nouveau fiancé qui se profilait.

Ma grande passion pour les chevaux et mon envie jamais rassasiée de pouvoir les monter m'avaient propulsée un dimanche dans l'écurie des poneys de polo argentins de Bagatelle. Le jeu me plaisait, brutal et élégant à la fois. Tandis que mes consœurs buvaient et flirtaient aux abords du terrain, j'en profitai, entre deux *chukkas* – périodes de jeu de sept minutes –, pour me faufiler dans les écuries. Flatter la crinière transpirante de ces gracieux animaux, aider à les nourrir et à les brosser. Un des meilleurs joueurs de l'équipe latino-américaine mit pied à terre pour changer de monture. Il s'approcha.

— Juan Capurro. Je vois que vous aimez vraiment les chevaux.

— Beaucoup. Cela doit être fantastique de monter ces petits bolides.

— Voulez-vous essayer ?

Je n'en croyais pas mes oreilles. Mon rêve se réaliserait-il ? Il enchaîna :

— Soyez là demain à onze heures pour l'entraînement. Une aide supplémentaire ne sera pas superflue. Vous montez bien, au moins ?

— J'ai appris à huit ans dans les Andes.

Rendez-vous fut pris.

Juan, la trentaine, étoile parmi les playboys de la *jet set*, n'était pas le cavalier idéal pour escorter dans les bals de la jeunesse BCBG, bien qu'attaché à l'ambassade d'Uruguay. Il évoluait dans l'univers des joueurs de polo internationaux, fait d'alcool, de cigares, de tangos, d'asadas – les grillades argentines en plein air –, et d'amours illicites avec les plus belles et plus célèbres femmes du monde. La tête de file de ce cercle très fermé était le gigolo vieillissant de la République dominicaine, Porfirio

Rubirosa. Celui-ci, après avoir vécu au crochet de quelques milliardaires américaines, avait épousé sur le tard Odile Rodin, de presque trente ans sa cadette, la starlette évoquée par Reinaldo. Ils étaient une vingtaine, tous très beaux, venant d'Argentine, du Mexique, d'Espagne, d'Inde, parfois de France. Ils éblouissaient de nombreuses filles de ma génération, qui leur tournaient autour comme des papillons devant une torchère. J'étais flattée, grisée d'avoir été choisie.

« J'entends qu'on te voit maintenant chez Maxim's, au Relais Plaza et dans toutes les boîtes de nuit parisiennes avec un gaucho », ironisa Papa d'un ton méprisant, tandis que la rumeur de notre liaison commençait à s'ébruiter. Cette relation flattait mon ego : garder pour moi ce célibataire convoité par tant de créatures assoiffées de flirts ! Ma famille n'était pas étrangère à cette idylle. Si mes parents avaient été suffisamment observateurs et rusés pour m'offrir un cheval, sans doute l'attraction pour le cavalier en eût été quelque peu affadie... Au bras de mon amant attentionné et expérimenté, je m'étourdissais au rythme des nuits sud-américaines et j'oubliais pour un temps la rentrée, la reprise des cours et le sérieux de la vie.

Mais Juan avait un côté sombre, qui filtrait après quelques verres de trop. Nous étions souvent les derniers à fermer L'Éléphant blanc ou le cabaret de Régine. Agrippé à son verre de whisky, Juan titubait, débitant des histoires incohérentes sur une mère autant adorée que haïe, un frère, d'une beauté rare, qui s'était suicidé sur la plage de Punta del Este. Des bribes d'histoires d'inceste et de passion se mêlaient. Il me faisait peur. J'avais eu mon quota de folie.

Évidemment, Maman l'avait adopté comme futur gendre. Ils partageaient une langue commune, ce qui rapproche.

— Il est extraordinaire, ne le laisse pas s'échapper, tu le regretterais, me disait-elle.

Mon père, quant à lui, persiflait de plus belle :

— Je ne te comprends plus, se lamentait-il. Où donc se sont envolées tes préoccupations sociales et politiques ? Aurais-tu échangé tes valeurs révolutionnaires pour celles des boîtes de nuit ? Tu critiques sans répit ces jeunes Français qui t'ennuient et que tu juges futiles. Pourtant ce *gaucho* ne distinguerait pas Mozart de Tito Puente.

Je me disais que je profiterais de la croisière estivale annuelle pour démêler l'écheveau inextricable de ma courte vie. De retour à Paris après quelques jours chez des amis près de Vichy, quelle ne fut pas ma stupéfaction de trouver Maman sur le quai toute de prune habillée. Tailleur, sac, chaussures, petit chapeau penché, pas un cheveu indiscipliné, tout y était. Dans sa Rolls-Royce qui ronronnait, elle m'entreprit sur Juan.

— Je sais que tu as décidé d'étudier, ton père est enchanté. C'est difficile d'être écolière en menant de front une romance avec un sportif de haut niveau, diplomate de surcroît. Seulement, pense à ton avenir. Cet homme est merveilleux, tu n'en rencontreras pas un autre pareil. Marie-toi.

Stupéfaite, j'encaissai la tirade. Jamais ma mère ne m'avait parlé aussi longuement et intimement. Je n'en revenais pas. Je n'arrivais pas à discerner sa sincérité de son envie de contredire mon père qui, lui, avait des projets matrimoniaux aristocratiques et français à mon égard.

Aussi, dès l'automne, je fus accueillie chez les parents Lehideux. La mère, ravissante jurassienne blonde et affectueuse, soucieuse du bien-être de ses proches, était une amie de jeunesse de Papa. Ils hébergeaient de jeunes étrangères qui débarquaient à Paris, le temps pour elles de s'enduire de la patine française et d'approfondir la langue. Ils avaient trois filles, amicales et sympathiques, et un jeune fils, très galant et un peu timide. M. Lehideux était, quant à lui, un passionné de radiesthésie. Nous avions des échanges sur l'énergie et l'au-delà qui m'intéressaient. Rapidement, je me pris d'affection pour Mme Lehideux, que j'appelais *Mounie*, comme le faisaient ses filles. Je l'avais, moi aussi, un peu adoptée. Quel bonheur de se trouver dans une ambiance familiale joyeuse et normale !

Je venais d'avoir dix-neuf ans ; un an à tirer, voire deux si je redoublais, majeure, libre de vivre ma vie et de m'inscrire à l'université. D'approfondir philosophie et psychologie. J'avais dans l'idée de louer une chambre de bonne, dès que je l'aurais, ce deuxième « bachot ». Et afin d'assurer mon indépendance financière, je découvris qu'en me levant à quatre heures du matin, je pouvais laver des autobus pour 50 francs par véhicule. À l'époque, il était toujours possible de trouver un petit boulot. J'étais prête à tout pour échapper à la vie mortifère qui m'était destinée, celle du 135, rue Perronet à Neuilly-sur-Seine.

Je ne doutais de rien, emplie d'énergie et de la certitude que je réussirais tant que je serais libre de mes choix. Confiante, je fonçais en sifflotant, mon cartable à la main.

À côté de ma nouvelle vie calme et très studieuse au sein de cette famille bienveillante, celle excentrique de Juan et ses virées nocturnes me parut soudain à la fois terne et toxique. Je me rendis compte, quel que soit mon choix de vie future, que cela impliquait une rupture avec Juan et son mode de vie. La nuit du 6 novembre 1958, je lui dis mon exaspération, mon épouvante devant ses fantômes et son addiction à l'alcool. Je le quittai là, sur-le-champ. Pour de bon.

Enfin en adéquation avec moi-même, je m'écroulai de sommeil une fois réintégré le nid réconfortant des Lehideux. À sept heures du matin, le lendemain, le téléphone sonna. Mounie décrocha. À son ton sérieux, je me précipitai à ses côtés. Elle me regarda intensément et prit tendrement mes mains dans les siennes. « C'était ton père… ta mère est morte hier. »

J'étais sous le choc, comme paralysée. Mon père, en déplacement au Canada, ignorait ce qui s'était passé. Une autopsie serait réalisée – aux États-Unis, c'est obligatoire. Ce qui nous apprendrait qu'elle avait réussi cette fois son overdose de somnifères. Une fois rentré à New York le surlendemain, mon père espérait qu'on pourrait la mettre dans un avion spécial qui arriverait plus ou moins à la même heure que le sien à Paris. Mentalement anesthésiée, je ne ressentais ni tristesse ni douleur. Simplement une peur viscérale. Terrifiante. Une angoisse grandissante nouait mon estomac.

Deux jours à attendre. Quoi ? Le tsunami de la réalité effrayante.

Tout le monde s'affairait autour de moi, voulait m'aider. Les familles Patino et Boisrouvray téléphonaient à tour de rôle. Je ne voulais ni parler ni voir quiconque. Une partie de moi s'efforçait de comprendre que, plus jamais, ma mère ne me persécuterait ni ne m'agresserait. Que c'était fini. Que je pouvais laisser se déliter les nœuds dans mon estomac et dans ma gorge.

« Je veux aller au cinéma, voir *Ascenseur pour l'échafaud* de Louis Malle, décrétai-je dans l'après-midi. » J'étais déterminée à sortir de la fatalité du destin, à me prouver que ma vie, elle, continuait. Que cette tragédie n'avait pas réussi à la faire voler en éclats. Choqués, horrifiés, ils appelèrent un médecin pour m'administrer un calmant. Peut-être au fond en avais-je besoin. J'étais incapable d'appréhender le présent. Insensible. Longtemps après, je fis des cauchemars, dont je me réveillais en nage. Je rêvais que ce n'était pas vrai, qu'elle n'était pas morte, qu'elle était revenue. Que l'enfer recommençait, inexorablement.

Le matin redouté arriva. Papa n'ayant pas encore atterri, je dus récupérer le cercueil à Orly, signer des papiers. Comment un dragon féroce pouvait-il se métamorphoser en petit objet inerte, enfermé dans une boîte reluisante en bois de châtaignier avec des poignées de bronze étincelantes dans le soleil de midi ?

Les familles, habillées en noir de pied en cap, se succédaient. J'avais envie de leur demander ce qu'on faisait tous là. Une tante, visage tragique de circonstance, se voulut gentiment compatissante :

— Ma pauvre chérie, perdre sa mère si jeune !

— Je n'ai jamais eu de mère, lui assenai-je du tac au tac.

Elle repartit scandalisée. Personne ne pouvait comprendre qu'en fait, pour moi, elle n'était pas morte, elle était juste devenue inoffensive. Morte, elle l'était en tant que mère depuis ma naissance. Je l'avais depuis longtemps enterrée et j'avais déjà dépassé le deuil. Je ressentais ce que décrit si bien Paula Fox dans sa propre biographie, *Borrowed Finery* : « Je me sentais creuse, vide. On m'avait dérobé le privilège ultime d'une fille, privée de pouvoir faire le deuil de sa mère. » Et j'ajouterai, pour ce qui me concerne, « au moment approprié. »

Enfin, mon père arriva. Une onde de soulagement traversa la foule familiale. Voici quelqu'un sur qui déverser leur commisération, qui serait reconnaissant de leur présence. Quelqu'un qui serait à la hauteur de leurs attentes. Quelqu'un en adéquation avec le rôle qu'il y avait à jouer.

Un catafalque avait été dressé dans le théâtre de la villa palladienne. J'étais passablement perturbée d'avoir à y recevoir familles et amis. Dans ce lieu où, précisément dix ans auparavant, j'avais moi-même manqué mourir. Comme nous quittions la maison derrière le corbillard, Marcel Bissey, son confident chéri, se jeta sur moi, sanglotant : « Que s'est-il passé, que s'est-il passé ? Il paraît qu'on l'aurait retrouvée par terre, agrippée à la poignée de la porte ? Aurait-elle été assassinée ? » Apathique, je n'eus aucune réaction à son hystérie, amarrée à ma propre survie. Tandis que nous passions la grille, je fus cependant bouleversée par le regard fixe et désespéré du docteur Laforgue que je croisai à travers la vitre de la voiture. Larmes inondant ses joues et sa barbe blanche, il me dévisagea silencieusement. Il n'avait pas réussi à l'arracher à la mort.

Le service religieux à Saint-Pierre de Neuilly fut impressionnant de recueillement. Il y flottait un parfum de tragédie. La foule mondaine, d'habitude intarissablement bavarde, soudain tellement silencieuse. Nous nous trouvions au terme d'une lutte sourde et invisible de vie ou de mort. Dans quelques heures, la dame dont la chambre se trouvait invariablement au bout du couloir reposerait, inanimée, sans aucun pouvoir, au fond d'un trou. Loin de sa Bolivie natale. Au cimetière de Picpus, Paris, France.

Livre II

Mon fils

C'est ce que je fais qui m'apprend
ce que je cherche.

Pierre Soulages

Deviens qui tu es.

Nietzsche

À la mort de ma mère, ma vie s'est muée en un songe brumeux sur lequel je n'avais plus de prise. Rechercher une chambre à louer, laver des autobus pour gagner ma vie, terminer mes études, tous mes projets lessivés par ce tsunami : le destin. Chaque secousse sismique de mon existence me dépouillait d'une couche supplémentaire, comme un oignon. Effeuillage indispensable pour révéler qui j'étais vraiment.

Avec la disparition de ma mère, je perdais la « boussole a contrario » et l'hostilité qui me servait de carburant. Je m'étais structurée à l'opposé de ses goûts, de ce qu'elle était, de ce qu'elle attendait de moi. À commencer par son extrême féminité et sa coquetterie : mon sempiternel uniforme jean-tee-shirt-baskets date de cette époque. Comment allais-je me réorganiser devant ce vide ? Déstabilisée par cette nouvelle donne : sa mort. Je pris conscience que je serais désormais seule responsable de mes choix. Mon père, pour qui j'avais beaucoup de tendresse, incarnait l'autorité que l'on attendait de lui en tant que mari et père, mais je ne pouvais compter sur ses conseils convenus, trop éloignés de mes points de vue. Il ne rêvait que d'une chose : se faire construire un bateau et passer de longs mois à naviguer.

Pas un instant je ne pensais à un quelconque héritage. De toute façon, je ne voulais rien d'elle. Ni qui me rattache à elle. M'ayant rapidement émancipée, Papa me fit très vite signer de nombreux documents par lesquels je lui cédais la propriété de tout ce que possédait ma mère, dont légalement j'aurais dû hériter.

Je distribuai avec largesse les vêtements de luxe et les sacs à main hors de prix qu'il m'encourageait à m'approprier... En particulier à nos voisines, les religieuses clarisses, qui ont dû se retrouver quelque peu embarrassées de robes Balenciaga et de chapeaux Paulette... Tous les somptueux bijoux, mon père les mit dans son coffre-fort : « Bien entendu, ils sont à toi, tu me demandes ce que tu veux quand tu voudras en porter », me répétait-il. Je n'en porterais qu'une seule fois, bien plus tard, pour voir comment on se sentait couverte de millions de dollars scintillants et colorés, et constatai que, décidément, ce n'était pas du tout l'identité que je recherchais.

Tout ce qui avait appartenu à ma mère était chargé d'énergie négative. Je ne voulais rien qui puisse m'éloigner de ma nature profonde et me fasse ressembler, d'une façon ou d'une autre, à ce qu'elle était. Je me fis alors une promesse : rester libre de mes choix et responsable de mes trajectoires en toutes circonstances. Ne jamais devenir ni une droguée ni une alcoolique, et ne jamais me vendre, si j'avais besoin d'argent, en m'engageant dans une relation ou un mariage dénué de sincérité. Je me jurai aussi que, quels que soient les obstacles qui jalonneraient ma route, je tiendrais bon et ne me suiciderais jamais.

Mon père et moi eûmes un choc en ouvrant le coffre-fort de Luz Mila : là où habituellement étaient mis à l'abri des objets de valeur, se trouvaient une quarantaine de boîtes de Nimbutal, un très puissant barbiturique, maintenant interdit à la vente. Ce face-à-face brutal avec l'incommensurable désespoir et l'angoissante capacité d'autodestruction de cette femme me terrifia. Je voulais surtout ne jamais en arriver là. Mais une question me taraudait : qui étais-je ? Je me percevais tel un kaléidoscope de morceaux brisés de couleurs et de formes différentes, incapable de produire un motif au schéma cohérent. Les notes d'une symphonie probablement prometteuse, mais jouées sur un Steinway désaccordé. Les dix années suivantes s'écouleront à chercher le mode d'emploi de mon existence, afin d'éviter le destin que mes origines avaient tracé pour moi et dont je ne voulais absolument pas. J'avais l'impression de me débattre au milieu de vagues qui entraînent, puis broient dans leurs violents remous.

En attendant, fin 1958, je me découvrais décidément une santé fragile : un système immunitaire souvent en grève, une inquiétante anémie et une tendance aux hémorragies. Conséquences probables d'un avortement clandestin exécuté à la hâte pendant un week-end de l'été, grâce à la complicité d'une amie qui prit tout en charge. En dépit de mon envie profonde de fonder une famille, je refusais de céder à la pression morale de garder un enfant dû au hasard. Décider d'être fille mère en 1958 n'était de plus pas un cadeau, ni pour l'enfant ni pour la mère mineure. Et surtout pas dans les cercles du Bottin mondain. Une fois ma décision prise, je m'interdis de ressentir quoi que ce fût. Je me cadenassai. Pas d'émotions ni d'attendrissements. Fidèle à moi-même, je gérais mes erreurs. Point barre. Pour autant, je ne conseillerais jamais aux femmes de recourir à cette amputation par simple commodité. Car cela demeure, même dans le déni, une amputation. J'ai toujours milité pour le droit à disposer de son corps. Le droit de choisir, oui, mais après profonde et mûre réflexion.

Papa, inquiet et mal à l'aise dans son veuvage, nous éloigna de Paris. Pas question de retourner en classe ni d'écumer les boîtes de nuit jusqu'au petit matin. Nous devions respecter un temps de deuil. Il nous emmena en Afrique, synonyme pour lui de souvenirs heureux. Pour moi, ce fut l'occasion de révéler une facette de ma vraie nature. Je détestais tuer des animaux, à l'état sauvage comme en captivité. Je n'étais point l'insensible chasseresse que je pensais être, capable de rapporter le dîner au campement du safari, et je terminais invariablement les expéditions en larmes. Une nouvelle pelure de l'oignon se détachait.

De retour à Paris, le médecin conseilla la montagne pour me retaper.

— Mais à Gstaad ou à Saint-Moritz, elle va retrouver la même vie noctambule, se lamenta Papa.

— Pourquoi ne pas vous installer dans cette charmante station familiale et sportive en Valais qu'est Crans-Montana ? proposa le docteur.

Dès janvier, mon père y loua un chalet.

Mes 48 kilos frigorifiés, trébuchant sur le verglas dans mes hauts talons de citadine, je ne fus pas séduite par l'environnement, loin de là. Une amie m'entraîna avec elle : « Inscrivons-nous à l'école de ski, il paraît que les pistes sont faciles. » Se lever tôt pour affronter le froid, le vent et la neige dès le matin n'était pas l'option que j'aurais choisie. Toutefois, non seulement j'y pris grand goût, mais je découvris que j'étais très douée pour ce sport. Dès la deuxième semaine, compétitive et acharnée, je fus propulsée de la classe des débutants en chasse-neige à celle des skieurs confirmés, skis collés. Quel plaisir physique puissant ! Le vertige de la vitesse, pareil à l'extase de galoper à cheval.

Un matin, assise sur un remonte-pente, je levai la tête et vis que le ciel était d'un bleu intense. Quoi ? La vie n'était pas infailliblement grise ? La beauté éclatante de ces couleurs, le blanc de la neige sans traces, la brillance du soleil d'altitude : ça pouvait être ça, la vie ? *Ma* vie ? Un avenir exaltant ? J'avais envie de chanter à tue-tête « *Ciao, ciao, bambina, un bacio ancora…* » en descendant à toute allure, skis parallèles, la piste de la Nationale.

Madeleine Gentinetta, petite fée skieuse des sommets, fille du directeur de l'école de ski et des guides, qui sortait avec un gigantesque Jean-Louis, champion de descente, devint ma meilleure amie. Peinant à les suivre, encouragée par Otto Furrer, son cousin, lui-même grand slalomeur, à l'arrière du groupe je faisais de mon mieux. Je découvrais les joies simples de la vie à la montagne truffée de rires et d'air pur, de raclettes, de vin rouge local, de bière, de viande séchée. Je bénéficiais du meilleur des remèdes : le bonheur du quotidien. À la fin du mois, je refusai de regagner la France avec mon père.

Depuis que j'étais arrivée ici, ma vie avait retrouvé du sens. Les saisons n'étaient plus de simples changements de garde-robes, si belle que soit la couture française. Elles avaient une signification vitale pour les montagnards. J'avais rejoint un groupe simple et sincère ; adopté un mode de vie sain et sportif, loin des contraintes de la ville et de ses complications hypocrites. J'étais heureuse, dans mon élément. Comme si les racines paysannes et montagnardes maternelles, à défaut de pouvoir s'épanouir dans les Andes, retrouvaient dans les Alpes leur environnement naturel.

Mme Bonvin, la patronne du Robinson, le restaurant où j'avais pris mes repas avec Papa, me trouva une chambre en face, chez une sympathique vieille dame du cru. Papa me rendit visite à Pâques et décida de m'acheter un tout petit chalet puisque je voulais m'intégrer à la montagne, éviter la mondanité parisienne à laquelle j'étais destinée, et skier à en perdre le souffle.

Les *Fables* de La Fontaine sur les murs de Neuilly avaient imprimé en moi une obsession angoissante : découvrir qu'à la fin du chemin de la vie je n'aurais été qu'une cigale insouciante, sans plus aucune graine dans le sablier du temps pour me transformer en fourmi besogneuse. Je cherchais donc toujours des stages ou un apprentissage. Je dénichai un emploi de vendeuse dans le magasin Alex Sports des Gentinetta. Je secondais mon amie Madeleine et sa vendeuse principale. Nos fous rires furent mémorables ! Une ou deux fois par semaine, j'aidais également à l'école de ski pour la classe des tout-petits. « Mademoiselle, j'ai perdu mon mouchoir… je voudrais faire pipi… ma moufle est tombée là-bas. » Les cours tenaient plus du jardin d'enfants que de la leçon de ski ! Côtoyer les enfants me donnait chaque jour un peu plus l'envie d'en avoir moi-même, avec un homme que j'aimerais et que j'aurais choisi. À 1 500 mètres d'altitude, je continuais d'éplucher l'oignon.

De retour dans la capitale pour rendre visite à mon père, je coupai les ponts avec ma vie d'avant, comme ces arbres dont on sectionne les branches afin de les régénérer. Sporadiquement, je ne voyais que d'anciens amis dont l'existence prenait un tournant intéressant. Parmi eux, Jean François-Poncet, totalement dévoué à sa circonscription du Lot-et-Garonne, et sa femme Marie-Thérèse. Je deviendrai d'ailleurs marraine de leur fils Philippe et resterai très proche d'eux au gré de mes différentes vies. « Décidément, tu as quand même toujours un train d'avance dans tes prises de position », me disait Jean, avec qui j'aurais parfois des échanges vifs du fait de mes adhésions gauchistes, ou au moment de ma candidature écologique aux législatives de 1978.

Je voyais aussi le brillant François a'Weng, de la Cour des comptes, dont le fils, François-Louis, serait également mon filleul. J'adorais discuter avec lui, bien que je ne sois pas toujours d'accord non plus avec ses positions. Il y avait aussi les David-Weill, Hélène et Michel, le premier garçon qui m'adressa si gentiment la parole lorsque, à quinze ans, mes parents me traînèrent, contre mon gré, à un cocktail chez les siens. Et enfin les Seillière.

Je n'étais pas toujours d'accord non plus avec Jean d'Ormesson, qui plus tard épouserait mon amie de jeunesse Françoise Béghin, mais j'aimais tant sa conversation. Jean, dont j'avais lu *Du côté de chez Jean* sur l'ennuyeux bateau paternel, et que j'ai été enchantée, à dix-sept ans, de découvrir assis à mes côtés, dans un dîner de jeunes mondains, chez l'actrice Philippine de Rothschild. Il me parla littérature et nous devînmes amis ce soir-là. Quand j'eus dix-neuf ans, le lutin aux yeux bleus scintillants me provoqua : « Alors, c'est fini avec Capurro ? Raconte, j'aime tellement les histoires d'amour malheureuses... » Ça ne l'était ni pour l'un, ni pour l'autre. Juan, son plan de réussite sociale et financière à l'eau, moi libérée de liens équestres et amoureux périmés. Délicieux Jean, qui me faisait tant rire par sa malice.

Le dragon de la villa palladienne ayant cessé de terrifier ses habitants et d'interdire l'accès à sa demeure aux animaux, je filai à La Samaritaine recueillir un chien abandonné. Au refuge, j'en choisis un couleur feu, aux grands yeux verts et aux oreilles de renard. Je le baptisai Voyou. À peine dans le salon vénitien XVIIIe, il soulagea sa vessie. Désolation de Papa à qui je rétorquai : « Enfin ! Comment peux-tu préférer un vieux tapis sale à l'amour dévoué de cet adorable chien, par ailleurs très intelligent ? » Ce qu'il était !

L'oncle Antenor, mon tuteur maternel, se discrédita définitivement à mes yeux dès cette époque. M'ayant convoquée dans son hôtel particulier, rue d'Andigné – qui plus tard deviendrait l'ambassade d'Irak –, il me reçut allongé sur son vaste lit XVIIIe doré, en robe de chambre. Petit Indien au visage brun massif, il me tint à peu près ce langage : « Tu t'habilles comme une pauvresse, avec tes tenues hippies, très peu seyantes par ailleurs. Au lieu de vestes en peau d'agneau retournée, ne pourrais-tu aller chez Balenciaga ou Dior et porter les beaux bijoux de ta mère ? Tu aurais tout Paris à tes pieds. » Je repartis écœurée. Comment un tuteur pouvait-il donner ce genre de conseils à sa pupille de dix-neuf ans ? Non seulement je n'ambitionnais nullement d'avoir « tout Paris à mes pieds », mais, surtout, je refusais que « Paris » soit mû par de tels moteurs, et moi avec. Je m'agrippais à mes valeurs avec obstination et m'efforçais d'identifier, de suivre les chemins de vie que je jugeais dignes d'admiration.

En décembre 1959, je retournai en Valais et retrouvai avec joie mon tout petit chalet, baptisé *Schneewitchen* (Blanche Neige). Enfin une vraie maison ! Et la sensation d'être passée d'une époque maudite à un espace magique de délivrance.

Un jour que la neige était tombée en abondance, la nuit était arrivée alors que des touristes n'étaient toujours pas rentrés. Alex Gentinetta organisa avec les guides une expédition de sauvetage nocturne.

— Viens, me téléphona Madeleine, on va monter par le télésiège avec des profs de ski porter des boissons chaudes et des sandwiches aux sauveteurs.

Sur place, l'un d'entre eux, grand blond très beau avec de magnifiques yeux bleus rêveurs, sportif patenté, me remercia d'un sourire charmeur.

— Tu as tapé dans l'œil de Bruno Bagnoud, le prof playboy de la station, me chuchota mon amie. Il fait des études à Berne et vient dépanner l'école de ski pendant les vacances de Noël.

— Playboy ? Non merci, j'en sors ! Et puis il a l'air trop content de lui.

Le dimanche suivant, j'organisai une soirée spaghettis.

— Je viendrai seule, fâchée avec Jean-Louis, m'avertit Madeleine à dix-huit heures.

— Invite quelqu'un à la sortie de la messe, pour qu'on soit huit, c'est plus amusant, lui répondis-je.

Ce quelqu'un, ce fut le fameux Bruno ! De ce soir-là, nous ne nous sommes plus quittés, même si nous avons souvent vécu chacun de notre côté, jusqu'à notre divorce en décembre 1965.

Dès janvier 1960, Bruno retourna à ses études de sport dans le canton de Berne. Jusqu'à la nomination de son père à Berne, Bruno avait vécu à Crans et à Chermignon, dans le Valais. Profondément attaché à cette région, il vivait en ville à contrecœur. Poussé par ses parents à faire des études supérieures, il s'était inscrit en médecine. Mais, à l'idée de se retrouver enfermé pendant des années dans des salles d'étude ou des sous-sols de dissection, il avait déserté pour rejoindre le grand air et se retrouvait, à vingt-cinq ans, en première année d'université de sports, à Macolin, dans la montagne bernoise du Jura.

Il revint en Valais courant février. Son père, colonel en poste au ministère de l'Armée suisse, voulait qu'il devienne officier instructeur. Pour ce faire, les Suisses doivent passer deux à trois mois dans leur arme. Pour Bruno, c'était au sein des chasseurs alpins. Sa mère, femme tonique et admirable, se dévouait entièrement à son mari et à ses enfants. Pétrie du sens du sacrifice, elle était, avant son mariage, infirmière, originaire d'Argovie. Quant à Agathe, sa sympathique sœur cadette, elle était artiste, antiquaire et restauratrice de tableaux.

C'était une vraie famille, soudée, enracinée dans le terroir valaisan de Perron. « Mamina », cuisinière hors pair, concoctait pendant des heures de succulents plats pour les siens. Leur chalet à Crans sentait toujours bon, dès l'entrée, en particulier lorsqu'elle préparait une tarte aux pommes à la cannelle. Je me souviens de m'être fait la réflexion que le bonheur, ce devait être ça : rentrer de l'école et découvrir un savoureux goûter préparé par sa maman, une tarte à la cannelle !

J'accompagnais Bruno partout, suivie de Voyou. Jamais, je crois, la Compagnie des chasseurs alpins n'avait vu arriver une de ses recrues avec sa fiancée et son chien ! Le pasteur de l'armée, Philippe Gilliéron, et le père Paul, l'aumônier, nous poussaient à ne plus « vivre dans le péché » et à nous marier. Pourquoi pas ? Je n'avais pas repris d'études secondaires, je n'avais pas de métier, et en quittant Paris j'avais pour un temps mis entre parenthèses mes combats politiques. J'avançais dans la vie sans but précis et je trouvais dans le monde paysan cet ancrage, ce socle rassurant, qui me faisaient défaut. J'aimais tant écouter les histoires du père Bagnoud : comment, enfant, à Chermignon, il passait l'hiver au premier étage d'un mazot, à la seule chaleur du souffle et des ruminations des vaches du rez-de-chaussée ; comment lui, Marius, son frère et sa sœur, portaient les lourdes brantes de raisins sur leurs dos au moment des vendanges ; comment il emmenait les bêtes vers l'alpage en altitude au printemps. Alors pourquoi ne pas me marier avec ce garçon que j'admirais et aimais, qui s'intéressait aux écrits de Bergson, écoutait Vivaldi ou Paganini, et dont la famille me sécurisait et vivait dans un terroir auquel j'étais attachée ?

Mon père avait à nouveau besoin de moi à Paris, pour l'aider dans son déménagement de Neuilly à la tout aussi bourgeoise avenue Foch. J'y restai quelque temps. Le professeur Jacques Varangot, grand, maigre, avec ses petites lunettes rondes, qui m'avait soignée et avait un faible pour moi, trouvait que je gâchais mon temps. Il écoutait mes lamentations sur l'impasse dans laquelle je m'étais fourrée par mon refus de poursuivre mes études. Selon lui, j'aurais pu prétendre, grâce à mes capacités intellectuelles et à ma personnalité « assez spéciale », à un métier qui m'aurait assuré une confortable indépendance financière.

« Tu devrais faire médecine, me dit-il alors. Et même chirurgie. » Je le regardai, stupéfaite devant cette proposition de grimper la « Cordillère des Andes des études supérieures », bien plus ardue qu'une licence. « Viens travailler avec moi à l'hôpital, tu pourras suivre mes cours. L'Assistance publique ne me donne pas d'instrumentiste et j'en ai grand besoin, ajouta-t-il. En quatre séances, je t'apprends les trois opérations de base : l'hystérectomie, la césarienne, l'ablation d'un fibrome. Et bien sûr, l'accouchement classique. » Proposition inimaginable aujourd'hui !

Ce furent des mois passionnants, pleins d'enseignements. J'appris entre autres à faire des piqûres, ce qui m'est bien utile aujourd'hui, mais surtout à prendre mes responsabilités avec courage et intégrité. Comme ce jour, à l'hôpital Cochin : il était midi et l'équipe que j'assistais opérait depuis sept heures du matin. Je passais champ stérile après champ stérile, les retirant rapidement avant que le professeur ne recouse. Après trois ou quatre solides sutures, l'estomac noué, terrorisée, j'avouai : « Je me suis trompée, on avait dix champs et je n'en ai sorti que neuf ! » Trois secondes de silence glacial. Regard méprisant et peu indulgent, sous son masque vert, de l'interne qui n'avait jamais encaissé ma présence sacrilège. Dans une ambiance plombée, sans un mot, Varangot décousit, repêcha le champ coupable, bombe à retardement dans le corps de la patiente, et refit sa belle couture. J'étais vexée, mais j'avais assumé et, pour la première fois, fait preuve de vaillance en public. La chirurgienne assistante, l'adorable Cathy Tchobroutsky, me réconforta en sortant.

Les accouchements et les césariennes me fascinaient. Être témoin de l'arrivée sur cette Terre d'un nouvel habitant était toujours très émouvant. Je m'évadais souvent dans un département qui n'était pas le mien : l'aile des prématurés. Je ressentais une tendresse et une compassion profonde pour ces petits humains, qui, privés du réconfortant utérus maternel, luttaient dans leurs couveuses pour s'arrimer à la vie. De plus en plus s'inscrivait en moi l'envie de mettre au monde des bébés et de leur donner amour et bonheur. À vingt ans, j'étais tiraillée entre l'envie d'embrasser une carrière médicale, de rejoindre le milieu hospitalier, et cet appel cicatrisant en moi de fonder une famille. Mais je ne me voyais pas attendre plus de dix ans, le temps des études de médecine, précédées du deuxième baccalauréat, avant de commencer ma vie d'adulte autonome.

Bruno et moi passions nos week-ends ensemble et nous décidâmes de nous marier. En juillet 1960, j'annonçai donc au professeur mon intention d'arrêter de travailler avec lui. Il piqua une colère noire : non seulement j'envisageais d'abandonner la belle carrière médicale à laquelle il me destinait, mais en plus j'allais m'enterrer dans les montagnes et devenir « bobonne au foyer » ! « Quel sabotage ! » éructa-t-il, me traitant de tous les noms. Plus tard, je reçus une lettre avec une photo du château de Pierrefonds, de Viollet-le-Duc, sur laquelle il avait écrit que cela me représentait. Selon lui, j'étais un château fort avec pont-levis et vantaux d'où était jetée de l'huile bouillante sur quiconque tentait de s'approcher. Cela me fit rire…

Fin juillet, je me retrouvai enceinte. Raison de plus pour accélérer le mariage. Cela tombait bien : d'une part j'avais décidé que j'aurais une grande famille, pas moins de six enfants, d'autre part je savais que je n'avais pas une grande propension à la stabilité. Jusqu'à l'âge de vingt ans, j'avais changé de but, d'ambition, de direction à chacun des tournants que la vie avait placés sur mon chemin. Le temps de mettre au monde ma famille nombreuse, je m'imaginais arriver à l'âge canonique de trente-six ans. Je serais alors trop vieille pour divorcer et être tentée de tout plaquer… Étrange manière de réfléchir et de planifier sa vie !

Je fis aussi une croix sur ma possible carrière d'actrice. Alors que j'attendais Bruno dans les couloirs de l'université bernoise, je sortis les photos faites par Raf Vallone en vue d'essais cinématographiques, que j'avais toujours conservées. Je regardai un beau visage lisse qui allait vieillir, se flétrir. Quelle cruauté ce devait être, pour une actrice, de voir sa beauté se faner. Je pensais à la détresse de ma mère, aux menaces qu'elle avait mises à exécution : « Je ne veux pas vieillir, avoir des rides, des cheveux blancs, ne plus séduire. Lorsque cela arrivera, je me détruirai. » Disant adieu à une tentation narcissique dangereuse, une à une je déchirai les photos.

Je n'avais personne dans mon entourage, ni amie ni parent proche, auprès de qui prendre conseil ou entendre d'autres arguments que les miens. J'étais seule face à mon avenir que je voulais de toute façon bâtir au plus près de celle que je me découvrais en moi. J'étais seule aussi pour préparer mon mariage : choisir une robe de mariée, organiser une cérémonie, si intime soit-elle. J'étais déjà très secrète et sauvage, peu encline à demander de l'aide ; Bruno était très absorbé par son travail, et mon père naviguait sur les flots méditerranéens. Comme pour les autres décisions importantes de ma jeune vie, je le mis devant le fait accompli.

Revenu entre deux croisières, élégant et rosi par le soleil, il préparait un swing sur le golf de Lausanne quand je lui annonçai que je me mariais. « *Avec qui ?* » me demanda-t-il sans relever la tête. Lui ayant expliqué qui était Bruno, dont il ignorait l'existence, il me dit : « Un Suisse ? Tu ne pouvais faire pire choix eu égard à la structure fiscale que j'ai imaginée pour toi le jour où tu hériteras. » Sa remarque m'en rappela immédiatement une autre, tout aussi désagréable : celle de Maman et des taches de sang sur le chintz du canapé. Quels étranges parents ! Dans les moments importants, les sentiments laissaient toujours la place à de basses préoccupations matérielles. C'était tellement éloigné des valeurs que j'avais choisies ! Digues pour se protéger de leurs propres émotions ou reliquat de leur éducation ? Ou les deux. Cependant un peu dur à encaisser pour moi, idéaliste et sensible. Mon père m'apprit qu'il serait en mer le jour de la cérémonie civile, qui aurait lieu à la mairie du village de Chermignon le 6 septembre 1960. Cela m'arrangeait, je ne voulais pas d'un grand événement. En revanche, il assista à la cérémonie religieuse, qui se déroula dans la chapelle du XVIe siècle du vieux village de Leukerbad, où vécut Rainer Maria Rilke, poète que Bruno et moi aimions. C'est le père Paul, franciscain, l'aumônier de l'armée à Arolla, qui nous maria. Ce jour-là, j'ai épousé en vrac Bruno, sa famille, le Valais, les valeurs de courage et de générosité des guides de montagne, celles du labeur agricole, la nature et la vie au rythme des saisons. Valeurs bien éloignées de celles que j'avais toujours côtoyées, du narcissisme égoïste, du capitalisme industriel acharné et du profit optimisé, sans autre considération pour l'humain ou son épanouissement. Être, et non plus paraître.

Mon mari terminait sa dernière année d'université et nous emménageâmes sur le campus. C'est là qu'il commença à prendre des cours de pilotage, sa grande passion, pour laquelle ses parents avaient toujours eu une certaine réticence. De mon côté, j'étais devenue une femme au foyer fort occupée. Si j'achevais le ménage en un tour de main, je restais une cuisinière très limitée. Munie de mon *Pellaprat,* précieuse bible culinaire qui me suit encore aujourd'hui, je me lançais. Lièvre à la royale, tripes à la mode de Caen, canard à l'orange, je ne doutais de rien. Hors de question de laisser à ma belle-mère la première place dans le classement familial des cuisinières exceptionnelles.

Mes matinées étaient invariablement réglées : d'abord ménage, puis courses avec mon dictionnaire franco-allemand, et enfin préparation du repas étoilé pour l'étudiant affamé. De six heures du matin, où je me battais avec le poêle rétif à s'allumer, à vingt-deux heures, je n'arrêtais pas. Au début des années 1960, l'absence d'électroménager se faisait cruellement sentir. À l'époque, il n'y avait par exemple pas de lave-vaisselle sur le campus et récurer les nombreuses casseroles trois fois par jour était chronophage !

Une femme au foyer à plein temps méritait largement salaire.

Le repassage des chemises représentait pour moi un sacré défi : on ne m'avait rien appris de ces tâches dans l'enfance. Bien au contraire : la cuisine était zone strictement interdite, ainsi que la buanderie, dont l'odeur suave de linge propre se faufilait sous la porte. À Neuilly, la cheffe, Émilie, fort revêche, n'admettait personne sur son territoire. Pas même le comte Guy, aimant tant se mêler de recettes. Quant à Maman, elle gardait une distance de sécurité avec les gestes ménagers, synonymes d'une origine sociale qu'on cherchait tant à dissimuler.

Rapidement, je fis une fausse couche. Je découvris les aléas douloureux de la condition féminine. J'étais très déçue : sur mes six grossesses programmées, je prenais du retard dès la première !

Au printemps, sans nous consulter, mon père nous acheta, à Bruno et à moi, un beau manoir vaudois à Echandens, non loin de celui de Georges Simenon. Difficile de s'extasier devant un si somptueux cadeau que l'on n'a nullement sollicité et qui, insidieusement, me rembobinait dans la condition sociale dont j'essayais à grands efforts de m'extraire. Ni Bruno ni moi n'y avons trouvé nos marques. Je pense d'ailleurs que, sans cette magnifique propriété, notre mariage aurait pu durer plus longtemps.

À la fin de son année, Bruno sortit titulaire de diplômes d'enseignements sportifs. À chaque période de vacances, nous réintégrions notre petit chalet de quatre pièces à Crans. Je tombai de nouveau enceinte. J'aimais tant cet état si unique. J'éprouvais une sensation profonde de bien-être, j'avais enfin l'impression d'être en accord avec moi-même. Jamais je n'eus de nausées. En quelque sorte, j'étais arrivée à un port. L'immense responsabilité, tant désirée, de porter la vie d'autrui, dépendant totalement de moi et de ma santé, m'impressionnait tout en m'émerveillant. J'arrêtai de fumer, de skier comme une fusée. Je lisais tout ce que je trouvais sur la grossesse, sur les premiers mois d'un nourrisson, ses besoins, la meilleure manière de s'en occuper.

Les mois passant, je sentais le bébé remuer. Et ça, c'était le bonheur absolu. Le matin, en me réveillant, tout était tranquille. Immobile. Quelques secondes plus tard, comme s'il y avait eu communication entre lui et moi, je voyais poindre une boursouflure à droite de mon ventre. Était-ce un pied ? Un coude ? Lorsque j'appuyais dessus, la boule disparaissait pour réapparaître ailleurs. Une connivence se créait. La complicité fusionnelle se tissait avant l'inévitable altérité. En ce temps-là, impossible de savoir si c'était un garçon ou une fille. Mais ça m'était égal. Je finis ma grossesse cet été-là chez mon père, à Versoix, près de Genève, Bruno étant encore bloqué par ses activités militaires. Clara Saint, de passage avec le danseur russe Rudolf Noureev qu'elle avait exfiltré du régime communiste, me rendit visite. Enceinte jusqu'aux yeux, je le conduisis en ville où il voulait acheter un appareil photo. Grâce à lui, nous assistions aux répétitions du ballet La Bayadère, avec Margot Fonteyn. Un pur ravissement.

Mon médecin, le très protestant, austère et filiforme professeur de Watteville, m'apprit qu'il serait retenu au Brésil à la date prévue de mon accouchement. J'avais le choix entre faire confiance à son remplaçant, dont il disait grand bien, ou me faire déclencher une semaine avant terme.

Encore une fois, à qui demander conseil ? Aujourd'hui, je questionnerais urbi et orbi autour de moi, afin de décider au mieux. Mais là, en septembre 1961, j'étais si secrète et renfermée que je ne pipai mot. Je décidai de choisir la sécurité : le professeur. Celui-ci m'apprit ensuite que l'accouchement serait provoqué par injection d'hormones de singe… J'aime énormément les singes, qui m'émeuvent par leur cousinage avec la race humaine et leurs conditions de vie injustes en captivité. Je pensais aussi au sympathique Von Von de Papa. J'acquiesçai. Bien plus tard, me vint une culpabilité inhérente à l'astrologie : le destin de cet enfant aurait-il été autre si je n'avais forcé sa venue au monde ?

Tôt le matin du 11 septembre 1961, pudique et secrète, sans un mot à mon père, je me fis deux tresses et me conduisis moi-même à l'hôpital cantonal de Genève. Très vite après la première injection, les contractions commencèrent. Vers midi :

— C'est une primipare, décréta l'éminent professeur, nous avons tout le temps, je pars déjeuner.

Sagement, j'avais suivi les cours d'accouchement sans douleur et autres leçons de respiration. Mais sous l'emprise de la douleur, je me mis tout simplement à pousser et à crier. Ayant à peine terminé son café, le professeur réintégra l'hôpital.

— Qui crie dans mon service ? interrogea-t-il en ouvrant la porte.

— MOI ! vociférai-je.

François, mon fils, s'était retourné après un coup de cymbales lors d'un concert écouté l'avant-veille. Il se présentait les pieds en premier, une jambe pliée comme la patte d'une cigogne. Le pied dehors était déjà mauve et il n'y avait plus le temps pour une anesthésie. *Hamdoullah !* Je fus ainsi témoin de l'habileté de l'accoucheur à déplier une jambe et tirer sur l'autre.

« C'est un garçon ! » s'écria la sage-femme. 2 kilos 800, et 51 centimètres de bonheur absolu. Plongé dans l'eau froide, le bébé criait maintenant plus fort que je ne l'avais fait. J'étais envahie d'une impatience animale ; qu'on me le restitue, et vite ! Lorsque la sage-femme le posa sur mon ventre, emmailloté comme un précieux paquet, je contemplai cette merveille. Il ne manquait rien. Cinq petits ongles minuscules à chaque main miniature, deux oreilles identiques. Même quelques cheveux blonds. Je me sentais profondément apaisée, emplie de bonheur et bouleversée. Le monde, mon monde, était enfin en ordre.

Bruno et moi partagions l'immense bonheur de la naissance de cet enfant, un cadeau du ciel qui deviendrait le fil rouge de ma vie. Occupée à langer, laver, nourrir mon bébé, suivant mes leçons nouvellement apprises, je ne le quittais pas d'un pouce, berceau collé au lit. Le soir, je me levais pour vérifier que l'infirmière ne l'avait pas placé trop près d'une fenêtre, dans la pouponnière. Il est devenu ma priorité et cette infinie responsabilité m'effrayait. N'ayant su éviter l'atroce accident dont j'avais été victime à neuf ans, je ne me faisais qu'une confiance limitée. Comment, marquée par cette faille, pouvais-je protéger autrui ? Je le nourrissais au sein et sentis un matin qu'il régurgitait, dans un hoquet violent, du lait par les narines. Paniqués, son père et moi avons foncé vers l'hôpital. Nous regardions, impuissants, ce tout petit bonhomme manipulé par le radiologue. Dieu soit loué, il n'avait rien ! Le pédiatre expliqua : « L'injection qu'on vous a faite pour déclencher l'accouchement passe dans le sang du bébé. Il aura des spasmes occasionnels sans gravité pendant huit mois. Soyez vigilante, il faut que le liquide sorte bien du nez. » J'étais rassurée mais j'aurais aimé être prévenue de cet effet secondaire : j'aurais certainement choisi le remplaçant…

À la suite de cet événement, je décidai d'engager une nurse super-diplômée, afin de ne pas veiller mon fils jour et nuit. Arriva du Valais une charmante et dodue Mlle Couchepin. Elle ne resta qu'un mois. Trouvant que je ne frottais pas à fond mon bébé, elle me fit une démonstration d'astiquage. Horrifiée, je n'avais nullement intégré que les bébés étaient extrêmement solides et résistants. Elle imposa sept tétées, puis six, à heure fixe, plutôt que les huit tétées que je donnais pratiquement à la demande. Et tous les matins, à quatre heures, François hurlait, bien décidé à ne pas attendre six heures… Je profitai de la Toussaint pour lui conseiller de prendre un congé. Je repris mes horaires à la demande et suivis mon instinct. Je découvrais que le fort instinct maternel qui m'animait devait avoir sauté une génération et me venait certainement de ma Granny indienne, la Mama par excellence. François était certes un bébé facile, jamais malade – ni rhume ni diarrhée –, mais j'avais repris les commandes et confiance en moi. Exit la nurse.

Une décoratrice fut choisie pour arranger cette maison que mon père nous avait offerte, puisqu'il avait proposé de régler toutes les factures d'entretien de ce logement qui s'élevaient, largement, très largement, au-dessus de nos moyens. Je ne me décidais toutefois pas encore à engager du personnel. Une femme de ménage, d'accord, mais je gérais toujours cuisine et repassage : vêtue de sandales et d'un pagne, j'allais cueillir les baies du jardin et m'attaquais aux confitures. Des bocaux, des bocaux et encore des bocaux ! Une piètre forme de résistance envers cette vie dans laquelle je m'étais laissé piéger par Papa. « Pour le bien-être de l'enfant », arguait-il.

Bruno et moi commencions à nous disputer souvent. Il voulait devenir pilote professionnel et passait son temps dans les airs. Cette parodie de vie bourgeoise ne l'incitait pas à rentrer, bien que son plus grand plaisir fût de jouer avec son fils. De mon côté, je me sentais frustrée. Mon cliché conjugal s'évanouissait. Je me souviens de ce jour, vers midi, où, entendant voler le petit Cessna que mon père nous avait offert en cadeau de mariage, je sortis, en tablier, casserole et spatule à la main, rageant : « Encore là-haut ? Il ne sera jamais rentré à l'heure ! Le repas sera raté ! » Je me consolai auprès de mon adorable blondinet, qui ne pleurait jamais et jouait paisiblement dans son berceau.

Michèle Arnaud me rendit visite à Échandens pendant sa tournée de chant dans la Confédération helvétique. Elle jeta un regard dubitatif sur son ancienne groupie, désormais habillée d'un morceau de batik entortillé, pouponnant, entourée de cinq chiens hirsutes dans une demeure cossue au milieu des champs. « Vous êtes comme les chats qui ont neuf vies, celle-ci n'en est qu'une », me dit-elle. Je ne voulais pas savoir qu'elle avait raison : j'avais en effet l'impression de patauger dans un quotidien glauque, heureusement illuminé par ma raison de vivre, ce soleil brûlant, mon précieux fils.

Peu de mois après sa naissance, nouvelle grossesse. J'étais ravie, mon plan « famille nombreuse » se déroulait comme prévu. Mais, en août 1962, enceinte de presque six mois, accroupie à mettre des fleurs en vase, je sentis un chaud liquide s'écouler entre mes jambes. Je perdais les eaux ! Un immense désespoir m'envahit. Dans les années 1960, les très grands prématurés n'avaient guère de chance de survie. Nous avons pu apercevoir une toute petite chose à cheveux noirs qui respirait. Transporté d'urgence, à l'hôpital, dans une couveuse, ce petit garçon ne vécut que vingt-quatre heures.

Je sombrai là dans une profonde dépression. Mme Laforgue, veuve à présent du psychiatre de ma mère, que j'appelai en urgence, accourut à mon chevet. Elle était pragmatique et bouddhiste. Elle nous ramassa François-Xavier, Voyou et moi, et nous hébergea tous les trois dans son mas du Midi. Bruno était retourné au service militaire. Depuis ce jour, cette petite femme à chignon châtain et bracelets s'entrechoquant joua pour moi, et pendant des années, le rôle de marraine protectrice et rassurante. Je restai plusieurs semaines, apathique, chez elle. La cruauté du sort s'acharnant de nouveau, je n'aurais eu aucune envie de continuer le chemin de cette vie si je n'avais eu à mes côtés ce bébé blond et joufflu, ma consolation absolue, François-Xavier.

Au printemps 1962, un hélicoptère Bell se posa dans le champ voisin de notre chalet valaisan. C'était Hermann Geiger, le célèbre pionnier des atterrissages en avion sur glacier. Il pilotait le seul hélicoptère du Club de vol de l'aéroport de Sion, transportant quelques touristes. Je sortis, curieuse, François calé sur la hanche. Une amitié se noua entre nous. Je lui confiai que mon mari était un passionné d'aviation, pilotant lui-même au Club de Sion, et que mon père avait volé dans la RAF pendant la guerre, ayant suivi de Gaulle à Londres. J'étais très intriguée par ce véhicule volant inconnu.

— Je vais demain nourrir les chamois en haute montagne, venez.

— Je ne peux pas, je reste avec mon bébé.

— Alors prenez-le avec vous.

Ce fut le baptême de l'air en hélicoptère de François-Xavier, à huit mois, emmitouflé, pour la circonstance, tel un Esquimau.

Le petit engin, diabolique de dextérité, survolait de quelques mètres les sommets sur lesquels étaient perchés les chamois en alerte. Tandis que Hermann le posait avec précision sur quatre mètres carrés de neige, les bêtes ne fuyaient pas loin. Elles savaient que ce foin était répandu pour elles, pour survivre à l'hiver, plus long que d'habitude cette année-là. Les chamois passionneront François plus tard. Il ne manquerait jamais une occasion de les ravitailler.

Hermann vint dîner un soir au chalet et y rencontra Bruno. Il avait le projet de monter une société d'aviation privée avec son collègue, autre as du vol en montagne, Fernand Martignoni. Bruno était l'associé idéal. Le Crédit Suisse leur prêta l'argent pour acheter des avions, sûrement rassurés que Bruno soit le gendre d'un de leurs clients de longue date. Mais jamais mon père ne mit un centime ni ne donna de garanties, contrairement à ce que supposa le canton. Ainsi, le 1er août 1965, Air Glaciers vit le jour. C'est aujourd'hui une belle réussite aéronautique, due à l'incommensurable capacité de travail, de résilience et de sagacité de Bruno. Je vois encore Michel Drucker, lui-même pilote, trottinant à ses côtés, lui disant : « Vous savez que, dans l'aviation, vous êtes un mythe ? » Très vite, Bruno resta seul aux commandes avec Fernand Martignoni, l'autre as des glaciers. Geiger se tua sur l'aéroport de Sion en août 1966, au soleil couchant, dans une collision malencontreuse avec un planeur.

Durant l'hiver 1961-1962, il neigea beaucoup. Je restais le matin au lit à lire, savourant le spectacle de la chute des flocons, François calé contre moi. Tous deux bien au chaud. « La lecture est un acte de contestation », écrit Charles Dantzig. On lit souvent pour échapper au réel. Un épais roman de gare m'absorba pendant plusieurs jours : *La montagne est jeune*, de Han Suyin. À la lecture de cette histoire d'amour et d'aventures au Népal, surgit soudain, avec une brutalité animale, une envie impérieuse de voyages, de découvertes, de pays nouveaux, de cultures différentes, de rencontres étonnantes ! Parcourir la planète, ses trésors, ses secrets…

J'avais planté mon bivouac en Valais dans l'espoir d'une placide existence petite-bourgeoise et romantique de femme au foyer, faite de clichés : longues balades en famille, discussions intimes autour d'un chocolat fumant devant l'âtre. La réalité était tout autre. Bruno menait sa barque de futur pilote et d'instructeur-chef des troupes de montagne et n'était pas souvent là. Quand il rentrait, il passait parfois du temps au café avec les hommes du village, selon la tradition machiste locale, fumant, buvant, tapant le carton, se plaignant de leurs femmes qu'ils taxaient de « grises », surnom des vaches.

Mécontente, j'étais frustrée. Un livre, *La Femme mystifiée*, de Betty Friedan, acheva de m'ouvrir les yeux en même temps que de nouvelles perspectives. L'épanouissement de la femme ne résidait pas dans les tâches ménagères, en dépit de l'accès à la machine à laver, mais dans le développement de sa personnalité propre, de ses talents et de sa liberté. Avais-je encore tout faux ? Il me fallait d'urgence trouver un mode de vie qui me permettrait d'articuler les talents qui dormaient sûrement en moi ainsi que ma curiosité d'exploratrice avec ma priorité absolue, mon fils unique.

Deux grossesses successives n'arrivant pas à terme, mon projet de vie de mère de famille nombreuse et épouse dévouée à son foyer paraissait échouer, torpillé de surcroît par mon père, qui nous avait habilement imposé son mode de vie, celui auquel je voulais tant échapper. Du coup je me retrouvais dépendante financièrement. Mes horizons rêvés transformés en mirage, je n'avais pas de métier et j'avais tiré un trait sur ma carrière d'actrice. Je prenais conscience que l'avenir qui se dessinait était bien trop étroit. Je me sentais découragée.

Toutes ces années, je ne cessais jamais de lire, romans, essais, littérature, philosophie, ouvrages scientifiques et futuristes. Avec François sur la hanche droite, j'allais retrouver, à la librairie Payot de Lausanne, Vladimir Dimitrijevic, qui la dirigeait et était devenu un ami. Trois ans plus tard, il fonderait la maison d'édition L'Âge d'Homme. En attendant, il me conseillait des lectures, souvent des auteurs slaves et des nouveautés.

Beaucoup de choses se bousculaient à l'intérieur de ma pauvre tête. Je ne voulais absolument pas du divorce que j'entrevoyais, inévitable, à l'horizon. J'en conclus qu'il me fallait trouver une activité, artistique ou intellectuelle, qui ne m'éloigne pas trop de François et du Valais, mais suffisamment pour m'épanouir et commencer un métier. J'appris d'une connaissance, Micheline Rozan, agent de vedettes, qu'elle voulait se lancer dans la production télévisée et cherchait une associée à intégrer au modeste capital de départ. Il était inenvisageable pour moi de demander à mon père une partie de l'héritage qui devait légalement me revenir. Je me suis donc constitué, seule, un pactole. Papa avait acheté l'appartement de l'avenue Foch, dont je ne voulais pas, à mon nom, pour des raisons certainement fiscales. Lui habitait juste en dessous, dans un appartement plus petit. Il se servait donc de la salle à manger, du salon, de la grande cuisine et de la lingerie du « mien ». Pendant un de ses voyages, j'allai voir une agence immobilière, demandai une estimation, puis le mis en vente pour le double. Une femme eut un coup de cœur et l'acheta au prix demandé ! À son retour, j'annonçai à Papa qu'ayant besoin de fonds j'avais vendu « mon appartement ». Estomaqué mais bon joueur, il ne pipa mot. Désormais, il mangerait sur une table dressée dans sa petite entrée, cuisinerait dans sa kitchenette et recevrait dans sa bibliothèque, par ailleurs très jolie.

L'idée de Micheline était astucieuse : nous partagions les frais de son appartement/bureau en créant une société, Albina Films. Sous contrat, elle avait Peter Brook, Maurice Béjart, Maria Casarès et Jeanne Moreau. Notre premier projet, filmer la pièce de théâtre produite par Micheline, *La Reine verte*, jouée par Maria Casarès et mise en scène par Maurice Béjart. La captation ne nous coûterait rien : nous avions engagé, pour pas grand-chose, Robert Mazoyer, cameraman, avec qui nous partagerions les bénéfices éventuels, et avions vendu la pièce sur synopsis aux télévisions francophones. Son idée fonctionna. Nous voilà productrices ! Nous étions comme deux adolescentes, culottées et hilares d'avoir récolté des sous à mettre dans notre tirelire.

J'avais enfin trouvé une activité passionnante, ne requérant aucun diplôme et potentiellement rémunératrice. Je prenais le train de Lausanne le mardi à l'aube et rentrais par celui du mercredi en fin de journée, de manière à mettre François au lit. Une adorable jeune Suissesse, Lily, veillait sur lui, cinq chiens et deux chats, pendant vingt-quatre heures. Je compris que ce métier pouvait rapporter beaucoup d'argent rapidement. Il me permettrait aussi de côtoyer les artistes et les auteurs les plus talentueux. Je me souviens d'un déjeuner avec Orson Welles et François Reichenbach, peut-être aussi Jeanne Moreau, autour d'un projet de cession télévisée de *L'Histoire immortelle*, le film de Welles.

Mais la collaboration Albina Films ne passa pas l'été 1964. Je vivais mal l'association avec Micheline, autoritaire, et cherchant à se mêler de mes sorties du mardi soir. C'est en travaillant avec elle que je rencontrai Georges Kiejman, son avocat. Très impliqué dans la politique, il admirait et suivait Pierre Mendès France. Je trouvais Georges fascinant : grand, la voix envoûtante, parlant un français parfaitement choisi, visage de Mongol digne de Gengis Khan. Ce fils d'immigrés polonais, dont une partie de la famille avait été déportée, était féru de lecture. Brillant, d'une intelligence acérée, parfois cruelle, on aurait pu le croire méchant. Or, derrière cette froideur sarcastique se tapissaient une grande tendresse et un solide sens de l'amitié. Je lui dois beaucoup et l'aime énormément. Deux fois, il m'a sauvé la mise et a changé ma vie.

Il me faisait une cour indéniable. J'hésitais, car j'étais toujours mariée, mais la perspective était vraiment tentante. Nous sortîmes ensemble un mardi soir, où Micheline piqua une crise. Le mardi suivant, j'empaquetais brosse à dents, chemise de nuit et peigne, acceptant l'invitation de Georges à venir dormir chez lui. C'est ainsi que commença notre histoire. Ma relation avec lui était empreinte de politique, de lectures passionnantes et de jazz. Fats Waller et son *Ain't misbehavin'* m'enchantaient. Il m'encourageait à lire chaque jour *Le Monde*. Il me prêta *Trotsky* d'Isaac Deutscher, ce qui me fit découvrir une autre facette du communisme, et m'expliqua l'intérêt du PSU, nouveau parti fondé par le socialiste Michel Rocard. Ces nouvelles visions de la gauche, ou comment répandre justice, égalité et bien-être pour tous, m'apparaissaient plus attrayantes que mes lectures marxistes ou le régime stalinien avec ses purges et ses goulags !

L'été 1964, je rejoignis « Kiej » une petite semaine en Espagne. Il avait loué un ravissant logis blanc couvert de glycines mauves et roses. Nous bavardions sous la lumière orangée du soleil couchant, écoutant les cigales. Je lui expliquais mes frustrations, mon mariage, mes projets, ma collaboration à quart temps avec l'envahissante Micheline, qui, si j'y passais plus de temps, ne serait plus compatible avec ma priorité, m'occuper de François. Tout se détricotait. Il me fallait cependant, sans diplômes, acquérir une autonomie financière. Mais quel métier exercer ? Tandis que je me lamentais sur mon immense regret d'avoir arrêté mes études à la première partie du bac, et ma décision de reprise fauchée par le drame maternel, je l'entendis prononcer cette phrase qui transforma mon parcours : « Tu peux toujours passer la deuxième partie du bac et continuer. Gaston Bachelard l'a bien passé à cinquante ans. »

Merci, Georges, « Orge » comme le nommait mon fils ! Merci d'avoir planté cette graine dans mon cerveau ignorant. Même si nous ne nous doutions pas, à l'époque, qu'en germant elle impliquerait notre séparation. Rapide et efficace, dès la semaine suivante je m'inscrivis au collège Lemania de Lausanne en même temps que François-Xavier au jardin d'enfants. Pour parvenir à mes fins, je m'isolai. Je me coupai de tout et de tout le monde... À peine mon mari me voyait-il en réintégrant le domicile conjugal. Pas de visite d'amis, ni de la famille, ni d'amant parisien. Je déposais François à son école, après l'avoir habillé et nourri, et filais rejoindre la mienne. À midi, ayant demandé à la surveillante de le garder auprès d'elle dix minutes supplémentaires, je le récupérais. Tandis que je le couchais pour une sieste, je cherchais quelle excuse invoquer pour mon inévitable retard au cours suivant. Rentrant en fin de journée, je libérais Lily, donnais dîner et bain à mon fils avant de plonger dans mes devoirs. Bruno et moi vivions de ce fait des vies passablement séparées tout en nous disputant à peu près sur tout.

Divorcer semblait inévitable, ce qui me chagrinait beaucoup. Non seulement j'avais toujours fait vœu de ne jamais en arriver là, mais j'aimais cette douce vie valaisanne que je m'étais fabriquée, ce terroir, ces hivers de ski, mes beaux-parents et, si paradoxal que cela puisse sembler, mon mari ! Je savais aussi qu'on ne peut pas tout avoir et que je devais, pour ma santé mentale, mon avenir et le bien-être de mon fils, en passer par là. La vie entre des parents en constante dispute m'avait persuadé que la chronicité de l'angoisse était pire qu'un arrachement brutal comme le sparadrap.

Cependant, nous sommes restés extrêmement proches. Il est un de mes meilleurs amis, quelqu'un sur qui je sais que je pourrai toujours solidement compter. Comme mon deuxième mari, le cinéaste Georges Casati. Je dis toujours : « J'ai raté mes mariages, puisqu'ils se sont dissous avant la fin de la vie. Mais j'ai drôlement réussi mes divorces. »

Georges K prit très mal mon silence. Il m'avait tendu la clé de la liberté et en devenait la première victime. Mais je ne pouvais me permettre le luxe de ressentir les sentiments des autres : je devais rester inflexible sur la ligne que je m'étais fixée. Il me suggéra de divorcer, de passer cet examen, puis de le rejoindre à Paris. Je lui répondis que, certes je divorcerais, mais pour moi, et jamais pour quelqu'un d'autre. De plus, je savais que cet homme, aux qualités rares, dont la plus attrayante de toutes était cette intelligence assortie d'un esprit vif et mordant, avait un défaut, pour moi rédhibitoire : il aimait trop les femmes, et la fidélité m'apparaissait, avec lui, un pari perdu d'avance. Je le quittai donc en septembre 1964. J'avais compris très tôt que ce n'est pas seulement pour les qualités attrayantes qu'il faut choisir son partenaire de vie, mais surtout pour les défauts ou les manques qui ne vous sont pas insurmontables.

À la fin de l'année scolaire 1965, je passai la seconde épreuve du baccalauréat et l'obtins encore une fois avec mention bien. C'est en septembre 1965, que, triste, je pris le train pour Paris, avec mon petit François, âgé de quatre ans. Lui destiné au cours Sévigné et moi à la Sorbonne. Enfin.

Mon inscription en première année de philosophie à la Sorbonne fut l'occasion de constater à quel point j'étais restée jusqu'alors si marginale : l'administration française ne me connaissait que sous le nom à tiroir de « de Jacquelot du Boisrouvray », un patronyme que je n'avais jamais eu conscience de porter. Je ne trouvai donc pas mon dossier.

Je louai un petit appartement rue de la Glacière dans un grand immeuble moderne. François s'y est bien adapté, car notre proximité complice demeurait intacte. Je courais de Censier à la Sorbonne et à Nanterre, mais faisais l'impossible pour le retrouver à l'heure du déjeuner. Mme Henriette, avec qui j'étais toujours restée en contact, habitant à l'époque le 14e arrondissement, me remplaçait parfois. Enchantée. Tous les mercredis après-midi, il avait sa leçon de piano chez elle. Suivant mon emploi du temps, je les y retrouvais ou l'y emmenais. Tandis qu'il faisait sagement des gammes, je somnolais sur le canapé, épuisée par ce marathon hebdomadaire. Parfois, le chevauchement des horaires de cours les rendait matériellement impossibles : comment sortir du boulevard Saint-Michel à onze heures trente pour m'asseoir dans l'amphithéâtre de Nanterre à onze heures quarante-cinq ? J'étais donc souvent obligée de choisir et de rater un cours sur deux.

Ma solution ? M'inscrire aux Jeunesses communistes, seule organisation à fournir certains polycopiés à ses adhérents. Un prof de philo, à qui j'en avais demandé, m'avait répondu assez agressivement : « Si vous croyez que j'ai le temps de faire des copies ! »

Je me pliais en quatre pour arriver à l'heure aux cours de Vladimir Jankélévitch et ne pas devoir les suivre à l'extérieur, dans l'escalier, où étaient accrochés quelques petits écrans en noir et blanc au son parasité. On ne comprenait rien. Galère totale. Cette organisation kafkaïenne fera partie des revendications estudiantines de Mai-68 pour une scolarité adéquate. Les samedis et dimanches étaient consacrés à mon fils et à mes devoirs. François aimait le jardin du Luxembourg. Calme, il jouait près de moi.

À quatre ans, son immense plaisir le samedi, était de passer des heures sur la terrasse d'Orly, où je le conduisais en voiture. « Pour voir atterrir et décoller des broumbroums, Maman. »

À la sortie de l'école, le voir la main dans la main avec une petite conquête de quatre ans m'émouvait tant… Je retrouvai une de mes amies d'enfance, Béatrice, dont la petite Marie était dans la classe de François. Marie n'est plus de ce monde. Souvent je me remémore ces deux anges aux cheveux de blé et de lumière, dans leur innocence, encore protégés des cruautés du futur par leurs mamans si aimantes.

J'étais à nouveau peu sociable et ne voyais que des amis bien choisis. C'est chez Micheline Rozan, en 1964, que j'avais eu la joie de rencontrer enfin Françoise Giroud, qui m'avait tant appris et confortée dans mes choix par ses articles dans *L'Express*. Séduite, je lui offris mon affection. Elle se prit d'amitié pour moi. J'avais aussi rencontré Alex Grall, éditeur chez Denoël, qui bientôt partagea la vie de Françoise. Souvent, ils m'emmenaient dîner avec eux et leurs amis, l'éditeur Philippe Rossignol, Jean-Jacques Sempé, Paul Guimard, des écrivains, des journalistes, des politiques parfois. Alex, fou de Françoise et fou de peinture, commença mon initiation à l'art moderne. Bacon, Lucian Freud, les Cobra.

La réussite journalistique et professionnelle de Françoise était un modèle de libération des femmes par un travail obstiné et sans relâche. Elle était l'exemple même de la femme ayant réussi à mêler la beauté, la séduction et un sens « viril » du management, jonglant entre sa féminité et sa détermination d'acier. Avec intelligence et talent, elle dirigeait *L'Express* d'une main implacable, poste que beaucoup d'hommes lui enviaient. Elle avait rompu le plafond de verre de la presse politique. Je m'attachai profondément à elle et l'admirais inconditionnellement. Si seulement une telle femme m'avait élevée, je n'aurais pas perdu tant d'années à me tenir la tête hors de l'eau, ni eu autant de difficultés à savoir qui j'étais vraiment et ce que je voulais faire de ma vie.

J'avais désormais acquis mon indépendance, forgé mon caractère et entamé une carrière, tout en préservant mes priorités. Françoise m'a d'ailleurs glissé quelques bonnes astuces pour mener ma barque, dont celle-ci : ne jamais polémiquer avec quelqu'un que l'on n'estime pas. Conseil fort utile pour moi, l'impétueuse, qui montais au créneau dans la seconde. Ou encore : ne pas se laisser décourager par les années sans résultats visibles. « C'est après trente ans que les choses décisives et les plus intéressantes me sont arrivées », me consola-t-elle ce soir où nous célébrions avec Alex, chez Lipp, ma trentième année.

En juillet 1966, après mon divorce, j'avais atteint vingt-sept ans, et n'avais pas pu valider ma première année car, au troisième trimestre, mon corps m'avait de nouveau lâchée et je m'étais retrouvée alitée plusieurs semaines. Du coup, j'avais manqué bon nombre de TP. Ayant demandé l'autorisation au recteur de passer l'examen à l'automne, il avait refusé : « Redoublez, si vous ne vous sentez pas capable de réussir en juin. » À nouveau un obstacle décourageant. Fatiguée, déçue, je ne savais plus comment naviguer.

Un matin d'août, le nez plongé dans mes valises pour définitivement quitter le canton de Vaud, je vis débarquer Pierre Hebey, avocat très proche de Georges, que j'avais croisé à quelques reprises à Paris. Petit brun, vif-argent, juif algérien, Pierre était drôle et inventif. Il venait jusqu'en Suisse m'avouer qu'il avait eu le coup de foudre pour moi.

Je fus ébranlée et, j'avoue, tentée par cette grande passion déclarée. Un amour fou, digne d'Éluard, qu'il citait autant que Breton. Il partageait ma vénération pour Pierre Jean Jouve et Aragon. Pour Rosa Luxemburg et Flora Tristan. Ainsi que l'admiration littéraire que je portais à Valery Larbaud. Comme celle que je vouais à la libertaire transgressive par excellence, Lou Andreas-Salomé. Je suivis le chant des sirènes et ce lyrique jeune homme bavard à Paris. « Le vrai bonheur d'une femme, déclarait-il, ne passe pas par des études mais par l'amour absolu d'un homme pour elle. Un homme qui la surprend tous les soirs par un nouveau cadeau. Qui est aux petits soins, écoute et répond à chacun de ses souhaits. » Proposition très alléchante que celle d'être passionnément aimée, admirée, choyée et gâtée.

Pierre, grand amateur et fin connaisseur de l'art du XXe siècle, m'entraînait aux Puces ou dans les expositions. Il était un aficionado du groupe Cobra : les peintres Alechinsky, Bram van Velde, le sculpteur flamand Reinhoud, avec lesquels nous dînions parfois. Occasionnellement élevée au milieu des œuvres des XVIIe et XVIIIe siècles, je découvrais avec lui les peintres contemporains, le monde culturel d'alors. J'étudiais à l'université de la vie, dont les professeurs pygmalions devenaient mes amants. J'y rencontrais des créateurs vivants, alors que la culture dans laquelle j'avais trempé était un mausolée.

Je ne suis restée qu'un an avec Pierre. Il loua un charmant petit hôtel particulier au fond d'une cour rue du Bac, que je conserverais après notre séparation. De même que sa voiture, une très commode petite Autobianchi, grâce à laquelle je déposais chaque matin François à l'école. Rue du Bac se réunissait la garde rapprochée de Pierre : Charles Gombault, directeur du quotidien *France-Soir*, et sa femme styliste Primerose Bordier, le beau ténébreux grand reporter Philippe Labro, Daniel et Alice Morgaine, eux aussi journalistes, Pierre Schoendoerffer, cinéaste et baroudeur, avec sa femme Pat. François Nourissier et Tototte se joignaient aussi à ces réunions de « réseau ».

Nous organisions de grands buffets dînatoires au cours desquels je fis la connaissance des cousins de Pierre, Jean et Michèle Daniel. Lui, journaliste célèbre et courageux, passé de *L'Express* à la direction du *Nouvel Observateur*. Je me souviens d'avoir été époustouflée par l'extraordinaire beauté de sa jeune femme blonde aux grands yeux azur, enceinte jusqu'aux dents de sa fille Sara, devenue plus tard une amie très proche, comme ses parents, qui le sont restés toute ma vie.

D'autres figures de la mouvance parisienne en vogue se pressaient dans notre demeure : Karl Lagerfeld, alors créateur chez Chloé. Un autre cousin de Pierre, Norbert Bensaïd, médecin séduisant et brillant, adepte de Groddeck et très en avance sur la perspective médicale psychosomatique, escorté de sa femme Janine, un esprit curieux et original. Petite brune pointue, d'une intelligence perspicace, fine et sans pitié, elle devint très vite ma meilleure amie et complice. J'y mêlais de temps à autre mes amis personnels, Françoise et Alex, Paul Guimard, Pierre Uri.

Pierre organisait parfois des parties de poker. Là arrivait Pierre Barouh, le musicien romantique, la voix d'*Un homme et une femme*, accompagné d'Anouk Aimée. La plupart de ces amis, aujourd'hui disparus, sont encore très présents dans le jardin de mon affection ! Ce n'est qu'en écrivant que je ressens combien le passé est totalement révolu. J'ai l'étrange sensation de voguer dans la barque de ma mémoire, à la lumière tamisée de mes souvenirs, sur un cimetière englouti par les larmes, d'où émergent çà et là des croix moussues gravées de leurs noms.

À l'époque, ces jeunes gens talentueux et intéressants s'élançaient à la conquête de la capitale en jouant des coudes pour intégrer les réseaux les plus influents. À leurs côtés, j'apprenais comment se construisait la réussite, à l'opposé de celles des héritiers de grands patrons qui n'avaient qu'à « prendre la suite ». J'organisais des repas pour une quarantaine de personnes comptant tout ce qu'il était convenu de trouver dans les cercles culturels, intellectuels et politiques de l'intelligentsia de gauche pré-Mai 68. Pierre, très généreux, nous gâtait beaucoup ; il montrait une grande affection pour mon fils. Pourtant, je ne voulais nullement me remarier. Contrairement à lui. Je tenais viscéralement à ma chère liberté et ne voulais surtout pas me tromper de nouveau. Si charmant, adorable et promis à un brillant avenir fut-il, ses inévitables défauts – pareils à chacun de nous, à commencer par moi – étaient, pour Albina l'intransigeante, rédhibitoires. Il n'était ni infidèle ni coureur, mais grand manipulateur pour arriver à ses fins. Je savais que je ne supporterais ni le mensonge ni l'hypocrisie que ces traits de caractère impliquaient. En outre, son accumulation boulimique d'objets d'art avait pour moi des relents morbides de catacombes.

Je le lui dis, trois mois plus tard, avant Noël, au-dessus de l'océan, tandis que nous partions pour l'Inde, ce pays que j'avais tant rêvé de découvrir. « Je veux que tu saches que jamais je ne t'épouserai, même si la vie que tu m'offres est délicieuse. Si tu veux me quitter en rentrant, libre à toi. » Je voulais pour mon fils authenticité, intégrité et rigueur, en dépit de ma vie de surfeuse recherchant les vagues porteuses vers l'existence à laquelle j'aspirais.

Après un dernier été passé à Bali avec Pierre contre qui je ne décolérais pas – il avait fouillé dans mes affaires et lu mon journal intime. C'était pour moi un manque élémentaire de respect, une vraie violence –, je décidai que le temps de la séparation était arrivé. Ce que proposait cet homme, sans doute merveilleux pour d'autres, ne me convenait pas. Être une poupée adulée mais un oiseau aux ailes coupées, non merci. La cage dorée dans laquelle il m'avait enfermée s'était rétrécie et se refermait sur mon avenir. Et puis je m'étais rendu compte que ce milieu intellectuel et cultivé, dont je me sentais très proche, professait néanmoins des idées et des opinions dites de gauche souvent sans véritable engagement profond. Cette « gauche caviar » était une sorte de négatif du monde dont j'étais issue. Des gens ici qui réfléchissaient, et, curieux, questionnaient. Ne se contentant pas d'un bon mot. Très cultivés, intelligents, abreuvés à d'autres sources que celles de ma famille d'aristos et nouveaux riches à tendance d'extrême droite. L'ennui était que ce nouveau milieu, que j'avais choisi, était souvent tout autant enserré dans les carcans des conventions, tout aussi snob et dogmatique.

Dès septembre, j'annonçai donc ma rupture à Pierre et lui expliquai ma décision de dîner seule, le soir même, chez des amis. Je terminais d'appliquer mon mascara sur l'œil droit lorsqu'il se précipita dans la salle de bains. « Tu ne sors pas sans moi, et tu ne me quittes pas ! » hurla-t-il. Tandis qu'il m'expliquait son incapacité à vivre sans moi, je le vis, dans le miroir, sortir ma boîte d'Optalidon de la pharmacie. Ce très fort opiacé, aujourd'hui interdit, calmait mes migraines douloureuses, conséquences de ma commotion cérébrale. Je le voyais, pendant que je continuais d'appliquer avec soin des couches de mascara, avaler pilule rose après pilule rose. Il goba la boîte entière.

J'étais enragée. Indignée aussi. Il connaissait mon histoire maternelle. Je trouvais ignoble de me faire subir cette scène de chantage au suicide. Le voyant baver sur le tapis, je me demandai si c'était encore de la manipulation à l'endroit d'une jeune femme vulnérable de dix ans sa cadette ou s'il allait vraiment mourir. J'appelai l'hôpital Necker mais ne cédai pas. Je fis ses valises tandis qu'on lui lavait l'estomac. Deux jours plus tard, j'allai le chercher : « Nous passons prendre tes affaires, tu me dis où tu veux que je te dépose. » Ainsi se termina cette histoire.

Ma deuxième expérience d'embourgeoisement s'était donc avérée un échec équivalent au premier. La serpillière et la brosse à récurer, même assorties d'un mari séduisant promis à une belle réussite et d'un adorable bambin, n'avaient pas épanoui la femme adulte que je devenais. Pas plus qu'être cantonnée au rôle d'odalisque adulée et choyée, attendant, tirée à quatre épingles, le retour de son conjoint. L'indépendance et une certaine solitude choisie paraissaient être mon karma. De nouveau, notre entourage s'agitait, fébrile : il y avait à mon égard beaucoup d'agressivité et de jalousie, contre lesquelles j'étais vaccinée de longue date. Je continuai mon chemin. En accord avec moi-même, serrant sur mon cœur mon petit garçon.

Je construisais mes repères en matière de politique française en lisant *L'Express* et *Le Nouvel Observateur*. Jean, ainsi que tous les collaborateurs et collaboratrices de ces journaux, restèrent des amis très chers et je passais des vacances chez les Daniel avec Edgar Morin, André et Évelyne Burguière. Leur hospitalité italienne et tunisienne sur fond musical de Sydney Bechet, *Petite Fleur*, est restée attachée aux souvenirs nostalgiques et reconnaissants de beaucoup d'entre nous.

Les combats de gauche étaient les miens. Leurs idéologies me parlaient. Je m'y trouvais bien. J'avais vu de près les ravages qu'engendrait le profit érigé en religion, la cruauté des attitudes racistes et la stigmatisation méprisante, son corollaire. L'égoïsme satisfait, assorti du sentiment de supériorité de classe à l'égard des moins favorisés, me révulsait. Le système capitaliste, l'oppression, l'injustice et la loi du plus fort accompagnée de son cortège de dédains moqueurs, me dégoûtaient.

Et pourtant, je ne me sentais totalement à l'aise dans aucun des camps. Appartenais-je aux opprimés ou aux oppresseurs ? Aux exploités ou aux exploitants ? Je me sentais spontanément du côté des malheureux, des faibles, des démunis. Des sans-voix. Ceux qui ne comptent pas. Je pensais avec tendresse à l'arrière-grand-mère Mali, aux longues tresses sombres, en costume local, gommée, avec tous les ancêtres, des arbres généalogiques maternels, par ses descendants. Des bouffées d'indignation violente, accompagnées d'une immense tendresse, m'envahissaient. Au vu de mes origines sociales, ethniques, géographiques, économiques et culturelles si multiples, un sentiment de solidarité révolutionnaire m'inondait. J'étais mûre pour l'action et la révolte ! Dans les années 1960, la rébellion était d'ailleurs dans l'air du temps, partout dans le monde.

Par mon père, j'étais supposée faire partie de la classe dirigeante, quoique copieusement guillotinée, de l'aristocratie française. Ainsi que de celle qui pataugeait, fière et allègre, viscéralement attachée à la gadoue de ses terres de provinces françaises, sûrement sympathique. Pire, par cette grand-mère Polignac, hispano-mexicaine, j'étais issue indéniablement, hélas, de la classe cruelle des Conquistadores.

Pétrie de contradictions, je trouvais ma cohérence dans la fidélité aux valeurs que je m'étais choisies : le respect de la dignité de chacun, le partage, la justice, la solidarité, l'empathie et l'attention à autrui, la protection des faibles et de leurs droits. Le communisme m'avait séduite en 1955, mais j'avais définitivement abandonné Staline en apprenant ses innommables exactions. Sa négation de la démocratie. Lors de l'invasion de la Hongrie en 1956, j'avais participé à la manifestation d'indignation et accompagné des camarades pour mettre le feu à *L'Humanité*. Rejoindre les « Anars » était tentant, cependant l'idée de tuer des civils innocents me rebutait.

Je voulais, ô combien, changer le monde, mais ni par le meurtre ni par la haine. Même les idéologies révisées, comme celle de Trotski, portaient en elles des appels aux bains de sang. Imperceptiblement, en 1967, nous parvenaient les échos de la rébellion outre-Atlantique : des jeunes refusaient de participer à la guerre contre le Vietnam, brûlant le drapeau américain. Des étudiantes, elles, brûlaient leurs soutiens-gorge. Et cette rumeur de *Peace and Love* qui traversait continents et océans, de San Francisco jusqu'à nous. Une grande diversité de groupes entrés en dissidence avec le monde que les adultes leur proposaient voyait le jour, y compris des plus radicaux, comme les Weathermen ou les Black Panthers. Je les ai tous côtoyés ; j'ai beaucoup fraternisé avec tous.

Un vent révolutionnaire contre l'injustice et une détermination à se libérer des carcans soufflait sur nous, les moins de trente ans. J'avais tant envie de repartir en Californie, partager les combats de l'université de Berkeley, planter ma tente sur les hauteurs de Haight-Ashbury. Rencontrer Gloria Steinem et Betty Friedan, têtes de file du féminisme, du *Women's Lib.* Mais je ne pouvais déraciner François comme on l'avait fait pour moi, le priver de son père suisse et de ses grands-parents valaisans, par pur égoïsme. Je renonçai donc à un nouveau déménagement. Mais je m'accrochais à la volonté de participer aux justes combats de ma génération.

L'Amérique latine aussi se réveillait. Cuba apparaissait comme le nouvel Eldorado pour lutter contre le système et le capitalisme, producteur de tant d'inégalités. Fidel Castro incarnait ce désir de renouveau révolutionnaire. Che Guevara aussi et surtout. « Il faut créer deux, trois, plusieurs Vietnam », scandait-il. Beau, charismatique, ce médecin faisait rêver. Rebelle et romantique à la fois, la révolution n'était plus seulement théorisée, elle était mise en œuvre et apportait à notre jeunesse, privée d'acte de résistance et de bravoure car née pendant et après la Seconde Guerre mondiale, l'espoir d'une lutte possible.

Après l'Afrique, le Che s'était attaqué à la Bolivie. Soudain, son action me concernait directement. Je m'imaginais y aller, retrouvant ses traces, l'interviewant. Je me voyais en taupe gauchiste anonyme, dont le fait de descendre d'une famille honnie par les communistes, dépossédée par Juan Lechin, leader des mouvements de mineurs des années 1950, aurait été le meilleur camouflage. J'en étais là de mes stratégies lorsque, le 9 octobre 1967, Che Guevara fut assassiné par l'armée bolivienne du président Barrientos, soutenu par la CIA. Mort tragique de notre héros révolutionnaire, fin du possible triomphe de l'équité fraternelle et de la liberté. Et, pour ma part, plus modestement, coup d'arrêt pour mes projets journalistiques.

Inattendue, la vie nous offre parfois des opportunités. L'une d'elles vint de ma famille Patino. Étant donné mes adhésions politiques et leur stupeur devant mes choix de vie, je n'avais avec elle que des contacts très limités, mais – je dois leur rendre cette justice – elle ne m'avait jamais reniée.

Début décembre 1967, les Patino m'invitèrent à une expédition mortuaire : le transfert en janvier du cercueil de Granny, qui reposait depuis quatorze ans dans la crypte de Saint-Pierre de Chaillot, vers sa terre natale. François étant cette semaine-là en vacances de Noël chez son père, j'acceptai avec empressement. J'aimais beaucoup notre vieille Indienne beige et ridée, solide et affectueuse. J'occultais volontairement le fait qu'elle ait participé, même, qui sait, contre son gré, à la matrice du capitalisme le plus écrasant. C'était ma grand-mère, point barre. Et ethnique de surcroît. De plus, je n'avais pas abandonné l'idée de descendre à Santa Cruz pour enquêter sur la guérilla et le Che.

Au déjeuner officiel après la cérémonie célébrée à Cochabamba, je me trouvai assise à côté d'un bel hidalgo moustachu aux cheveux grisonnants coiffés en brosse. « Colonel Joaquin Zenteno », se présenta-t-il. Je faillis m'évanouir !

— Le Zenteno qui a capturé le Che et l'a fait exécuter ?

— Oui, celui qui l'a capturé, mais je ne l'ai pas fait exécuter, je vous raconterai, dit-il, dépliant avec soin sa serviette.

Je le pressai sans relâche de questions pendant tout le repas, récoltant avidement tous les détails du récit. Il disait avoir téléphoné au président à La Paz, plaidant pour un juste procès. Barrientos l'aurait envoyé promener, la CIA exigeant la mise à mort du Che. Zenteno serait alors retourné dans la salle de classe de cette école de La Higuera où le *Commandante*, blessé, mal en point, était gardé par un caporal armé. Ils auraient conversé et, à un moment donné, lui montrant au loin quelque chose par la fenêtre, il aurait fait signe au planton de lui tirer une balle dans la tête.

Je l'interrompais de temps à autre d'un :

— Savez-vous que le public français serait très, très intéressé par votre histoire… ?

Chaque fois, il en rajoutait. Mes scrupules fondaient comme la neige des Andes d'aujourd'hui. J'en conclus qu'il serait ravi d'endosser le rôle de l'ennemi loyal et d'être médiatisé. Zenteno était chef de la place militaire de Cochabamba, la ville la plus proche.

— Venez demain, je vous montrerai le rouleau de photos non développé que j'ai trouvé dans sa gibecière.

Je m'y rendis, non sans avoir élaboré un stratagème : accompagnée d'une complice que le colonel trouvait à son goût, nous avions décidé qu'à mon signal elle lui ferait croire qu'elle se sentait mal. Elle devait lui demander de l'emmener prendre l'air. Ce qui fut fait au moment voulu. Flatté par ma curiosité fiévreuse, le militaire avait étalé tout son butin : la gibecière tachée du sang de mon icône et sa carte de la région tout aussi maculée. Profondément émue, je m'efforçai de n'en rien laisser paraître. J'avais pris avec soin les photos dans mes mains. Tout comme le fameux fusil de Guevara. Zenteno en avait ouvert la culasse :

— Tiens, il y a même la dernière balle.

Je l'avais saisie précipitamment.

— Puis-je l'avoir ?

— Si vous voulez.

Je possède ainsi la dernière balle du fusil du Che qu'il n'a pu tirer pour se défendre.

Restée seule – mon acolyte avait parfaitement joué la comédie du malaise –, je sortis un Minox minuscule et mitraillai toutes les photos de la vie quotidienne des guérilleros dans la jungle : rôtissant un cochon sauvage, coupant du bois… L'une représentait le Che lui-même, assis, souriant, deux enfants boliviens sur les genoux. Elle ferait, à mon retour, le tour des plateaux de télévision et des journaux. Il y avait des photos de ses compagnons Piombo et Pacho. Une de Benigno, un des deux seuls survivants ayant fui par le Chili. Plus tard, je le rencontrerai à Paris. Et une, bouleversante, de Tania, la compagne de lutte, abattue dans la rivière, dont les militaires avaient repêché le corps mutilé par les barracudas. À peine terminée mon exaction, les deux autres réapparurent. Pour faire diversion, je proposai de les photographier tous deux avec fusil et balle. Je me constituai ainsi une preuve, si un jour on me la demandait, de l'authenticité du fusil, de la balle et dudit colonel. La seule information qu'il refusa de révéler fut le lieu où Ernesto Che Guevara avait été enterré.

Je repartis seule par La Paz au lieu d'embarquer dans l'avion familial à Cochabamba au cas où les autorités boliviennes auraient eu des soupçons. Durant ce vol, je me retrouvai avec un journaliste de *Paris Match*, Mathias Polakovitch, à qui je fis le récit de mon aventure. Il essaya, en vain, de me persuader de donner le scoop à Match, mais, fidèle à Françoise Giroud, je me devais de le lui proposer d'abord.

Je confiai donc mon scoop à Françoise qui, le soir, m'écrivit une lettre très maternelle, m'expliquant que le métier de journaliste engagé était difficile à vivre, que je risquais de devenir la cible de critiques et de haines, et me proposant, pour me protéger, de faire signer le papier par un journaliste de *L'Express* qu'elle m'enverrait pour recueillir mon récit. J'avais déjà tenté à plusieurs reprises d'entrer comme stagiaire au magazine. Françoise m'avait rétorqué que les stagiaires portaient des cafés. Ce à quoi j'étais tout à fait disposée, prête à n'importe quoi pour intégrer cette rédaction. Elle n'a jamais voulu, prétextant que je valais mieux que cela… Invitée sur plusieurs plateaux de télévision, dont « Caméra 3 » sur Antenne 2 – l'émission de Labro et Turenne –, avec photos, récit et balle du Che, je croisai Jean Daniel. Il dirigeait *Le Nouvel Observateur* et s'étonnait que je ne lui aie rien proposé. Je décidai de poursuivre mes débuts journalistiques dans son magazine.

Des années plus tard, après plusieurs autres articles, je révélai à cet hebdomadaire la source de mon récit bolivien, car le colonel, muté à Paris comme ambassadeur, fut assassiné par balle, dans sa voiture, Quai de New York par une faction d'extrême droite bolivienne ! Le colonel aurait-il été plus à gauche que je ne le soupçonnais ? Plus sincèrement admiratif de Guevara ? La politique andine est complexe, souvent indéchiffrable… Zenteno, dans son récit, avait passablement démoli la réputation du président Barrientos, comparant sa conduite à celle d'un facho vendu à la CIA, indigne d'un homme d'honneur. Or ce dernier mourut dans un accident d'hélicoptère sur le tarmac de… la place militaire de Cochabamba, fief dont Zenteno était le commandant ! Aurait-il eu quelques ambitions présidentielles ? On était en Amérique latine, pays andin de réalisme magique à la Garcia Marquez. *Quien sabe ?*

Entre la mort de ma mère et celle de Che Guevara, les neuf années de ma vie qui s'étaient écoulées n'avaient été qu'errance. Justifiées par la présence et l'amour de mon fils, certes, mais errance tout de même. Tel un bateau ivre, portant avec grand soin une précieuse cargaison, je prospectais les rives de carrières possibles.

Deux mois plus tard arrivèrent les prémices de Mai-68. Il faut se rappeler à quel point la société était rigide et corsetait toute liberté. Je vous parle d'un temps que les moins de... soixante ans ne peuvent pas connaître ! Le 22 mars 1968, des remous à la faculté de Nanterre initièrent le processus. Je revois le grand sociologue, mon ami Edgar Morin, déjeunant un dimanche à Neauphle-le-Château, chez Michèle Manceaux. Morose, il racontait comment il s'était fait huer par les étudiants : « Morin, flic ! » Lui, professeur hippie revenu de La Jolla, en Californie, le plus libertaire des libertaires avant l'heure.

Pour nous, un grand espoir naissait : les « Vietnam » évoqués par le Che s'embrasaient ! La France était paralysée par la grève, mais les Français s'étaient transformés, humanisés. Les textes d'Ivan Ilitch sur la convivialité poussaient à la fraternisation. Un soir, à la Sorbonne, sous le buste austère de Voltaire, les lanceurs de pavés sirotaient des boissons que nous, sympathisantes et sympathisants, leur avions apportées. Quelqu'un jouait *Jeux interdits* à la guitare. Ce même soir, chargée de victuailles et de pansements pour mes camarades, j'avais insulté en anglais un jeune homme américain qui, passant au pas sur sa moto, m'avait bloqué le passage et répondu dans la même langue en souriant. Trente ans plus tard, j'ai sollicité Steven Marks, grand avocat des droits humains et professeur d'université, afin qu'il prenne le poste de directeur du Centre FXB de santé et droits humains à Harvard. Confrontant nos souvenirs, nous nous sommes reconnus dans cette scène et sommes tombés dans les bras l'un de l'autre. Anciens combattants, utopistes, peut-être, mais toujours au front en 1999 !

Engagée, je me jetai à corps perdu dans les actions des groupes à visée révolutionnaire. Tous les soirs, baskets aux pieds et foulard devant la bouche, j'étais près des barricades, là où se déterraient et se jetaient les pavés. Beaucoup d'adultes, sages intellectuels, écoutaient la radio. « Je ne vais sûrement pas marcher de la Bastille à Denfert », me répliqua Françoise Giroud que je cherchais à entraîner. Vendant *Le Nouvel Obs* sur le boulevard Saint-Germain – puisque la distribution des journaux était interrompue –, j'en tendis un à Maurice Clavel, que je n'avais pas reconnu. Il me félicita de ma dévotion au journal. Voulant témoigner de ce qui se passait dans le reste de la France, j'avais stocké des jerricans remplis d'essence dans un cagibi, inconsciente du danger d'explosion potentielle. J'avais assez de carburant pour descendre en Autobianchi jusqu'à Cannes, où le Festival battait son plein dans sa bulle. Ce que je fis. Pierre Hebey, qui tentait de me reconquérir et avait des clients à voir là-bas, offrit de m'accompagner. Sur le chemin, je m'arrêtai, à l'aller et au retour, pour interviewer les ouvriers de Rhône-Poulenc, les agriculteurs de Bourgogne, les mineurs à Montceau-les-Mines, les étudiants de l'université de Lyon. À Cannes, le Festival lui-même était entré en grève. Il n'y avait plus qu'à remonter à Paris.

Ce fut le temps où les amitiés indéfectibles se forgèrent. Bernard Kouchner occupait l'Odéon. André Glucksman m'entraînait dans *La Cause du peuple* . Nous courions de barricades en barricades, de marches en manifestations, de la République à Denfert, quadrillant le Quartier latin. On scandait « CRS-SS ! » et on chantait *L'Internationale*. La violence policière et les nôtres étaient une promenade de santé comparée à celles d'aujourd'hui. D'accord, on trimbala un éminent professeur de médecine dans une cage. Deux vitrines furent cassées boulevard Saint-Germain et quelques voitures brûlées. Il y eut des blessés – j'en ai même transporté dans ma petite voiture chez des médecins amis et complaisants ! Mais pas de haine douloureuse ni de populisme nauséabond. Une rébellion contre l'ordre établi, une solidarité joyeuse et contestataire réclamant un monde de justice et de fraternité. « Nous sommes tous des Juifs allemands », scandions-nous derrière Dany le Rouge et Jacques Sauvageot.

Je compilai toutes les interviews réalisées lors de mon périple en France en un long reportage. Le constat était flagrant : il n'y aurait pas de révolution. L'indispensable alliance ne se réaliserait jamais. Ce fut l'angle de l'article que j'écrivis alors : les revendications de la plupart des groupes sociaux interrogés portaient sur leurs trop maigres salaires et l'absence d'avantages. Pour schématiser, nous, étudiants et apparentés, imbibés des théories de Herbert Marcuse, avions déjà le souhait de changer de mode de vie et de sortir de la société de consommation. Les autres Français rêvaient de consommer plus. Le mobile fédérateur était la lutte contre le gouvernement, mais les intérêts étaient en contradiction.

Tout à mon enthousiasme, je portai mon article rue de Rivoli au *Nouvel Observateur*.

— Intéressant, mais on ne peut pas le publier, m'assena Olivier Todd. On manque de papier, et de plus c'est démobilisateur.

Écœurée par cet argument et le refus de publier cette analyse qui se révéla exacte, je courus à *L'Événement*.

— C'est une enquête passionnante, conclut Emmanuel d'Astier de La Vigerie, grand résistant respectable. Mais ici nous n'avons plus de papier du tout.

De pénurie en pénurie, on vit fondre à la fois les alliances et le mouvement. Le gouvernement organisa une marche immense de la droite sur les Champs-Élysées en riposte à nos manifestations. André Malraux et Michel Debré en tête. Fin mai arrivèrent la Pentecôte et son long week-end. Le gouvernement fit redonner par l'armée de l'essence aux pompes et les bourgeois purent partir, soulagés, sous un soleil éclatant, vers leurs résidences secondaires. La déception chez la jeunesse de gauche fut à la hauteur de la frustration et du dégoût devant les files de voitures s'engageant sur le pont de Suresnes ou de Saint-Cloud, direction la Normandie ou le Sud. Nous nous sentions floués. Et en quelque sorte trahis par l'Histoire que nous n'avions pas su séduire. J'ai confié à mon cher ami « Jean d'O », pétri d'humour : « Je préfère avoir eu tort avec Che Guevara que raison avec Jean d'Ormesson. » Il en a bien ri.

Il y eut, en prime, des moments cocasses. Pendant une manifestation, Marguerite Duras, près de la chaussée, fut interpellée par des CRS.

— Ma petite dame, montez sur le trottoir, on va taper, vous serez à l'abri.

— Mais je proteste, je conteste, je suis Marguerite Duras !

— C'est ça, ma petite dame, allez-y, montez sur ce trottoir, on va vous tirer de là.

Refus implacable de Marguerite, indignée qu'ils aient pu la prendre pour la gardienne d'un immeuble de la rue égarée dans la marche de la foule.

Jamais je ne regretterais cet engagement profondément en phase avec mon époque.

Ayant le gâchis en horreur, je ne pouvais me résoudre à jeter au feu ma longue enquête fouillée à travers les strates de la société française. Il fallait raconter Mai-68, ses espoirs, ses échecs, et les transformations sociétales et démocratiques qui en avaient découlé. Pas de révolution, mais une société à tout jamais transformée.

Fréderic Rossif venait de réaliser, avec grand succès, un documentaire en noir et blanc sur la guerre d'Espagne, *Mourir à Madrid.* J'eus alors l'idée de raconter les événements en utilisant les films des passants, témoins de la « Révolution » dans les rues de Paris. Une visite au laboratoire chargé de développer les deux mille films amateurs me fit rebrousser chemin… Trop compliqué d'obtenir l'accord de deux mille personnes.

Pourquoi ne pas raconter une autre période, celle de 1936 et du Front populaire en France, qui m'avait tant marquée et intéressée en cours d'histoire ? Il y avait entre les deux événements de grandes similitudes. Un pays en grève, des marches dans l'espoir d'un monde meilleur, des changements de rapports dans la société, une révolution des mœurs, plus de liberté pour les travailleurs, des acquis sociaux. Nous, les femmes de 68, nous avions milité aux slogans d'Antoinette Fouque, figure du MLF ; les vendeuses des Galeries Lafayette en 36, mentalement décorsetées, avaient, elles, dansé entre les rayons pendant la grève… Les accords de Grenelle en regard des congés payés. Et, in fine, le refus du parti communiste de prendre, avec les socialistes, un pouvoir en pleine déconfiture. Mon affidé historien et grand journaliste Henri de Turenne venait de réaliser pour la télévision une série remarquable, *Les Grandes Batailles*. Je me tournai vers lui, qui travaillait pour la grande société de production de films Pathé Cinéma. « Viens, on va en parler au directeur des productions », me dit-il, encourageant. Pathé, fournissant les nouvelles journalistiques qui passaient en début de séance dans les salles, avait donc tous les films des actualités de l'époque. Mais aussi les bancs de montage et les monteuses. « Cela ne leur coûtera pas grand-chose de produire ton film », conclut Henri. Pierre Hebey, toujours en projet de reconquête, se proposa d'écrire le commentaire que Jean-François Revel accepta de retravailler et Serge Reggiani de lire.

J'avais le pied à l'étrier de la production du grand écran. J'étais rémunérée et intéressée aux recettes si le film marchait. Je me rendais avec joie chaque jour dans la salle de montage et comprenais comment Henri choisissait les plans, comment les images disparates peu à peu racontaient une histoire, comment il contournait les difficultés aussi. Un matin, découragé, il me dit : « Je ne sais pas si je vais y arriver ! C'est comme si j'avais les légumes et la sauce, mais pas le gigot. » Réalisateur et journaliste de grand talent, il finit par trouver le fil rouge du récit.

François m'accompagnait souvent en salle de montage. Durant les seize années qui suivirent, cet enfant blond et rêveur sera intimement lié au monde du cinéma et à sa fabrication. Petite mascotte que tous connaissaient.

Le directeur de Pathé, craignant une émeute dans leurs salles de projection à cause de Mai-68, conseilla à Henri et moi de nous adresser aux frères Siritzky, exploitants des petites salles de Publicis. Ce que nous fîmes, le cœur battant. À la dernière image, Jo, l'aîné, se leva, se tourna vers nous et dit calmement avec son charmant accent roulant les r : « Alors, quand est-ce qu'on le programme, ce film ? » Nous étions abasourdis et extatiques ! Je n'avais jamais rien produit pour le grand écran et aucune réalisation de Henri n'avait jamais été projetée au cinéma !

Le film fut un très grand succès, non seulement d'audience mais aussi de critique. Ma carrière démarrait bien. Pathé me proposa d'intégrer la maison. Mon ambition et la sensation, telle un couteau dans une plaie, que j'avais déjà perdu trop de temps avant de me lancer dans la vie créative indépendante, me firent refuser. Pleine d'espoir et de confiance en moi, j'allais monter ma propre société de cinéma : Albina Productions ! Je puisai dans ce qui restait de la vente de mon appartement avenue Foch, pour réunir les sommes nécessaires au dépôt du nom et à la création de ma société. On me recommanda un directeur de production de théâtre, que j'engageai. Quant aux bureaux, chez nous, François et moi n'avions nul besoin d'une salle à manger…

Mon petit garçon grandissait et il était l'amour de ma vie. Rue du Bac, nous étions toujours ensemble, mangions ensemble, jouions ensemble, ne dormions pas loin, accompagnés de notre chien Radis, un corgi très grognon, que François adorait et surnommait « Radis rose », à cause du velours rosé du dessous de ses pattes. François, à sept ans, était devenu très sûr de lui, de ses goûts, de ses opinions. Son identité se construisait. Stupéfaite, je le vis un jour au théâtre, pendant un spectacle de jongleurs chinois, aller se planter tranquillement au premier rang dans l'allée. « Je voyais beaucoup mieux là qu'assis, Maman. »

Il était passionné par les avions mais surtout par les hélicoptères. Toutes les vacances scolaires, il voulait les passer chez son père, à l'aéroport d'Air-Glaciers. Parfois, j'en étais triste, il me manquait beaucoup ! Mais il acceptait de passer avec moi la moitié de ses vacances.

Un jour, Marguerite Duras me rendit visite. J'admirais beaucoup l'auteure d'*Un barrage contre le Pacifique* et des *Petits Chevaux de Tarquinia*. Minuscule, le visage mangé par des lunettes immenses, elle m'apportait un projet : elle tenait absolument à réaliser elle-même le film tiré de son livre *Abahn Sabana David*. Sans acteurs coûteux, certes, mais qui n'apportaient aucunement le financement requis. Je décidai de découper le budget en parts de 5 000 francs, à répartir entre les admirateurs de Marguerite. J'en achetai une, pour inciter les amis à faire de même.

Le plus gros poste de dépense serait le développement de la pellicule. Il était temps de revoir le directeur du laboratoire Philippe Dormoy, qui m'avait judicieusement conseillé de renoncer à mon projet sur Mai-68. Il accepta avec générosité de participer à celui-ci, prenant à sa charge ce qui lui incombait, à condition que Marguerite Duras déjeune avec lui. Elle ne tint jamais sa promesse. Enseignement utile : l'éthique n'accompagne pas invariablement, loin de là, le talent, si brillant soit-il.

— Donnez-moi, Marguerite, quelques éléments qui me permettront de vendre ces parts, lui dis-je.

— Le film s'appellera *Jaune le Soleil.*

— Pourquoi ? m'étonnai-je. Le titre du livre est si beau.

— Mais à cause de l'étoile ! répliqua-t-elle, offusquée.

Bien sûr ! Il s'agissait de l'étoile jaune infligée aux Juifs pendant la guerre.

— Mais, Marguerite, il est indispensable que vous me précisiez pour qui vous roulez. Je n'aborderais pas les mêmes personnes. Je vous croyais pro-palestinienne ?

— Pour les deux ! me lança-t-elle, triomphante.

Dans cet engagement double, peu répandu à l'époque, Marguerite Duras se révélait visionnaire, en avance sur les dogmes et passant outre au *politiquement correct*.

Je rêvais d'adapter pour le grand écran le roman *Paulina 1880* de Pierre Jean Jouve. C'était l'un des motifs qui m'avaient poussée à refuser de rejoindre Pathé. Cette histoire de quête d'absolu, d'amour charnel et de transgressions d'une jeune fille de famille bourgeoise rigide et conformiste au XIXe siècle en Italie du Nord ne les aurait pas séduits. Je n'ignorais pas que l'écriture rare de Jouve, qui m'enchantait, serait intraduisible à l'image. Ce que je souhaitais, c'était illustrer le destin d'une jeune femme piégée par la société, par son époque. Déchirée entre l'amour charnel d'un homme et sa recherche d'absolu spirituel au siècle dernier. « Paulina serait morte si elle n'avait pas été gaie de sa nature », écrivait l'auteur.

J'obtins une option sur les droits du livre. Pendant les préparatifs, en même temps que je produisais le film de Marguerite Duras, je continuais à apprendre les rudiments de ce nouveau métier grâce à une autre opportunité. Mon amie Macha Méril était mariée, en ce temps-là, au producteur italien Gian Vittorio Baldi. Il voulait produire, en coproduction française, un scénario de Robert Bresson, *Les Quatre Nuits d'un rêveur*, basé sur une nouvelle de Dostoïevski, *Nuits blanches*. Macha secondait son mari.

Ils avaient besoin d'un coproducteur, ainsi que d'une société pour obtenir l'avance sur recettes. Le succès du film sur le Front populaire, dont j'avais été productrice exécutive, m'apportait une crédibilité. Je pense aussi que mon amie voulait aider mon entreprise débutante. Donner un coup de pouce à une femme avec qui elle partageait des goûts communs et certains obstacles à surmonter.

La proposition comprenait un salaire qui se prolongea du fait des dépassements… Les défis étaient de taille. Préparer en quatre semaines, à Paris au mois d'août, le tournage d'un film qui se déroulait entièrement de nuit et en un temps réduit. Obtenir des autorisations en plein été, alors que tout fermait. Tourner de nuit sous le pont Neuf, squatté par de jeunes drogués passablement agressifs. Mon directeur de production d'expérience théâtrale ne faisait pas le poids. Au cours d'une réunion de préparation, Bresson m'apostropha :

— Il faut engager Georges Casati

— C'est qui, Georges Casati ?

Je ne connaissais encore aucun technicien dans ce milieu.

— Mais enfin ! C'est le meilleur, une vedette dans sa spécialité. Je peux me charger de le contacter, si vous voulez.

Je fus soulagée. Je ne me voyais pas convaincre un grand professionnel de rejoindre un projet si complexe et à petit budget. C'est précisément ce qui l'amusa. Il n'aimait que les défis.

J'étais impressionnée par cet homme plus âgé, très expérimenté, qui détecterait en une seconde les lacunes de la productrice de documentaires que j'étais. Il avait une réputation de grande gueule peu tendre. Une nuit, je me rendis sur le tournage, coiffée d'un immense chapeau noir. « Cette conne avec son grand chapeau ne va nous attirer que des ennuis avec les camés sous le pont », aurait confié Georges à ses régisseurs en me voyant débarquer. Il m'installa dans sa caravane-bureau pour que nous parcourions « la grenouille », le plan de travail sur planches dont les bâtonnets, représentant les décors, pouvaient être déplacés comme les pièces d'un puzzle. Prudente, je ne fis qu'un minimum de commentaires. « Une chapeautée comme ça, j'épouse tout de suite », aurait fait part ensuite ce célibataire endurci à ses collaborateurs.

Nous avons cependant gardé, pendant tout le tournage, des rapports distants mais respectueux, luttant ensemble contre les caprices du Grand Maître. Bresson avait la mauvaise habitude de changer ses directives à la dernière minute, faisant perdre à tout le monde un temps précieux et de l'argent – car, dans le cinéma, le temps, c'est de l'argent. Quand le film fut terminé et monté, il faisait, ce qui n'arrive jamais dans ce métier, dix minutes de moins que ce que le contrat de distribution stipulait ! Mécontent, le distributeur exigea son heure trente de film. Bresson refusa évidemment d'ajouter quoi que ce soit. Pour sortir de l'impasse, Georges suggéra alors de récupérer les très beaux passages de péniches sur la Seine, qu'avait longuement filmés Robert Bresson et qui avaient été coupés au montage. Je trouvai la suggestion excellente et Bresson accepta.

Jacques Duhamel, ministre de la Culture de l'époque, souhaita visionner le film. « Magnifique ! Il fera l'ouverture du Festival de Cannes. » N'importe quel autre metteur en scène aurait sauté au cou du ministre. Robert, lui, refusa cet extraordinaire honneur, récompense ô combien méritée pour les deux courageux producteurs Baldi et Macha. J'étais hors de moi ! Aucun argument ne portait. Il campait de plus en plus sur ses positions. « Vous étiez peintre, vous auriez mieux fait de vous cantonner à cet art. Vous auriez pu cacher vos toiles en les enfermant dans des placards. Mais le cinéma est un art et une industrie. Vous n'avez pas le droit de priver votre production de tous les atouts commerciaux dont elle aura besoin, car votre film n'attirera que quelques *happy few* et aficionados », lui assenai-je.

J'ai compris très tôt qu'en France un producteur devait, contrairement aux États-Unis, composer pour habilement contourner le pouvoir juridique du « droit moral de l'auteur ». Sorte de lutte des classes inévitable, dans laquelle les créateurs, les metteurs en scène et les scénaristes dictent leurs volontés face aux producteurs, les capitalistes, qui se retrouvent toujours perdants. C'est à mon sens pour cette raison que ce métier, en France, a été rangé dans la catégorie des disciplines commerciales, et non pas créatives et artistiques. Confiné à un rôle de vente, de négociation de contrats et de marketing, contrairement aux pionniers hollywoodiens, les Louis B. Mayer, Sam Goldwin et autres David Selznick, qui étaient certes d'excellents hommes d'affaires – il n'y a eu que très tard des femmes –, mais aussi des créateurs artistiques d'exception reconnus.

Je vois combien les producteurs créatifs aujourd'hui sont frustrés. Ils tentent de contourner la difficulté en se faisant réalisateurs producteurs, comme Claude Lelouch. Aurais-je dû me tourner vers la réalisation ? Peut-être. Pourtant, j'ai adoré mon métier tel qu'il était. Trouver des solutions pour éviter ces obstacles, marier harmonieusement les impératifs artistiques aux obligations de financement, imaginer une architecture de création avec la mise en scène, un peu comme des négociations diplomatiques de paix, donnant satisfaction aux deux parties. Voilà ce que j'ai aimé dans la production. J'ai aussi aimé raconter de magnifiques histoires, être une des rares femmes de ce milieu à rivaliser avec des hommes qui regardaient avec une certaine condescendance notre entrée dans leur pré carré. Ce fut enfin, pour moi, la découverte d'une vie de groupe. La grande famille du cinéma français. Et ça, oui, ça me manque parfois.

De fin 1968 à début 1972, date de la fin du tournage de *Paulina 1880*, ma vie a été un enchevêtrement touffu de chemins. Je menais de front mes débuts de productrice grand écran et mes activités de militante. J'adhérais aux mouvements consécutifs de Mai-68, chez les Latino-Américains, les Italiens, ou à des groupes dissidents révolutionnaires internationaux. Alain Cavalier, par le truchement de son assistante Florence Malraux, avait demandé à tourner des plans de Catherine Deneuve dans *La Chamade* chez moi. Florence devint dès lors l'une de mes amies les plus proches et les plus chères. Avec Bernard Frank, nous formions un trio d'amitié, complices inséparables.

Florence Malraux débarqua un soir d'automne 1969 pour me présenter l'écrivain espagnol rebelle Juan Goytisolo. Il cherchait à créer un magazine trimestriel en espagnol, rassemblant sans distinction les écrivains latino-américains de gauche comme de droite, depuis Julio Cortazar jusqu'à Carlos Fuentes, en passant par Severo Sarduy, Gabriel Garcia Marquez, son compatriote Plinio Mendoza, Mario Vargas Llosa, Octavio Paz et Carlos Franqui l'exilé. Carlos, peintre et poète, se définissait comme le troisième compagnon du trio de la Sierra Maestra de Cuba, groupe composé de Fidel Castro, Che Guevara et lui-même. Carlos avec qui je nouai une profonde et tendre amitié. Juan recherchait des financements et un directeur de la publication. La somme était modeste et j'avais, projetant de me construire un chalet en Valais, commis une nouvelle exaction…

En septembre, le frère de ma mère avait organisé un bal à Lisbonne. Extravagance magnifique, quoique bien critiquable, étant donné les soulèvements politiques à travers le monde. Invitée, j'avais hésité à m'y rendre : c'était contraire à tous mes principes anticapitalistes. Seulement, à ce moment précis, j'étais découragée par l'échec de ces mouvements révolutionnaires auxquels j'avais cru si sincèrement. J'étais flouée. On m'accablait de critiques acerbes, soulignant que j'appartenais à ce monde et non à celui dans lequel je cherchais à me faire naturaliser, que des avantages et opportunités incommensurables m'étaient offerts sur un plateau de vermeil ! Ce voyage d'une semaine serait l'occasion idéale de faire connaissance avec ce destin supposé être le mien. Aller de réceptions en réceptions dans de splendides demeures, changer de costumes, de décors et d'agapes plusieurs fois par jour, être coiffée et maquillée du lever au coucher du soleil… Conversations de bulles de savon. Vanité des apparences, narcissisme endémique. J'acceptai. Peut-on affirmer que l'on n'aime pas les épinards sans y avoir jamais vraiment goûté ?

J'étais préparée à jouer le jeu à fond. Pour voir ! Adulte, je n'avais jamais vécu cette vie-là. J'avais donc accepté que mon père m'offre une robe du soir haute couture de chez Saint Laurent et j'avais de plus demandé à porter l'ensemble de la parure d'émeraudes de Maman : pendentifs d'oreilles, bracelets, bagues, et surtout un collier de superbes pierres vertes de la taille de berlingots duquel pendait une croix d'émeraude taillée d'un seul tenant, ayant appartenu à la reine Victoria d'Espagne. Le tout sur une robe somptueuse en soie jaune beurre frais. Décidée à y aller carrément, j'avais l'allure du parfait sapin de Noël. Impératrice de la soirée et des réceptions suivantes, ma participation me valut une grande photo dans *Vogue*, entre autres. François, pour sa part, trouva la mascarade peu à son goût : lui, dont la chambre jouxtait toujours la mienne et qui ne me quittait pas, avait été relégué avec les autres jeunes de son âge dans « la Maison des enfants ».

Au sortir de ce tourbillon d'ostentation – que j'avoue sur le moment avoir trouvé flatteur et amusant – je conclus que décidément, non, cette vie-là n'était pas pour moi. Sa vacuité, assortie de l'inconscience insouciante des souffrances et des injustices endurées par l'humanité meurtrie, le déni des affres de l'Histoire, me collaient une angoisse indescriptible. De même que les codes et mots de passe de cet univers. Pour la seconde fois, je coupai les ponts avec mes familles naturelles diverses. François-Xavier et moi retournerions ensemble à notre vie simple, vraie, et pour moi laborieuse. Je décidai, pour exercer ma liberté transgressive, de vendre, après l'avoir décrochée, la croix en émeraude.

— Où est-elle ? me demanda mon père quand, telle Cendrillon, je lui rendis la parure amputée.

— Je l'ai décrochée, je compte la vendre.

— Mais tu enlèves une immense valeur à ce collier en le mutilant, tu ne comprends pas ?

— Papa, tu dis toujours que ces bijoux que tu gardes par sécurité sont miens. Alors, si j'en vends un morceau pour acheter un terrain, me construire un chalet dans ma région d'adoption, pays où je me sens chez moi, investir dans des entreprises qui me concernent et me passionnent, où est le problème ?

Pirate j'étais, pirate je resterais.

Notre revue *Libre*, trimestriel d'inspiration de gauche, était une aventure financièrement modeste. Minuscule bureau au 22, rue de Bièvre, dans ce petit immeuble qu'acheta ensuite François Mitterrand pour se lancer à la conquête de l'Élysée, salaires minimums, et un rédacteur coordinateur : Plinio Mendoza, écrivain colombien de la mouvance Garcia Marquez, attaché à l'ambassade de son pays.

Quatre numéros virent le jour. Les contributeurs du premier illustrèrent prestigieusement notre propos : une coalition d'auteurs hispaniques des deux côtés de l'océan Atlantique, parfois politiquement antagonistes, particulièrement sur la question de Cuba, faisaient alliance pour asseoir l'importance de la littérature hispanique et dénoncer l'impérialisme américain. L'élément fédérateur était l'adhésion à l'idéal *antiyankee* du continent, tout en étant critiques et vigilants par rapport à Cuba à propos du respect de la liberté que l'île jugeait comme une revendication individualiste et bourgeoise.

Les collaborateurs, parmi lesquels Claribel Alegre, Jorge Semprun et Teodoro Petkoff, décidèrent d'un commun accord de consacrer le deuxième numéro à débattre de la liberté et du socialisme. Or, après le premier numéro du trimestriel, l'affaire Padilla avait éclaté : ce dernier, poète cubain, avait été accusé de révisionnisme et emprisonné par Fidel. Réunion de crise urgente à neuf heures du matin pour décider d'un télégramme de protestation. Grands duels d'intellectuels en désaccord politique pour savoir qui signerait ou non. Une partie talentueuse de la rédaction refusa son accord. À commencer par Julio Cortazar. Gabriel Garcia Marquez, alias « Gabo », ami intime de Fidel, eut une conversation au téléphone chuintante et hachurée avec Plinio, lequel comprit qu'il donnait son accord et signa à sa place. Une grande brouille s'ensuivit entre eux. Ce divorce à la rédaction obligea ensuite Juan à faire appel à des auteurs de gauche non hispaniques, comme Susan Sontag. Apport de choix au quota féminin, passablement absent jusque-là. Petit à petit, la revue se délitait. Non pas par sa qualité, mais dans son propos.

Le projet de départ était de réunir les talents du *Boum* littéraire hispanique dans un voyage d'écriture nettement à gauche et avec une grande liberté de parole. Ce n'était plus le cas, je cessai la publication. Cette revue *Libre*, restée si chère à mon cœur, eut son importance et me fit cadeau d'amitiés précieuses, de reconnaissances variées. En 1993, à Barcelone, eut lieu une Exposition universelle comportant une section sur le génie hispanique. Dans la partie littérature se trouvaient les quatre volumes de couleurs différentes de *Libre*. La liberté de création et de parole incarnée par Goytisolo, comme la critique de l'invasion tchèque exprimée par Petkoff, dissident communiste vénézuélien, dirigeant du MAS, perduraient dans l'histoire de l'écriture espagnole. Fait cocasse : Castro, dans un de ses discours de trois heures, m'accusa d'avoir contribué au financement de cette revue en tant que taupe de la CIA ! Je regrette de ne pas l'avoir informé que la revue avait été financée par un bijou capitaliste défiguré et « volé » par une gauchiste militante !

En parallèle de l'aventure de *Libre*, je continuais mon travail de productrice. Pour *Paulina 1880*, je voulais Bo Widerberg, le réalisateur de l'inoubliable *Elvira Madigan*. Il ne me répondit jamais. À l'époque, trop intimidée par les grands talents, je n'insistai pas. Aujourd'hui, j'aurais organisé un sit-in sur son île suédoise afin de l'obliger à me parler ! De plus, j'avais sur les droits une option courte, il fallait accélérer. Je proposai à François Nourissier, très proche de Jouve, d'adapter ensemble le livre avec le metteur en scène que j'avais finalement choisi, Jean-Louis Bertuccelli. Ainsi pourrait-on miser sur le soutien de l'auteur à la sortie, qui ne hurlerait pas à la haute trahison en descendant le film en flammes. Le visionnant avant sa sortie, Pierre Jean Jouve fut flatté et ravi.

Pour nous, orphelins de la révolution printanière avortée, l'été 69 délivra son nouveau lot de déceptions, de nouveaux démentis à nos espoirs irréalistes. Prague et son soulèvement réprimé sauvagement par les chars soviétiques. Au Vietnam, tant de jeunes Américains, blancs, hispaniques et surtout noirs, avaient sacrifié leurs vies pour un régime qui montrait au grand jour sa corruption. Le Dr Martin Luther King Jr. était mort depuis un an. Les idéaux du Che s'étaient cassé la figure. Cuba sombrait dans la répression et les emprisonnements. Le Che demeurerait le héros impertinent d'une jeunesse et, involontairement, celui d'une révolution culturelle, et non pas d'une idéologie mondiale et politique. Mais il répandit le terreau qui vit fleurir un désir de liberté tous azimuts. C'était douloureux de le constater, mais l'honnêteté intellectuelle l'exigeait.

Quant à moi, tout en créant une société de production cinématographique, apportant de ce fait ma propre pierre à l'édifice capitaliste, je conservais l'espoir et les illusions de la possibilité d'un monde meilleur. Je changerai de combats, mais je resterai fidèle à mes choix et mes convictions.

Durant l'été 1969, les hommes posèrent le pied sur la lune. Ce qui fit dire à mon fils : « Maman, tu m'as fait naître trop tard ! J'aurais tant voulu en être ! » Ce mois d'août-là, en Toscane, Janine Bensaïd me présenta à Lucio Magri et Rossana Rossanda, fondateurs du journal italien *Il Manifesto*. Communistes militants élus mais critiques, ils s'étaient retrouvés en dissidence avec le Parti. Lucio et moi sommes tombés très amoureux. Il me faisait rire aux larmes en imitant Alberto Sordi, me fit découvrir les merveilles de cette région, les Thermes de Saturnia, les petits villages médiévaux toscans haut perchés, et même le magnifique Hôtel Pellicano. J'étais étonnée de découvrir la vie militante aussi tapissée de luxe, de raffinement et de beauté. Ça, c'était la spécificité de l'Italie !

Fin août, je le rejoignis chez lui, à Rome, 10, Piazza del Grillo, dans un immeuble XVIIIe, intérieur rose et ocre, escalier de pierre majestueux, avec vue sur le Forum. Il occupait un appartement qu'il partageait avec la fabrication du journal et des camarades de passage. Naïvement, j'avais imaginé m'installer dans un logis ouvrier de la banlieue romaine.

— Je ne pensais pas que le communisme consistait à vivre comme cela, m'étonnai-je.

— Mais, *mia cara*, le communisme, c'est justement le combat pour que tous puissent vivre ainsi, avoir accès à la beauté et à la qualité.

Depuis la fenêtre, on voyait toute l'histoire de la ville, m'expliquait Lucio aux yeux bleus sous des cheveux frisés poivre et sel. Nous contemplions le ciel romain, le Colisée et le Capitole, dans les camaïeux bleu pâle du crépuscule. Il me fit découvrir les trattorias succulentes et les vins italiens puissants et délicieux, dont j'ai gardé le goût. Comme le Sassicaia, inconnu alors. Sa conversation était passionnante. Il m'expliquait la politique italienne et les erreurs du Parti, les raisons pour lesquelles lui et ses amis critiquaient si vertement Enrico Berlinguer et le *Compromis historique*, et comment ils guerroyaient pour réformer le communisme. Je rêvais : tout changement n'était donc pas impossible ! J'ai vécu près de Lucio une relation très heureuse et sereine, mêlant amour, admiration et bonheur tendre. Nous dormions sous le regard d'un portrait de Lénine accroché au-dessus du lit, comme d'autres ont un crucifix. Dès le premier jour, il m'a dit : « Je veux que tu saches que je suis dans une relation type Sartre et Simone de Beauvoir, mais je t'aime et voudrais te revoir, *Amore.* » J'avais eu un début de fou rire, la référence avait un côté comique ! Il avait eu une passion pour une femme remarquable de beauté, de force et d'intelligence politique, une militante journaliste du nom de Luciana Castellina. Elle était partie, dans ce contexte de relations ouvertes, vivre sa vie. Une vraie sororité nous lia. Comme j'eusse aimé avoir une grande sœur comme elle ! Ou, comme

Rossana Rossanda, grande figure politique italienne de la gauche. Belle, brillante, qui dirigeait le *Manifesto*.

Décidément, à travers les sentiers de la vie, je me construisais la famille de mes rêves ! J'étais l'unique « histoire » importante dans la constellation « Sartre/Simone de Beauvoir », me confia Lucio, la seule qu'il ait emmenée à Bergame contempler la maison de son enfance. Il me fit découvrir l'Italie et moi la campagne française... Nous avons fêté mes trente et un ans à San Felice Circeo. Françoise Giroud avait vu juste : arrivée à cet âge-là, ma vie devenait passionnante !

Jamais il n'y eut de nuages entre nous. Seulement ses réunions politiques, à Bari, Turin, ou au fin fond de la péninsule, ne laissaient pas de place à une vie de famille. Ou à une vie à deux avec enfant, jugée par lui, à l'époque, d'une odieuse banalité bourgeoise. Pourtant, c'est sur ma terrasse à l'été 69, qu'il écrivit une critique virulente, « Prague est seule », qui provoquerait sa rupture définitive avec le parti communiste italien.

Durant l'été 1970, nous rendîmes visite à Michèle et Jean Daniel, à Hammamet, en Tunisie, et avons rejoint la bande de *L'Obs* : les Bensaïd et Georges Kiejman, Edgar Morin, encore marié à la belle canadienne Johanne. Les Burguière aussi, et Charles Guetta. Ce charmant mécène marocain du journal, très désireux d'investir dans des activités culturelles et intellectuelles à Paris, me dit alors : « J'ai beaucoup aimé et admiré ton film sur 1936. Si tu démarres un nouveau projet, parle-m'en. » Ce que je fis l'année suivante.

Cet été-là nous étions tous jeunes, heureux et beaux. Emplis de rêves, d'espoirs, de lendemains pleins de promesses, dansant, insouciants, sur *In the Summertime* dans la nuit tiède tunisienne. Rejoints par un Bourguiba Junior, ébloui de tenir dans ses bras la superbe Michèle Daniel, bronzée, toute de blanc vêtue. Ma vie était belle : j'avais un amant de rêve, séduisant, tendre et passionnant, qui rendait l'existence grave tout en la saupoudrant de fantaisie et d'humour. J'admirais infiniment son intelligence, sa capacité d'analyse percutante, son intégrité intransigeante. Mais il n'aurait pas été un beau-père idéal pour mon petit garçon. Pour lui, les enfants étaient quantité négligeable...

Ses qualités l'ont mené à sa fin, en 2011. Devant le constat incontournable que le combat de sa vie n'avait en rien changé son pays, que le communisme avait échoué, y compris dans ses avatars critiques, que Berlusconi avait la faveur populaire, il décida de se rendre en Suisse avaler la potion mortelle que l'on peut obtenir dans un lieu sinistre du Tessin.

En vain, deux mois plus tôt, j'étais allée à Rome dîner une dernière fois avec lui pour tenter de l'en dissuader et le persuader qu'après son beau livre sur le tailleur d'Ulm, il avait encore tant à apporter au monde et à la jeunesse de son pays. Le tailleur d'Ulm, Albert Ludwig Berblinger, voulut, au XIXe siècle, défier la pesanteur. Il se confectionna des ailes et s'élança de treize mètres de haut pour s'écraser lamentablement dans le Danube. Métaphore pour Lucio de ses efforts de réformateur. Homme, poète, rêveur, orgueilleux, rigide et inflexiblement obstiné. Il me manque. Souvent je pense à lui avec tendresse et nostalgie.

Avant ma séparation d'avec Lucio, j'étais repartie dans le tourbillon de mon existence. J'avais un ami fidèle, journaliste anglais en poste à Paris, Richard Evans. Un vrai frère choisi. En janvier 1971, tandis que je travaillais avec Jean-Louis Bertuccelli et François Nourissier au scénario de *Paulina 1880*, « Ricky » m'appela. Il partait en Asie retrouver un groupe de journalistes anglo-saxons, anciens correspondants au Vietnam, pour couvrir la guérilla au Cambodge. Voulais-je les rejoindre à Phnom Penh ? Bien sûr !

Ni une ni deux, puisque mon fils était avec son père en Valais, je fis mon sac et partis pour Bangkok, le Cambodge n'étant plus desservi par aucune ligne aérienne. Une fois sur place, je m'enquis des autres transports possibles. Il y avait bien un bus qui passait tout près d'Angkor Vat, mais les Khmers rouges y avaient organisé l'enlèvement du jeune correspondant Sean Flynn, retrouvé mort. Décidée malgré tout à tenter ma chance, je me rendis à l'ambassade de France.

— Je vous interdis ce voyage, tempêta l'ambassadeur. Je ne veux pas me retrouver avec une autre affaire Debray sur les bras.

— J'y vais quand même, lui dis-je. Je serai de retour dans une douzaine de jours. Immédiatement je viendrai vous avertir de mon retour. Si je ne suis pas revenue, vous saurez où commencer les recherches. Autrement, trouvez-moi un moyen de parvenir jusqu'à Phnom Penh !

Devant ma détermination et en dépit de sa colère, il m'apprit qu'un vol affrété par les Nations unies décollait une fois par semaine, destination Saigon, avec une escale à Phnom Penh.

Auparavant, j'avais soudoyé un jeune pilote américain pour qu'il me donne des informations militaires confidentielles concernant la prise de la ville par les Khmers rouges. J'avais besoin de savoir de combien de jours ou de semaines je disposais sur place avant que la situation ne devienne trop dangereuse.

— Vous ne voudriez pas, en bon chrétien, me refuser de l'aide et avoir ma mort sur la conscience ? le culpabilisai-je.

Rentré de mission dans la nuit, le blondinet rougissant de l'Ohio me téléphona pour me dire que, selon les services de renseignement américains, j'avais environ trois semaines devant moi. Il faudrait finalement quatre ans aux Khmers rouges pour contrôler l'intégralité du pays.

Richard et le célèbre grand reporter de guerre Jon Swain m'attendaient sur le tarmac. Assez impressionnée par ces journalistes vétérans du Vietnam qui quittaient une guerre pour en couvrir une autre, je m'adaptais. Un barbu extravagant, correspondant de Reuters, rêvant d'une retraite à Bali, Robin Mannock, me prit sous son aile :

— Viens prendre un verre avant le dîner, demain on sortira en mission de recherche ensemble.

Robin avait un bar… dans sa baignoire, où macéraient d'immenses touffes de marijuana dans du whisky.

S'armant d'une louche, il puisa et me servit un verre. Le reste du contingent nous rejoignit pour dîner dans un restaurant où il avait fait cuisiner un gâteau... au haschisch. J'allais d'étonnement en étonnement ! Après quoi nous déambulâmes jusque chez Chantal, la meilleure fumerie d'opium de la ville. Le cérémonial me plut. Vêtus de pagnes, allongés sur des nattes dans la pénombre, il fallait d'abord s'initier au rituel de la préparation des pipes. Une senteur délicieusement caramélisée dès la première bouffée m'irrigua de la sensation apaisante de ne plus avoir de corps. Douleurs et tensions disparurent. Comme il était facile de devenir accro !

Un soir, on entendit des coups de feu.

— Vite, un taxi, il nous faut rentrer, ce doit être les Khmers rouges, partons !

Jon Swain avait pris la direction des opérations.

— Ah non, laisse-moi ici, qu'ils viennent m'achever, cela m'est égal, tout m'est égal, déclarais-je alors, en plein délire opiacé.

Ricky et lui ont dû me porter à moitié endormie dans le taxi. Je compris là comment ces hommes aguerris avaient besoin de cette béquille d'indifférence pour traverser la peur, l'horreur et le stress continu de leur quotidien, fait de violence et de mort.

Chaque matin, à peine dégrisés, nous allions assister au débriefing officiel du général Am Rong, surnommé « *I am wrong* », pensum obligatoire, puis, deux par deux, nous partions sur les routes vers le Mékong et les villages alentour pour glaner des informations sur l'avancée de la guérilla. Robin me donna des consignes :

— Si on nous tire dessus, tu ouvres la portière et roules dans le caniveau.

Un matin, on entendit une balle effleurer la carrosserie.

— J'ouvre ?

— Non, répliqua mon collègue barbu. J'accélère, c'est un tireur solitaire.

Pas très rassurant tout de même !

Une seule autre femme faisait partie de notre troupe intrépide : Kate Webb, grand reporter de *United Press International.* Elle fut capturée par les Khmers lors d'une mission de reconnaissance photos. Lorsque le soir elle n'était pas réapparue, nous l'avions crue morte. Quel ne fut pas notre soulagement de la voir arriver à pied, très amaigrie, trois semaines plus tard. Miraculeusement libérée.

Je rapportai pour *Le Nouvel Obs* un papier dont j'étais fière, un sentiment que je n'éprouve que rarement. Mais pour une fois, je le fus, d'autant plus que la rédaction le choisit à la place de celui de Jean Lacouture rédigé depuis Paris. Cependant, une fois de plus, je finis par m'interdire de suivre cette route passionnante qui s'ouvrait devant moi. *Paris Match* cherchait quelqu'un pour accompagner Jean-Claude Sauer, qui se rendait clandestinement sur les bords du Jourdain, un autre me proposa d'aller au Darfour… Mais la mésaventure de Kate m'avait fort refroidie. J'avais un petit garçon adoré à la maison qui avait besoin de moi vivante, et moi, je voulais le voir grandir. Aventureuse et curieuse comme je suis, j'y serais sûrement restée…

La vie est jalonnée de pochettes-surprises. En juin 1971, Charles Guetta avait tenu promesse et proposa d'investir 100 millions de francs de l'époque dans le budget, qui en comptait 500, de *Paulina 1880*, dont le tournage débuterait en août. Mais le 10 juillet, Charles fut la première victime du carnage de la tentative de coup d'État de Skhirat, à l'anniversaire du roi du Maroc. J'étais bouleversée. Charles était un ami généreux et rare.

Pour le film, il faudrait se débrouiller sans cet énorme apport. J'avais recontacté Georges Casati. Je craignais qu'il refuse car on lui proposait en même temps le film de Bertolucci, *Le Dernier Tango à Paris*. Devant une limonade aux studios de Boulogne, à mon immense soulagement, il accepta ! Je n'avais pas percuté qu'il avait déjà un grand faible pour ma personne... Il devint mon confident, un complice, appui loyal, et me fit la cour. Il m'initia au jargon, à la technique d'un film d'époque. C'est grâce à lui que j'appris les ficelles d'un tournage, les trucs, les truquages et les chausse-trapes aussi. D'origine italienne, souvent en blouson noir et lunettes sombres, il maintenait ses équipes dans une certaine crainte, et, d'une main de fer, gérait le budget au centime près. Féroce avec les menteurs et les arnaqueurs, il était généreux, très humain et pétri d'humour en privé. Dr Jekyll et Mr Hyde. Les équipes le détestaient ou, à l'inverse, l'adoraient inconditionnellement. J'admirais et appréciais de plus en plus la personnalité de Georges. Homme séduisant, lunettes perchées sur son nez romain, cheveux noirs bouclés, toujours de bonne humeur et rigolard, il savait transformer chaque obstacle en énigme à résoudre. J'aimais aussi sa famille : ses parents étaient professeurs d'université, anciens résistants communistes. Son frère était à la FAO. Sa sœur, Madeleine, mariée à un polytechnicien adepte du yoga, Jean Viaud, était une militante dévouée du parti socialiste. J'avais toute confiance en Georges. Il protégeait farouchement mes intérêts. N'est-ce pas cela la quintessence de l'amour conjugal ? Une profonde confiance en l'autre, une protection mutuelle contre les attaques extérieures. La construction d'un lien qui, avec les années, se renforce et grandit comme le tronc d'arbres séculaires.

Je me reposais donc avec amour et tendresse sur lui, non seulement pour ma carrière, mais dans tous les autres domaines de la vie. François-Xavier l'avait totalement adopté ; il était très attentionné à son égard. Beau-père accompli, Georges n'a jamais cherché à remplacer son père, mais s'est positionné en grand frère protecteur et éducateur. Je lui confiai un jour mon anxiété de voir ma relation avec mon fils devenir trop fusionnelle :

— Tu comprends, je me suis vue l'autre soir, dînant aux chandelles dans un restau parisien avec ce ravissant petit garçon blond et élégant de neuf ans, dans un costume de velours noir, et l'angoisse m'a saisie.

— Pourquoi ?

— On avait l'air d'un couple d'amoureux, en tête à tête, si tendres l'un avec l'autre. Il me faut lui créer une famille avec des parents aimants et l'enfant à sa place d'enfant, lui permettant de se développer en toute liberté affective.

— J'ai en horreur les bébés criards, mais celui-ci, déjà grand, je l'adore. On se marie ? me proposa-t-il.

Ce que nous fîmes en octobre 1971.

Le tournage de *Paulina* commença ce même été sur les rives du lac de Côme. Chaque jour, sur le plateau, je continuais à apprendre mon nouveau métier. Georges, exaspéré par le décorateur Emilio, fidèle collaborateur de Visconti, piquait des colères retentissantes. « Non, non, ce n'est pas l'esprit de la chose », roucoulait Emilio avec son accent italien inimitable. Dissimulant un fou rire, je venais apaiser l'atmosphère et trouver un compromis avec la complicité de l'assistant-réalisateur Giorgio Treves, devenu depuis un metteur en scène reconnu. Niko Papatakis, mari de l'actrice grecque Olga Karlatos qui interprétait Paulina, faisait répéter les scènes du lendemain à sa femme. Nous l'entendions, à travers les parois mal isolées de nos chambres d'hôtel, éradiquer les directives toutes en nuances de Bertuccelli. Ayant averti le metteur en scène et m'étant opposée à Papatakis, celui-ci vint m'agresser pendant le déjeuner. Je hurlai encore plus fort et menaçai de renverser la table et les plats sur lui. Nous réussîmes à nous calmer, mais l'atmosphère restait tendue. Paisibles en revanche étaient les présences de Michel Bouquet et Maximilien Schell, acteurs talentueux et zen. Samy Frey passait, sombre et mystérieux. Le film, très beau mais pas suffisamment passionné et sensuel à mon goût, sortit sur les écrans en 1972.

Bien que Georges, après la mort de Charles Guetta, eût allégé le plan de travail, je n'avais pas couvert mon budget. J'allai voir la banque, où j'avais, selon l'usage, escompté mes contrats de distribution des Artistes Associés et les quelques ventes à l'étranger. Je demandai un découvert jusqu'à la sortie du film. Pour un film de sa catégorie, il avait bien marché, mais pas pour ce qu'il avait coûté. Au moins, l'auteur, Pierre Jean Jouve, à qui je vouais un culte dans la littérature française, était enchanté. Pour combler les trous et faire patienter la banque en lui payant des intérêts, je vendis les quelques objets venant de ma grand-mère : des cadeaux d'anniversaire d'argenterie, des petits bracelets en or et des boucles d'oreilles rescapés de la vente de Casablanca.

Mais, au point où j'en étais, je devais soit fermer boutique à peine l'aventure commencée, soit, pour me refaire, produire tout de suite un film qui ferait ma fortune. Je compris ce jour-là que je n'avais pas l'âme d'une joueuse de casino, comme certains confrères, et que plus jamais je ne me mettrais en danger financièrement. Que si, à l'avenir, je gagnais beaucoup, j'engrangerais mes gains et ne ferais que des films aux budgets couverts, quitte à gagner moins que ceux qui risquaient leurs propres fonds à découvert. Que le cinéma était une OPM, *Other People's Money* (avec l'argent des autres). Je n'ai plus, tout au long de ma carrière, joué à la roulette.

En attendant, il y avait urgence à me renflouer et payer mes dettes. Les Français aimaient rire. Mon idée : trouver une comédie peu coûteuse, avec des acteurs peu payés, donc inconnus, mais par conséquent pas vendables… Ce qui revenait à persuader le banquier d'augmenter mon découvert sans garanties. Je décidai donc de prendre un tout dernier risque pour soit tout perdre, soit tout gagner…

Frénétiquement je cherchais un scénario. Un soir, mon attachée de presse, Arlette Desgranges, m'appela. Il pleuvait, je faisais dîner François. Je n'avais aucune envie de sortir. « Il faut que tu viennes tout de suite. Un jeune journaliste a fait un court-métrage pour Claude Berri, qu'il projette dans une demi-heure. C'est très drôle, et il a un scénario encore plus drôle mais dont Berri ne veut pas parce que les acteurs ne sont que des adolescents. » Je voulais réussir, il me fallait me faire violence. Je traversai la Seine et me précipitai voir *Les Tribulations de l'élève Mikowski*, de Pascal Thomas, déjà impertinent, hirsute, aux lunettes d'acier, bafouillant à travers une barbe inexistante.

Je lus tard dans la nuit, hurlant de rire, *Frédéric et François sur plusieurs coups à la fois*, qui deviendrait *Les Zozos*. La profession n'y croyait pas et me regardait avec commisération. Ce fut un tel succès, grâce au bouche-à-oreille, que je remboursai mes dettes, engrangeai le surplus et encaissai un très gros paquet du Fonds de soutien au cinéma, sorte de taxe redistribuée au producteur selon les places vendues, à réinvestir dans un ou plusieurs nouveaux films. Banco !

L'Euro internationale, distributeur italien, me proposa 20 millions de francs en achat ferme. Je refusai, convaincue que ce n'était pas assez pour ce film à la portée générationnelle. Je tenais à participer aux bénéfices. « Vous êtes folle, c'est une très belle offre pour un film sans acteurs ! » essaya de me persuader Pierre Laurent, mon nouveau directeur de production, qui m'épaulerait plus de dix ans. Georges, maintenant mon mari, était parti diriger la société du producteur montant, André Genovese, où on lui proposait un pont d'or qu'il n'avait pu refuser. Je prospectai les sociétés importantes pour aller négocier en personne en Italie.

Un jour de 1972 je débarquai à Rome, bien décidée à conclure une excellente affaire avec la société Rizzoli. J'annonçai d'emblée que je voulais 50 % des bénéfices après remboursement des frais contrôlés par Albina Productions. Mon culot de jeune débutante fit rire les vieux pontes, qui acceptèrent. « Je voudrais aussi un à-valoir, pour preuve de votre intérêt réel pour mes *Zozos*. Vingt millions. »

Ils m'en accordèrent dix.

Après l'immense succès de ces *Zozos* en Italie, Andrea Rizzoli m'adopta comme mascotte. D'emblée, il m'achètera tout film que je lui proposerai pour le distribuer en Italie, en Amérique latine et dans quelques autres territoires. Son directeur des productions et distribution, Fulvio Frizzi, développa passion et admiration à mon égard. J'étais, de mon côté, débordante de gratitude, éblouie autant que bluffée par son génie du marketing : Rome avait été couverte de banderoles « à dix-sept ans nous étions tous des Zozos ». Albina Productions gagna en Italie le double de ce que le succès du film avait rapporté en France !

Avec ces gains, j'achetai un appartement cours Albert-Ier, sur la Seine. Il y a des circonstances où être une femme jeune et jolie pouvait aider, je l'admets. Mais, la plupart du temps, dans le cinéma des années 1970 et 1980, nous étions considérées d'emblée soit comme « consommables », soit implicitement priées de rester dans notre niche « Art et Essai », ou à la rigueur « comédies romantiques ». Si bien que, quelques films d'auteur plus tard, lorsque je m'attaquerai à des sujets et des castings de films d'hommes, je rencontrerai souvent une forte opposition ou des railleries de la part de mes confrères. « Ôte-toi de là, chasse gardée ! » Il me faudrait sortir le même arsenal de défense que la partie adverse : agressivité et quelques grossièretés.

Je me rappelle une prise de bec d'une rare violence avec Serge Silberman, où je finis par devenir cruelle et injurieuse. Ou d'un échange très dur avec Georges Dancigers, pour qui j'avais par ailleurs admiration et sympathie. « Oui, Georges, vous êtes un grand producteur, et moi une néophyte. Seulement, la différence, c'est que j'ai gloire et carrière devant moi, tandis que vous, vous arrivez au bout de votre temps et ne pouvez vous gargariser qu'en regardant en arrière. » Il fit encore de beaux films dans sa vie, certes, mais, sur le moment, ma sortie lui cloua le bec.

En attendant, avec mon énorme fonds de soutien, je fis pendant deux ans une demi-douzaine de premiers films ou de films d'auteur, toujours à la recherche de talents enfouis. Parmi eux, *Belle* d'André Delvaux, qui représenta la Belgique à Cannes, *Charlie et ses deux nénettes* de Joël Séria. Aussi, *La Chute d'un corps* de Michel Polac, avec le merveilleusement taquin Daniel Ceccaldi et Marthe Keller, qui devint une camarade proche. Puis *France Société Anonyme*, premier film d'Alain Corneau, que j'avais accepté de produire à condition qu'il me garantisse par contrat un deuxième film – j'avais retenu la leçon de Pascal Thomas, toujours à court d'argent, auquel Claude Berri, contemplant à regret le succès des *Zozos*, avait immédiatement signé trois films dans la foulée de notre succès.

Je pouvais produire ce qui me plaisait grâce au fonds de soutien et des amis tels Maurice Bernard et Jean-François Gobbi, qui cherchaient à entrer comme coproducteurs dans le cinéma. Mes films étaient toujours couverts. De ce fait, je me trouvais victime d'une rumeur totalement injuste : je me faisais prétendument plaisir en dilapidant l'héritage de ma mère. Or il n'en était rien, puisque j'avais laissé mon père s'approprier le pactole et que pour rien au monde je ne lui aurais demandé un sou. Je ne dus mes succès à venir qu'à mon travail et à ma perspicacité.

Concilier les inconciliables : impératifs artistiques et budgétaires. Proposer des acteurs qui assurent ce financement mais apportent un plus aux personnages. Marier l'art et l'industrie, y compris contre le gré des créateurs quand c'est pour le bien du film. Mon suivant, *L'important c'est d'aimer*, en 1974, en sera un festival.

Parfois, j'arrivais in extremis, le soir, pour coucher François dans la petite maison du Mesnil-Saint-Denis, à côté de Trappes, où nous habitions. Fin 1969, j'avais quitté Paris pour louer cette bicoque biscornue au milieu des champs, au lieu-dit « Le Pommeret ». François était enchanté. Bruno nous avait donné des chiens-loups, Zegen et Zera, et j'avais ramené du Valais un bébé saint-bernard, Whisky. Des chattes et leurs portées parcouraient la maison et le grand jardin. Sur un petit étang flottaient des canards et deux cygnes. « Maman ! hurla François un matin. Un des cygnes a cassé la patte d'Hervé ! » – son canard blanc favori. Visite éclair chez le vétérinaire. Hervé, revenu plâtré, mis à l'abri, fut nourri à la cuillère par François.

L'école du village se trouvait dans un joli petit château sur la colline, entouré de douves. Les enfants du Pommeret traversaient la forêt pour y grimper. Philippe, le fils du garde champêtre, Alain et Bernard Useglio, les garçons du garagiste. Corinne et Laurent, les enfants d'un ébéniste et peintre du hameau voisin, Lévi Saint Nom, composaient la bande des copains, auxquels venait s'ajouter un petit Parisien, Éric, dont la mère habitait dans les champs pour monter à cheval. Sa passion. La mienne aussi. Les samedis et dimanches, je montais *Lancier*, un grand alezan polonais de l'armée suisse que Perron, le grand-père Bagnoud, m'avait offert. Les enfants, pendant ce temps, faisaient du vélo cross, jouaient avec les chiens ou grimpaient sur le tracteur de *Tonton Maurice*, l'oncle des Useglio.

Une enfance bucolique pour François, de nature et de plaisirs simples, tout ce à quoi je l'avais involontairement soustrait par mon divorce, mais que j'avais recréé ici, dans les Yvelines. Avec, désormais, la présence essentielle de Georges Casati, beau-père idéal. Mon meilleur ami, mon pilier et mon fiable soutien. Nous étions heureux, j'étais heureuse. J'en savourais chaque instant, quand je rentrais à cheval, au pas, dans le silence tranquille de la nuit tombante. À travers la brume du soir, je regardais les paisibles toits du hameau, dont dépassait le clocher de l'église, les sabots du cheval marquant le rythme sur le bitume de la route de la forêt de Dampierre. Je me voyais au centre d'une boussole : le Nord étant mon fils, les trois autres points cardinaux occupés par mon inconditionnel mari, mon père souvent absent mais désormais attentif, et enfin mon semi-patron chez Rizzoli, Fluvio Frizzi, admirateur passionnément romantique. Jeune femme protégée et aimée par ses hommes « aficionados », mais peut-être pas encore adulte. Épargnée des souffrances de passions érotiques. On ne peut pas tout avoir. J'étais épanouie dans ce doux paradis enfantin partagé avec mon François-Xavier.

Néanmoins, brisant cette atmosphère paisible, un soir au dîner, François raconta que Nicolas, son copain des cours de musique de la Maison des Jeunes locale où il apprenait la flûte, avait un problème : « Il ne sait plus où piquer dans son bras qui est tout violet, Maman. » La petite bande du Pommeret s'était liée avec des enfants vivant dans les barres HLM voisines, surnommées « Chicago », en référence à la violence et à la criminalité qui sévissaient alors dans cette mégapole américaine. Je pris conscience avec effroi que notre havre de paix sur les collines champêtres voisinait en effet avec une ville bien moins paisible : Trappes. Rapidement, j'incitai la professeure de musique à venir chez nous le samedi, afin que les enfants du hameau puissent apprendre piano, violon et flûte sans être tentés par la découverte de la drogue. Qu'elle fût douce ou dure...

Avant mon remariage avec Georges, François, installé dans cette campagne où il était très heureux et qu'il refusait de quitter pour Paris, allait en classe après notre petit-déjeuner, et je partais travailler rue du Bac, devenu mon bureau. J'en revenais tous les soirs. C'était assez fatigant ! Georges me proposa que nous dînions en ville afin de rentrer quand le trafic serait plus fluide. « Ah non, on rentre tous les soirs pour dîner avec François-Xavier. » Adorable comme toujours, il résuma gentiment en souriant : « Alors, si je comprends bien, nous vivons à l'heure FX ? » Et ce fut toujours ainsi. Cela n'incitait pas au « réseautage », mais je n'aimais déjà pas les relations forcées, je préférais l'amitié chaleureuse, réciproque et sincère.

Depuis que j'avais épousé Georges et que j'avais fait mes premiers pas de chef d'entreprise, j'avais mis en « stand-by » mes camarades gauchistes et mes désirs de révolution. En 1972, je quittai définitivement ces groupuscules, car j'en savais beaucoup, trop peut-être.

Célibataire, j'avais hébergé des Tupamaros de passage à Paris, des collaborateurs de *Libre*, comme Theodoro Petkoff, l'économiste guérillero vénézuélien. D'autres dissidents, d'Asie ou d'ailleurs, envoyés par des camarades, de moi inconnus, que je repérais de plus en plus violents dans leurs volontés d'actions révolutionnaires.

À New York, presque tous les Black Panthers que j'avais fréquentés, les trouvant paranos lorsque dans un crissement de pneus nous esquivions la police à travers Harlem, furent éliminés brutalement. Un jour, un camarade militant, ayant appris que mon père avait des hôtels en Suisse, me conjura de signer de son nom une demande de visa touristique en vue d'études hôtelières dans un pays d'Asie… Cela commençait à sentir le roussi ! Je n'allais pas compromettre mon pauvre père, résistant gaulliste certes, mais nullement gauchiste de choc. Un choix définitif s'imposa lors d'une grande réunion internationale où étaient présents les Brigades rouges, la Fraction Armée rouge, les Tupamaros, quelques éléments de la Bande à Baader, des membres du Polisario et les Palestiniens, entre autres. La discussion tourna autour d'attentats possibles, de stratégies dans ce sens. J'étais au milieu d'une Internationale terroriste. Adepte de la guérilla, oui, de la prise de pouvoir révolutionnaire type Cuba aussi, mais je n'avais nullement l'intention de prendre part à des actions visant à tuer au hasard des civils innocents.

J'écrivais encore, dans *Politique Hebdo*, des papiers corrosifs contre le tigre de papier Gringo, et je faisais interviewer Marcuse par Jean-Pierre Catherine pour le plaisir d'un document inédit. Mais j'étais entrée en capitalisme avec mon entreprise cinématographique, qui plus est mariée avec Georges Casati, je m'insérais de plus en plus dans une vie dite « bourgeoise ». Cet échiquier de contradictions devenait ingérable. Alors exit !

Je n'abandonnai pas le combat pour autant. D'autres façons de contribuer à changer le monde se profilaient. Médecins sans frontières voyait le jour, derrière Bernard Kouchner en tête de file, avec Max Récamier et Patrick Aeberhard. Ce projet m'enthousiasma immédiatement. Porter ses compétences, en l'occurrence médicales et son engagement, directement au service des populations en détresse, des victimes, sans discrimination politique, répondre à leur demande, dénoncer les abus de leurs droits, abus trop souvent cautionnés par la Croix-Rouge internationale, porter secours, protéger, intervenir à la racine du mal, faire de la résistance, changer les lois, tout cela était pour moi de la politique mise en action. Sans passer par les partis ou les dogmes.

Je connaissais Bernard de vue. Du temps de l'Odéon en 1968, des manifs où il était en tête de cortège. Nous sommes devenus, à l'occasion de mon adhésion à MSF, des amis extrêmement proches, et nous le sommes restés. Liés par les mêmes combats, les mêmes rêves, nous passions des heures à refaire le monde, à imaginer des stratégies. J'essayais de sensibiliser mes amis du spectacle à notre démarche pour récolter des fonds. Je devins avec le temps, comme on disait au parti communiste, « compagne de route » de Médecins sans frontières. Mais je ne trouvais jamais le temps de partir en mission : chaque opportunité de participer tombait pendant la période sacrée de mes vacances avec FX. Cependant, cette démarche, dans son parti pris de défendre les droits humains, prolongeait mes propres engagements politiques.

Au début des années 1970 commençait en même temps à pointer, sur la côte ouest américaine, une nouvelle inquiétude, tant philosophique que scientifique : comment assurer la pérennité de cette vie si miraculeuse sur notre planète ? Nous étions alertés par des penseurs comme Gregory Bateson, Buckminster Fuller, en Californie, sur la fragilité de notre petit vaisseau Terre. En 1974, E. F. Schumacher publia *Small is beautiful*. Déjà, dix ans plus tôt, en 1962, Rachel Carlson avait écrit *Printemps silencieux*. Il paraissait désormais évident que produire et consommer toujours plus sur une planète aux ressources limitées nous mènerait à notre perte. Cette menace fut relayée en France par René Dumont puis Brice Lalonde, via leur association Les Amis de la Terre. Ces veilleurs nous mettaient en garde contre l'impact dévastateur d'une production industrielle sans autre considération que le profit à tout prix, sur la violence des interventions humaines gloutonnes et leurs conséquences sur notre fragile écosystème. À quoi bon, dès lors, lutter pour une théorie politique ou une autre si notre habitat, lieu de ces joutes, était menacé de destruction ?

Il était très urgent, de mon point de vue, de militer pour l'écologie. Il me semblait logique d'articuler ce combat avec celui de MSF, dont le parti pris de défense des droits humains convergeait avec le droit à la vie des écologistes. J'imaginais un rapprochement entre ces derniers et Médecins sans frontières. Brice et Bernard se connaissaient depuis Mai-68, cependant je les emmenai déjeuner pour voir s'ils pouvaient unir leurs forces. À l'époque, chacun avait son agenda et voyait midi à sa porte. Il était trop tôt.

Productrice de films, maintenant très reconnue, je ne voulais pas pour autant abandonner complètement ma vraie passion, le journalisme. En 1972, je retrouvai Ricky Evans sur la côte est américaine, dans le bus des démocrates, pour couvrir la campagne présidentielle du vice-président pressenti par le candidat George McGovern : Sargent Shriver, dit « Sarge ». Mari d'Eunice, sœur aînée de JFK, femme d'exception, animal politique qui aurait pu prétendre à la présidence. Leur fils, Bobby, devint un proche de FX et de moi-même. Je renouai aussi avec David Karr et sa femme Michette, aperçus à Paris. David, personnage brillantissime et mystérieux, jouait les entremetteurs entre la Russie et la famille Shriver, persuadé que le meilleur remède à la guerre froide était les affaires. Il organisait des rencontres discrètes entre Sarge Shriver et Léonid Brejnev et des liens commerciaux s'établissaient. Après l'affaire des missiles cubains entre Kennedy et Khrouchtchev, quel progrès !

Quelques années plus tard, un jour que je voyageais en Californie pour le cinéma, David Karr fit en sorte que je passe le vol LA-Sacramento à côté de Jerry Brown, gouverneur de Californie et écologiste visionnaire. David souhaitait que Jerry Brown soit reconnu en Europe, notamment en France, et voulait que j'écrive sur l'homme et sa politique novatrice. J'acceptai, et c'est *Le Nouvel Obs* qui publia mon papier. J'écrivis par la suite d'autres articles sur le gouverneur Brown. Homme politique précurseur, il avait anticipé comment la côte ouest et le pourtour du Pacifique allaient devenir le centre du monde de demain. Il avait aussi prévu la prépondérance économique de la Chine. Nous sommes devenus camarades de combat lors d'un dîner en tête à tête aux échanges futuristes qui se prolongea tard dans la nuit.

Férue d'écologie et soucieuse d'y apporter ma contribution, j'écrivais aussi pour *Le Sauvage*. Cette publication écologiste fort intéressante de Claude Perdriel, déjà propriétaire du *Nouvel Observateur*, était dirigée par Alain Hervé, qui deviendrait mon complice en écologie et s'avérerait collapsologue avant l'heure, une Cassandre bien déprimante. J'aurais tant aimé mener en parallèle ma carrière de productrice et celle de journaliste. Mais je jonglais déjà entre ma vie familiale et une carrière en pleine ascension. C'était trop pour moi. Je mis en sourdine le journalisme.

En 1973-1974, Patrice Chéreau, metteur en scène de théâtre, avait écrit avec Jean-Claude Carrière un film tiré du roman policier de James Hadley Chase, *La Chair de l'orchidée*. Romy Schneider en avait accepté le rôle principal. L'agent de Patrice, Georges Baume, me le proposa en production. Petit farfadet bedonnant à lunettes, Georges était un être délicieusement cultivé. Un proche dont je porte encore la chemise verte qu'il me donna à Cannes, se déshabillant en pleine Croisette pendant le Festival parce que j'avais froid ! J'admirais le talent de Chéreau comme celui de Carrière. Je signai donc le contrat de Romy et les autres, ce qu'on appelle le « package ». J'avais aimé le roman, et, comme chaque fois que je lis un livre pour l'adapter au cinéma, j'y vois les plans du film. Je l'imaginais plus dans l'action, plus policier, moins artistique sûrement, moins symbolique que ce qu'en avaient fait Chéreau et Carrière. Mais le duo était arrivé à la fin du scénario. Hors de question d'y retoucher.

Georges Casati, revenu d'Italie et désormais free-lance, avait la nostalgie du terrain. Il partit en repérages avec Patrice Chéreau dont c'était le premier film. Issu du théâtre, il avait les mêmes désidératas que moi pour *Paulina* : tourner dans des villes différentes ce que l'on pouvait regrouper en un seul lieu ! Une nuit, Georges Baume m'appela de Rome pour m'apprendre que Casati avait manqué étrangler son poulain Patrice ! Excédé des caprices du metteur en scène, débutant en cinéma, Georges voulait quitter les repérages. Je décidai de renoncer à le produire. Je téléphonai à Jean-Louis Livi, le grand agent d'Artmedia, qui me conseilla de dégoupiller moi-même cette grenade à destination de Romy. Après une discussion houleuse, celle-ci, furieuse, m'injuria :

— Comment peux-tu faire cela à un metteur en scène aussi génial ?

Je lançai un scud :

— Relis le scénario, tu verras que tu as un rôle de pot de fleurs. Fort belle, oui, mais sans scènes substantielles.

Jean-Louis Livi m'appela le lendemain pour m'avertir que Romy acceptait d'abandonner le film à condition que je lui retrouve un rôle dans l'année.

Je trouvai un repreneur pour ce film : Vincent Malle. Au grand soulagement de François-Xavier : Patrice fumait cigarette sur cigarette, prenant notre voiture pour un cendrier. En bon Helvète, FX trouvait que ce jeune homme, sympathique par ailleurs, était fort sale ! Je devais maintenant partir à la recherche d'un projet pour Romy. C'est en lisant un scénario pour elle que les chaises musicales du cinéma me firent productrice de ce qui deviendra *L'important c'est d'aimer*, d'Andrzej Zulawski, en 1974.

La complicité amicale de Jean-Louis Livi, l'agent de Romy, fut déterminante. Elle avait signé pour un film s'appelant *La Nuit américaine*, tiré du roman de Christopher Frank. Titre inutilisable, Truffaut l'ayant préalablement attribué à son propre film. Or le producteur américain ne réussissait pas à monter l'affaire et Jean-Louis cherchait à faire racheter le projet. J'avais trouvé intelligent et beau le précédent film d'Andrzej, *La Troisième Partie de la nuit*, tourné en Pologne, patrie du metteur en scène. Engagé là pour *La Nuit américaine* par le producteur Léo Fuchs. J'acceptai donc de signer. Je rachetai le film, obligée de trouver un contrat pour Romy en remplacement de celui que j'avais annulé pour *La Chair de l'orchidée*.

Faire tourner à Zulawski une histoire d'amour en France était un sacré pari ! Mais la présence de Romy contrebalançait le risque. Je proposai Jacques Dutronc pour jouer le mari suicidaire de « Nadine ». Il avait été époustouflant dans le film de Jean-Marie Périer *Antoine et Sébastien*. Son allure désinvolte et ses yeux de cocker triste lui donnaient cet air discrètement désespéré indispensable au personnage. Romy apportait d'emblée une coproduction allemande. Restait à trouver un rôle important pour l'Italie. Rizzoli et moi tombâmes d'accord sur Fabio Testi. J'avais auparavant sollicité Alain Delon, ce qui nous aurait permis de nous passer de coproduction italienne, mais il ne voulait pas tourner avec Romy.

Racheter ce scénario ne fut pas une mince affaire. Léo Fuchs, propriétaire des droits, discuta âprement pendant près de six heures. Pour en finir, j'usais d'un stratagème de dernier recours : roulant du canapé sur le sol, je me tordis en criant que je n'en pouvais plus, que je laissais tout tomber. Fuchs avait besoin d'argent, les auteurs ne voulaient pas de lui, et les acheteurs ne se bousculaient pas au portillon. L'affaire fut conclue.

Andrzej Zulawski, slave insondable, extrêmement cultivé et intelligent, était redoutable et charmeur. Une fois la préparation terminée et les acteurs des autres rôles engagés, tels Klaus Kinski et Claude Dauphin, le tournage débuta. Georges Casati, dès la première semaine, m'alerta : « Ton metteur en scène tourne bien plus de trois minutes utiles par jour. À ce rythme-là, tu vas te retrouver avec un film de plus de deux heures et demie, dont forcément une heure au moins va tomber sur le sol de la salle de montage. »

Mes contrats de distribution stipulant tous un film d'une heure trente, nous complotâmes donc pour arrêter une hémorragie financière inutile et éviter une bataille âpre après tournage, Andrzej voulant, nous en étions certains, garder toutes les prises de cette heure en trop. Toujours ce « droit moral de l'auteur » de la loi française... C'était le défaut de son beau premier film, *La Troisième Partie de la nuit* : trois heures, dont des longueurs inutiles.

Assis dans le jardin tout le week-end, nous nous sommes attaqués au montage idéal. Je pris le scénario et suggérai des scènes à couper. Je jugeai du déroulé de l'histoire, de sa dramaturgie. Georges avait fait l'IDHEC et passé des années comme assistant metteur en scène. Il donna son avis technique et reformata le plan de travail en conséquence. Nous mettions en fin de plan toutes les scènes qui devraient se voir supprimées, minutant chacune selon le rythme de tournage de Zulawski. Cela obligeait parfois à ne pas tourner à la suite toutes les scènes d'un même décor : on tournerait dans un lieu durant trois jours, puis trois semaines plus tard on y reviendrait pour deux jours. Nous arrivâmes à un film d'une heure et quarante-neuf minutes, durée que je me sentais capable de défendre auprès des acheteurs.

Arrivant le matin du dernier jour sur le plateau, j'annonçai : « Anje, c'est la fin du tournage aujourd'hui.

Il n'y a plus d'argent. » Pour calmer la colère des créateurs et des acteurs, il est indispensable d'avoir le soutien d'agents intelligents. Jean-Louis Livi, en particulier, qui savait si bien parler à Romy, me fut d'un grand secours ! Elle était déjà passablement déstabilisée par son flirt avorté avec Jacques Dutronc, séducteur et tentateur, mais solidement amarré à Françoise Hardy. Il n'est pas exclu cependant que ce désespoir amoureux eût servi le rôle et le film : Romy, immense comédienne, précisément parce qu'elle abritait des abîmes de souffrance, m'attendrissait profondément. Par ailleurs, elle pouvait aussi m'exaspérer. Je me désolais de la voir descendre champagne et vin blanc sur les tournages, rouge aux repas. Elle abîmait son si beau visage. Nous avions de violentes prises de bec au téléphone. Dans les moments de crise, je recevais des billets gribouillés au feutre vert, postés ou glissés sous ma porte. D'autres fois, nous allions dîner en tête à tête, amies intimes. Je l'aimais beaucoup. D'elle, j'ai conservé une carte postale touchante de Berlin, écrite à l'encre verte, m'y racontant le bonheur d'y être avec son fils David.

Le film, accompagné d'une magnifique musique de Georges Delerue, fut un colossal succès. Et valut à Romy un César. Trouver un titre avait encore été une tragédie grecque. Christopher et Andrzej déboulèrent un jour dans mon bureau :

— On a trouvé : *La Merci.*

— Quoi ? Pas question ! Je ne vois pas du tout le rapport avec l'histoire. Il faut trouver autre chose, répondis-je sans appel.

Le lendemain, je déjeunais avec mon tant regretté et admiré Romain Gary. Je n'ai pas assez profité de son amitié ni du faible qu'il avait pour moi, car il était à mes yeux l'ami et collègue pilote de mon oncle Maurice, c'eût été un peu incestueux ! Parce qu'il était « de la famille », je me confiai à lui :

— Romain, j'ai un problème de titre pour mon film. Les auteurs veulent l'appeler *La Merci*. Vous qui avez de si beaux titres poétiques pour vos livres, aidez-moi, s'il vous plaît !

— Que raconte ton histoire ?

— C'est une femme qui aime passionnément un homme, et pour elle, ce qui est important…

Il m'interrompit :

— Appelle cela *L'important, c'est d'aimer*.

Quel beau cadeau, Romain !

Hurlements indignés de Zulawski tandis qu'il dévalait les quatre étages depuis mon bureau.

— Jamais, dans ma filmographie, je ne voudrais d'un film qui s'appelle ainsi !

Penchée par-dessus la balustrade, je vociférai aussi, pas très élégamment :

— Pauvre con ! Quand tu verras le public faire la queue pour voir *L'important c'est d'aimer*, tu seras ravi de ce titre !

Ce qui arriva. Le succès critique fut à la hauteur du succès commercial, en France et à l'étranger. Mais nous étions fâchés, Andrzej et moi. Christopher, lui, s'en remit rapidement. Je produisis un joli film poétique avec Miou-Miou, Bruno Cremer et Claude Brasseur, qu'il mit en scène – tiré de son roman, *Josepha*. Des années plus tard, en 1993, recevant la Légion d'honneur des mains de Bernard Kouchner, j'invitai Andrzej et Sophie Marceau. Ils étaient à un moment difficile de leur relation et

Bernard avait fait un discours très émouvant, parlant beaucoup d'amour. Sophie et Zulawski s'approchèrent pour m'embrasser. J'ouvris grands les bras et dis à Andrzej : « Tu vois, Anje, que l'important, c'est d'aimer !! » Fondant tous deux en larmes, nous nous sommes étreints. Longuement.

En 1974, j'avais tanné Alain Corneau qui me devait un film. Avec Daniel Boulanger, il écrivit *Police Python 357*. Une trame policière inhabituelle. Tourné avec Simone Signoret, Yves Montand, François Périer et Stefania Sandrelli. En grande partie près d'Orléans, terroir de l'excellent technicien qu'était Alain Corneau. Petit bonhomme nerveux, à la voix cassée, cheveux châtains raides et ébouriffés, il était accro aux romans policiers et au jazz.

Une ombre momentanée au tableau de ce tournage amical. À trois heures du matin, juste avant Noël, dans un froid polaire sur les hauts de Saint-Cloud, Montand piqua une crise de nerfs injurieuse à mon égard : traitée de mille noms d'oiseaux à propos des conditions nocturnes de vent et de neige, j'arrêtai le tournage. Alain catastrophé. L'admirable agent et neveu de la vedette, Jean-Louis Livi, encore lui, imagina une mise en scène de réconciliation : le 2 janvier 1975, à onze heures précises, chacun de nous entrerait en même temps sur le plateau. L'un côté cour, l'autre côté jardin, où attendait l'équipe réunie. Au milieu, on se tomberait dans les bras.

— Bonne année, ma chérie.

— Bonne année, mon chéri.

Le tournage reprit. Préalablement, Yves m'avait fait déposer des fleurs avec une lettre d'excuses, ce que Jean-Louis Livi m'affirma qu'il n'avait fait pour personne, surtout pas un producteur...

Je l'aimais bien, Yves. Quel monstre sacré ! Sa candeur me faisait fondre. Plus tard, au Festival de Deauville, assis à dîner l'un en face de l'autre, il me livra avec un grand sérieux : « Tu vois, ma chérie. Pour leur contentieux des îles Grenadines, quand je serai président, je dirai à Reagan que... » Il envisageait d'être candidat, d'être élu et s'y voyait déjà.

Comme j'avais adoré *Les Poneys sauvages* de Michel Déon, ma chère Simone Gallimard organisa une rencontre. Je voyais mal comment réduire un si magnifique roman, aux multiples trames, à un film d'une heure trente. Mais je rencontrai tout de même l'auteur, avec qui je tissai une amitié au point qu'il nomma Albina son héroïne du *Déjeuner de soleil.* Aujourd'hui, je me serais battue pour en faire une série, ainsi que pour l'inoubliable *Cités à la dérive*, de Stratis Tsirkas, ou *Blanche ou l'Oubli*, d'Aragon. Grâce aux Gallimard, je fis aussi la connaissance de ce poète unique et grand écrivain qu'était Aragon. Au printemps 1971, assise à côté de lui lors d'un dîner de la maison d'édition, je lui donnais du « Maître » à tour de bras.

— Ne m'appelez pas maître, me fit-il d'un sourire enjôleur.

— Bien, alors Louis...

— Ah non ! rétorqua-t-il, cette fois très fâché. C'est un prénom que je déteste, c'était celui de mon père.

Moi, confondue et confuse :

— Mais alors comment dois-je vous appeler ?

Sourire charmeur, regard en coin, il me lança :

— Aragon !

Au cours des années suivantes, il vint souvent déjeuner chez moi tandis que j'allais prendre le thé chez lui. Jamais, intimidée par son talent, je n'ai osé lui demander, puisqu'il ne le proposait pas, de me dédicacer ses livres. Comme avec Gabriel Garcia Marquez, et pour les mêmes raisons. Autant je pouvais me montrer impertinente, agressive, ne doutant de rien, autant, devant le talent artistique, surtout littéraire et musical, je restais muette et passive. Ayant croisé un soir Maria Callas, qui avait sympathisé avec Janine Bensaïd et moi, je l'invitai à un petit dîner intime. « Oh, vous allez toutes les deux très souvent au cinéma si je comprends bien, nous dit-elle. Téléphonez-moi, je suis parfois seule le soir à ne rien faire. Je viendrai volontiers. » Jamais nous n'avons osé. Quelles idiotes ! On ne pouvait vraiment pas nous traiter d'opportunistes ou de réseauteuses !

François-Xavier naviguait sans problèmes au milieu de ces vedettes quand il venait à Paris assister à une projection avec moi. Pas timide et très sociable, rien ne l'impressionnait. Sa passion du vol et du sauvetage ne mollissait pas. Dès qu'un brevet de premier secours se présentait à l'horizon, il se précipitait, l'obtenant facilement. Je devenais le cobaye de ses premiers essais : « Maman, je te pousse sous l'eau dans la piscine, tu te laisses aller, je te porte secours. » C'était un enfant si heureux dans son cocon à la campagne qu'on renâclait à l'en arracher.

Le père de Georges avait été proviseur dans de nombreux lycées, dont le lycée Carnot. Un soir, Georges arriva brandissant un devoir de son beau-fils : « À treize ans, on lui demande de raconter ses impressions sur la chute des feuilles mortes en automne ! Alors qu'il devrait disserter au moins sur une tragédie de Racine ! » Électrochoc pour la mère ignorante du cursus français que j'étais. D'un commun accord, nous recherchâmes une école de remise à niveau, avant de l'expédier au collège Stanislas où il se plut beaucoup. Un soir, se balançant en équilibre sur sa chaise dans notre appartement parisien qu'il s'était résigné à rejoindre, il déclara : « Vraiment, Montaigne a des choses très intéressantes à dire sur la mort. » Montaigne à la place des feuilles mortes d'automne, quel heureux changement…

En 1978, je retrouve Pascal Thomas avec *Confidences pour confidences*. Un film joyeux avec l'ami Daniel Ceccaldi, farceur et agréable à vivre. J'aimais ces films chaleureux, pleins de fous rires, où le terme de « famille du cinéma » prenait tout son sens. Certes, ma camarade et monteuse Nathalie Lafaurie était à couteaux tirés avec mon mari-directeur de production. Mais qui ne l'était pas ? Cela faisait partie du jeu… et de la famille. Bien des décennies plus tard, Georges et moi dînions à La Méditerranée. Pascal et Nathalie également. Embrassades. Je leur demandai si le cinéma avait beaucoup changé.

— Les conditions de tournages sont devenues impossibles, c'est dur, dur, dirent-ils.

Puis, se tournant vers Georges, Nathalie l'apostropha :

— C'est tellement difficile que même vous, même vous, monsieur Casati, on vous regrette !

Fous rires nostalgiques des deux côtés.

Françoise Fabian m'avait fait découvrir le roman de Pierre Drieu la Rochelle, *Une femme à sa fenêtre,* et je voulais en acquérir les droits pour en faire ma prochaine production. Je ne lisais pas volontiers ces romans de collabos, bien qu'ayant tant aimé *Comme le temps passe*, de Robert Brasillach, mais je m'identifiais à cette femme de diplomate, sacrifiant tout par amour, pour vivre une passion destructrice avec un révolutionnaire communiste grec.

Cependant, pour monter ce film coûteux car d'époque, en costumes et à l'étranger, il me fallait une vedette féminine internationale. J'étais désolée pour Françoise, à qui je trouvais beaucoup de talent, de beauté, et que j'admirais, mais je dus contacter de nouveau Romy qui, elle aussi, adora ce personnage. Je demandai à Jorge Semprun, un intime depuis *Libre*, d'en écrire le scénario avec Pierre Granier-Deferre. Depuis son film *Le Chat* avec Signoret et Gabin, je m'étais promis de travailler un jour avec Pierre. Son désespoir, lyrique autant que retenu, faisait de lui un conteur touchant. Jorge, ancien communiste espagnol militant, lui-même porteur de rêves déçus, ajouta une scène. En 1976, il fit dire à Malraux, qui discutait avec Drieu, tous deux de dos, en octobre, sur un chemin roussi par les feuilles de saison : « Il n'y aura plus de révolution. Il n'y aura plus que de la politique ! » Bien prémonitoire. Philippe Noiret, pétri d'humour, et le charmant Umberto Orsini complétèrent la distribution. Qui pourrait tenir le rôle de l'amant grec ? D'emblée, on songea à Alain Delon. Toujours impossible. Alors qui ? Tous, nous nous creusions la cervelle. J'avais trouvé bon Victor Lanoux dans une pièce de théâtre, mais Granier, pas follement enthousiaste, le trouvait trop gros. Il fut engagé malgré tout.

Peut-être est-ce sa corpulence qui le fit tomber du balcon de la fenêtre qu'il devait enjamber ? Il se cassa une jambe… Catastrophe pour le plan de travail du tournage. J'envisageai de le remplacer par Niels Arestrup. Blond et pas maigre non plus, je le trouvais porteur d'une séduction et d'une rage intérieure qu'on pouvait interpréter comme de la frustration révolutionnaire. Or l'assurance refusa : cela aurait nécessité de tourner une deuxième fois toutes les scènes préalables du personnage. Trop coûteux. Ce fut la seule fois où Georges et moi nous sommes disputés : je voulais faire le forcing auprès de l'assurance, il était formellement contre. À tort, ou probablement à raison, je me rangeais à son avis.

Romy, très déprimée et déstabilisée, avait, dans la chaleur athénienne de l'été, soif de son vin blanc de plus en plus tôt dans la journée. La lucarne pour tourner, ni trop tôt le matin, ni trop tard après le déjeuner, se rétrécissait. Elle venait d'épouser Daniel Biasini et de faire une fausse couche. Nous avions changé les dates de tournage à l'annonce de sa grossesse, puis les avions recalées tant bien que mal. Il était légitime qu'elle soit très malheureuse sur ce tournage, à l'étranger, loin de son fils et de son mari. Écorchée, fragile. En même temps, ces souffrances alimentaient son incomparable talent. Nous avions tous une grande tendresse à son égard.

En 1981, David, quatorze ans, son fils tant aimé, périt dans un atroce accident, s'empalant sur la grille de la propriété de ses grands-parents de cœur. J'appris cette effroyable nouvelle dans les Vosges où se tournait *Josepha*. Tout de suite, je lui proposai de la rejoindre, effondrée en pensant à sa douleur. Elle refusa. Le matin du 29 mai 1982, Jean-Louis Livi m'appela pour m'annoncer la mort de Romy. Je me précipitai chez elle, rue Barbet-de-Jouy, dans le petit appartement qu'elle partageait avec son nouveau compagnon, Laurent Pétin, et la toute petite fille qu'elle avait eue avec Daniel Biasini, Sarah. Revêtue de blanc, comme si elle dormait, Romy avait un visage lisse et serein. Irréel. La cérémonie dans la petite église de campagne du cimetière où reposait déjà David, parsemée de fleurs blanches, fut poignante. Trop insupportable d'y croire. Étions-nous tous projetés dans un film où elle allait se réveiller ? Comme le formule si bien Jacques Audiard : pour elle, dans sa souffrance infinie, « de battre, son cœur s'est arrêté ».

La fin des années 1970 et le début des années 1980, en plein dans les Trente Glorieuses, étaient des années insouciantes, quoique imprégnées d'une certaine nostalgie du temps qui passe, comme le sable entre les doigts. Je ressentais de manière aiguë que nos plaisirs éphémères reflétaient la virtualité de notre univers de celluloïd. J'avais parfois la sensation de ne pas me trouver sur le bon tapis roulant de la vie : je menais une belle carrière, certes, très rémunératrice de surcroît, mais dépourvue de contact avec la cruelle réalité et la possibilité, non pas charitable mais politique, d'y remédier.

François, seize ans, maintenant jeune homme parisien scolarisé au collège Stanislas, avait sa propre bande de copains. Il découvrait la vie nocturne locale. Il avait moins besoin de notre présence. Toujours l'air innocent d'un ange, avec ses amis Serge et sa jumelle Hélène de Yougoslavie, Natalie David-Weill, Anne-Françoise Caracalla, Marc Bizot, il faisait les quatre cents coups. Comme aller avec la voiture de l'un d'entre eux, ou de leurs parents, essayer de nuit le circuit des 24 Heures du Mans ! Aujourd'hui, personne n'y prêterait guère attention mais, en 1978-1979, Serge et lui prenant l'Esplanade des Invalides pour un parcours de golf, à quatre heures du matin, aurait pu les conduire au poste de police. Je restai quelque peu pantoise, découvrant la liberté sexuelle réclamée à grands cris par nous, les jeunes femmes de 1968, chez mon propre enfant. Un matin, allant me faire un café à la cuisine, je tombai sur une ravissante jeune fille de seize ans en nuisette devant mon réfrigérateur.

« Bonjour Madame, où rangez-vous le café ? » Nullement gênée par ma présence, elle venait visiblement de passer la nuit sous notre toit, dans le lit de mon fils. Parfait. Inébranlable, je m'adaptai sans poser de questions. On était libertaire ou on ne l'était pas.

J'aimais mon métier, économiquement sécurisant et narcissiquement satisfaisant. Mais quand s'arrêtait le tourbillon de la vie, mes désirs enfouis de participer à la changer, cette vie, refaisaient surface. Rentrant de Californie, je décidai de me rapprocher des Amis de la Terre. À l'automne 1977, rue de la Bûcherie, au QG de Brice Lalonde, les élections législatives se préparaient. Brice, notre mentor, ressemblait au Petit Prince, avec ses cheveux blonds en bataille et son éternelle écharpe. Amy Dahan, le visionnaire scientifique Pierre Samuel, Alain Hervé, – je crois bien Sophie Chauveau –, et moi-même étions candidats. Comme je vivais et travaillais dans le 8e, cet arrondissement me fut attribué. L'avocat Christian Huglo, mari de la grande avocate écologiste Corinne Lepage, se proposa en tant que suppléant.

Brice Lalonde militait contre la construction de nouvelles centrales nucléaires. Il avait pourtant compris qu'il était trop tôt pour demander l'arrêt de celles en activité. Nous roulions à bicyclette, déjà. Les automobilistes ne nous faisaient pas de cadeau, nous plaquant contre les trottoirs. Nous distribuions pamphlets et fleurs aux sorties de métro. Nous passions des heures sous les préaux des écoles et dans des salles enfumées à expliquer notre campagne et l'urgence de changer de modes de vie et de production. C'était il y a quarante ans ! Nous, les écolos de la première heure, avons l'impression aujourd'hui d'être des disques rayés, répétant en boucle depuis quatre décennies d'urgentes et alarmantes vérités.

Il y avait aussi des réunions à la mairie du 8e avec mes adversaires, les autres candidats. J'attaquai l'ancien Premier ministre Couve de Murville sur le nucléaire et les erreurs de son gouvernement à ignorer les énergies alternatives. On nous prenait pour de doux dingues inoffensifs, amoureux des fleurs. Tout de même : pour gagner 3 % – ce que représentait notre parti Écologie 78 – le candidat socialiste grimpa mes quatre étages et essaya de me persuader de me désister en sa faveur. De mon côté, je rendais visite à Me Gisèle Halimi pour discuter de la répartition des candidats, c'est-à-dire des candidates, afin que les nôtres n'empiètent pas sur les territoires de celles de son mouvement « Choisir la cause des femmes ». Et vice versa.

Ne faisant jamais les choses à moitié, j'allai tâter de la vie écologique sur la péniche, spartiate et quelque peu humide, d'Alain Hervé, sur la Seine, du côté de la Concorde. Avec panneaux solaires ! Railleries de François :

— Maman veut vivre différemment, selon les critères de l'Écologie, mais elle est bien contente de faire deux cent cinquante mètres à pied sur le quai pour apporter son linge à laver !

Nous habitions en famille cours Albert-Ier.

— Ta maman choisit de faire des expériences innovantes intéressantes, répondait Georges, inconditionnellement solidaire.

Il est vrai que ce n'était ni commode ni très satisfaisant de faire la lavandière à battoir, à l'eau tiède et accroupie sur le pont. Je voyais couler depuis l'embarcation toute cette eau savonneuse dans la Seine, déjà bien polluée... Ne valait-il pas mieux la mettre dans le tout-à-l'égout depuis le lave-linge ?

Vivre cette élection fut un moment palpitant. Le suspense en voyant défiler dans le bureau de vote les habitants du quartier, en se demandant qui mettrait votre bulletin dans l'urne. Ensuite, celui du dépouillement... Je comprends qu'on devienne accro. Je doublai le score de notre petit parti, obtenant 6,7 %. Le troisième score, je crois bien, à Paris, derrière Brice et Alain qui avaient fait des résultats admirables dans le 6e et le 5e. Je garde précieusement notre poster de campagne. Christian et moi à vélo, notre déclaration se terminant par : « La révolution, c'est de commencer à vivre, c'est ça la politique ».

Brice me proposa alors de me présenter aux élections européennes. Souvent je me demande si j'ai bien fait de refuser. Mais je n'étais pas formatée pour la politique et les élections. Trop de compromissions, de concessions, de langue de bois.

Je suis plutôt frontale et ma patience atteint rapidement ses limites. Les longues tergiversations, sans possibilité d'agir directement, m'apparaissent chronophages. Faire avancer soi-même les choses me correspond mieux. Une petite mairie m'aurait tentée, oui : peu d'habitants, tous connus de leur maire. Un budget à attribuer, un outil assorti d'une certaine indépendance. Des électeurs avec qui travailler la main dans la main. Des victoires accessibles. Comme celle que nous avons gagnée, cette année-là, dans notre commune campagnarde à côté de Trappes. Groupe de locaux résolus, dont Michel Fugain, nous sommes même parvenus à empêcher la bretelle d'autoroute de passer dans les champs.

Au bout du compte, je décidai que non ! Pas de chemin politique traditionnel pour moi. Finalement, ce que je ferai plus tard, pendant trente ans, aura, je l'espère, mieux contribué à changer plus rapidement et plus définitivement la vie de centaines de milliers de personnes et à améliorer celle de près de vingt millions d'autres.

Pierre Richard fit chez moi en 1978 sa première mise en scène, *Je suis timide mais je me soigne.* Scénario fort comique. Pierre Richard aussi. Coproduction oblige, un Italien devait être trouvé pour jouer son alter ego. Je pensai à Aldo Maccione, plus qu'irrésistiblement drôle dans le film de Claude Lelouch, *L'aventure c'est l'aventure.*

En plus d'être le metteur en scène, Pierre tenait le rôle principal de son scénario, coécrit avec Alain Godard et Jean-Jacques Annaud. J'avais demandé à Georges de rentrer d'un tournage italien ; ayant une expérience d'assistant metteur en scène, il serait un complice idéal pour Pierre Richard. Aldo Maccione avait en plus une passion d'enfant pour Casati, ce qui éviterait à Pierre des caprices de star.

Aldo suivait Georges partout. Le voyant l'air triste, au bar, devant son verre de vin, je le pressai de venir dîner :

— N'attends pas Georges, il n'a pas fini ses papiers, il en a pour une bonne heure encore.

— Non, refusa Aldo, boudeur. Je l'attends ici.

Je suis timide fut un très grand succès commercial. Pas étonnant. Je ris chaque fois que je le revois en DVD. J'avais encore fait un premier film, mais pour un très large public. Devant mon parcours, certains hommes coriaces commençaient à être très admiratifs. Lino Ventura, intrinsèquement macho, me fit un vrai compliment : « Tu es un vrai petit mec, bravo ! » Interloquée, je fus à la fois fière d'être reconnue et cooptée par ce grand acteur, mais aussi vexée et en colère qu'il occulte ainsi la réussite d'une femme dans un monde d'hommes.

Jamais je n'acceptais de rôles dans une de mes propres productions. J'étais par contre très flattée qu'on me le demande ailleurs ! Depuis qu'André Michel, qui m'avait repérée dans une interview télévisée, m'avait proposé, en 1971, le rôle de Rachel dans *Les Thibault*, adapté du roman de Roger Martin du Gard, j'avais parfois des propositions, et j'en acceptai quelques-unes. François Leterrier m'attribua ainsi le rôle de Christine, une directrice de journal, dans *Va voir maman, papa travaille.* Claude Lelouch m'offrit de donner la réplique à Catherine Deneuve dans *Si c'était à refaire*. Au final, il ne reste qu'un plan et demi de mon personnage, le film étant trop long. Ce qui dégringole sur le sol de la salle de montage, ce sont d'abord les rôles secondaires et leurs histoires annexes.

Cette règle fit enrager François-Xavier, à qui Pascal Thomas avait confié le rôle du garçon copain des premiers rôles filles dans *Confidences pour confidences*. François était enchanté. « Le film est trop long, je devrais couper toute la participation du garçon qu'incarne François », me dit un jour Pascal, embêté parce que le personnage était joué par la progéniture d'Albina Productions. « Eh bien, tu coupes ! » répliqua la productrice, qui essuya la fureur filiale le soir au dîner : « Tu peux toujours me demander de refaire du cinéma, je me suis donné du mal pour rien ! » Je lui expliquai que cela faisait partie du jeu, que moi-même… Sa décision était irrévocable : jamais plus il ne fit d'incursion dans ce métier. Pour ma part, je m'autorisai encore le plaisir de donner la réplique à Annie Girardot dans un policier de José Giovanni, *Une robe noire pour un tueur*. Je trouvai très amusant de faire l'actrice sous la houlette du sévère directeur de production, Georges Casati. Comme de percevoir des cachets de mes confrères concurrents.

José, sa femme Zazie et nous sommes devenus et restés très proches. J'étais emballée, par le scénario que José rêvait de tourner dans la glace et la neige de l'Alaska : *Le Musher*. Une belle histoire de résilience et de courage dans l'univers des courses de chiens de traîneau. Par moins 50 degrés, dans un décor surréaliste de vagues figées par le froid, Georges, en vue d'établir un devis, avait fait des repérages sur place avec José. Tandis que je travaillais avec des scénaristes sur un immense projet américain, *Mermere*, je proposais *Le Musher* aux diverses majors. Obnubilées par le blanc de l'écran et le blanc de l'environnement, elles répétaient qu'on ne verrait pas la différence et que le public bouderait les salles. Le film se fit pourtant. Mais trente ans plus tard, dans d'autres versions pour la télévision, sans José, trop tôt disparu.

François-Xavier, heureux au collège Stanislas, préparait son bac littéraire pour juin 1978. Le projet était qu'il entre ensuite en « Math Élem », puisqu'il avait une intelligence scientifique et mathématique. Au Mesnil, il y avait eu quelques tiraillements : il voulut, comme certains de ses copains, passer un bac technique. « Je veux faire menuisier, comme Jean-Jacques. » Respectueuse de la liberté de chacun et sans volonté de discriminer quelque choix que ce soit, j'ambitionnais quand même un autre avenir pour mon fils. J'avais par ailleurs posé comme condition non négociable, avant qu'il devienne pilote d'Air-Glaciers, l'obtention d'au moins deux bacs. Mais comme mon but était également d'encourager toute passion, fût-elle éphémère, qui puisse occulter celle du vol en hélicoptère et ses dangereux sauvetages, je lui dis : « Avant de te précipiter pour décider, fais-nous ici, pendant les vacances de Noël, quelques travaux de menuiserie. Nous te commandons déjà deux tables de nuit. » Le devis fut accepté mais les petites tables, très jolies, se firent attendre. Nous n'entendrions plus parler de vocation manuelle.

En classe de première, il me sollicita : « Maman, tu as fait de la philo, que tu aimais beaucoup. Serais-tu d'accord pour me trouver un professeur pour des cours particuliers ? Puisqu'en Math Élem je n'aurai que peu ou pas de philo. » Aveuglée par la joie, je fis appel à l'universitaire Monique Dixsaut, qui me dirigea vers une pédagogue Martine Lhoste, son ancienne élève. Celle-ci venait deux fois par semaine : « François est très doué et avance à grands pas. » Mère fière et ravie, beau-père admiratif.

L'épreuve de français se déroula en juin avec succès. En septembre, FX déboula, brandissant un papier :

— Ça y est ! J'ai passé et obtenu mon deuxième bac, celui de philo ! Maintenant je peux aller voler à Air-Glaciers.

Nous étions épatés, certes, mais bien roulés dans la farine ! Pirate aussi était mon fils. Il nous fallait maintenant plaider pour qu'il obtienne un diplôme universitaire.

— Je sais, François, qu'on avait dit qu'avec deux bacs tu serais indépendant. Mais ton grand-père est âgé, tu auras un jour une fortune à gérer, ne serait-ce pas astucieux d'avoir des connaissances de droit ? Et vois comme je me mords les doigts d'avoir arrêté mes études, combien cela m'a handicapée quand j'ai voulu les reprendre plus tard...

— Non, je veux voler.

Georges, toujours génial, intervint :

— Puisque tu es passionné d'aviation, pourquoi ne pas envisager de faire de l'aéronautique, à Toulouse ?

— Je ne veux plus étudier en France, je veux voler en Suisse.

Là, j'eus une illumination : FX, s'ennuyant à la plage l'été avec nous, avait passé deux étés dans un *summer camp* dans l'État du Maine et en était revenu enthousiasmé. Il y avait été tellement apprécié qu'il avait été invité à y revenir en tant que moniteur. Ainsi avait-il perfectionné son anglais.

— Inscris-toi dans une université américaine, elles sont réputées en aéronautique et astronautique. Tu admires tant les astronautes !

Ouf ! Négociation conclue.

Seul problème : il n'avait que dix-sept ans, trop jeune pour ces universités. Il passa donc le bac américain, la « Graduation », à l'école américaine de Saint-Cloud, et put ainsi se présenter dans les universités des États-Unis comme élève de filière américaine et non européenne. Ayant recherché tous les établissements d'Amérique du Nord proposant sa discipline de prédilection, j'en retins seize. Je voulus qu'il se présente aux seize, tant j'étais angoissée à l'idée qu'il n'y soit accepté qu'avec difficulté, étant européen. Reçu à treize d'entre elles, il choisit celle d'Ann Arbor dans le Michigan. Pourquoi ? « Parce que beaucoup d'astronautes connus y ont étudié. »

Personnellement, j'étais ravie de son choix. Ayant pris une option sur les droits du livre de Hugo Verlomme, *Mermere*, je cherchai à faire écrire un scénario en anglais et de tourner aux États-Unis. En attendant, le choix de François m'arrangeait : mon travail m'obligerait à traverser souvent l'Atlantique, nous nous verrions facilement.

J'avais toujours ce désir nostalgique de revenir vivre à New York. Je louai donc un petit deux-pièces dans Manhattan, sur la 57e Rue, un immeuble où je logerais pendant presque quarante ans !

La rentrée de François était prévue peu de jours avant son anniversaire, le 11 septembre 1979. Je lui fis préparer un gâteau en forme d'aéroport, avec avions et hélicoptères en pâte d'amande colorée, et je pris un vol jusqu'à Détroit. La précieuse sculpture sucrée sur les genoux. François partageait une chambre universitaire avec un garçon brillant et charmant, qui devint son meilleur ami, Alon Kasha.

Environ treize mille garçons et filles passionnés par toutes sortes de disciplines et venant de tous les coins d'Amérique, parfois du globe, étaient réunis dans cette cité universitaire. Les deux copains se sont beaucoup amusés sur ce campus. On y croisait plein de filles souvent très jolies, des personnages originaux, comme Shlomo, fils d'un rabbin de Brooklyn, qui, par révolte adolescente envers sa culture religieuse, élevait un porcelet apprivoisé dans sa chambre.

Très vite, François se lia d'amitié avec ses professeurs, enchantés de parler pratique avec un élève passionné par leur savoir théorique. Comme Arthur Messiter, clone de Woody Allen. Professeur de vol vertical – vol d'hélicoptère en somme –, il fit son baptême de l'air en hélicoptère piloté par son élève lors d'un voyage en Suisse. Ou encore le professeur Harm Buning, d'origine hollandaise, aux longues jambes, comme François, avec qui il faisait de bon matin de la marche rapide en devisant. Ces mentors extraordinaires avaient toujours le temps d'écouter leurs élèves, de répondre à leurs requêtes. Comme le faisait aussi le taquin doyen Tom Adamson.

L'année suivante, Alon, François et un ami étudiant, Clarke Anderson, louèrent un appartement dans une maison sur le campus. À l'étage supérieur, trois filles avaient le même arrangement. François monta emprunter du sucre. Une ravissante brune, enturbannée dans une serviette-éponge, lui ouvrit. Silvana, une Colombienne, avait accroché chez elle un poster du Che. « Oh non ! s'exclama François. J'ai passé mon enfance avec ce type ! » Silvana, aux longs cheveux de jais, jeune gauchiste engagée, militait pour le Nicaragua, participait à toutes les marches. François et Alon, eux, dévoraient pop-corn et hamburgers dans les stades de foot.

« Je sors avec une fille que tu aimeras beaucoup, m'annonça-t-il un jour. Elle a un poster du Che et elle rejoint les manifestations pour plein de causes. » En effet, j'eus un coup de foudre maternel immédiat pour elle, la rencontrant aux vacances de février. Georges et moi avions loué un voilier pour une semaine aux Caraïbes. Un matin, main dans la main, les deux jeunes gens de dix-neuf ans se présentèrent sur le pont :

— Nous songeons à nous marier, annonça FX.

— Avez-vous regardé votre chien ? fut la seule réponse que je trouvai sur le coup, qui dut leur faire croire que la nouvelle avait gravement endommagé mon cerveau !

En fait, ils avaient adopté un chien de la SPA auquel ils insufflaient un tournis soûlant. « Truffe-truffe, viens dormir sur le lit. » Le lendemain : « Ah non, tu nous déranges ! » Ce pauvre animal était par ailleurs nourri de frites les jours où personne n'avait eu le temps d'acheter de la pâtée. Je voulais leur signifier par là qu'ils n'étaient clairement pas prêts à avoir des enfants. « Attendez de mûrir » aurai-je dû dire, c'est certain. Être plus explicite. J'étais très abrupte et sarcastique du temps du cinéma. J'avais moi aussi à mûrir, et surtout à m'adoucir.

Deux ans plus tard, ils se séparèrent. En larmes. François ne voulait pas vivre au Panama mais dans le Valais, en Suisse, pour voler. Silvana ne se voyait pas quitter les Amériques et en particulier le Panama où sa famille était installée. Le temps des compromis, inévitable dans les mariages, n'avait pas encore sonné.

J'avais moi aussi encore beaucoup à apprendre : aux premières vacances de Pâques, je m'étais précipitée à New York pour que mon « petit garçon » ne se retrouve pas seul ! François m'informa qu'Alon et lui avaient prévu d'aller jusqu'à Chicago dans la Volkswagen Rabbit que lui avait offerte, pour ses dix-huit ans, son grand-père et parrain, et qu'il était inutile que je me soucie d'eux. Bon. Je compris que le cordon ombilical était définitivement coupé. Que c'était dans l'ordre des choses et très bien ainsi.

Michel et Hélène David-Weill recueillirent amicalement à Long Island une maman un peu désemparée, destituée brutalement de son rôle. Cela dit, j'étais loin d'imaginer que les deux compères avaient trafiqué le moteur de la Volkswagen pour en faire un bolide… François, d'aspect si sage et raisonnable, avait, bien heureusement, le goût des frasques et des incartades de son âge. Il conservait malgré tout cette extraordinaire attention à autrui, le souci de les aider dans leur quotidien. Je me souviens d'un de ses amis qui avait perdu sa mère : « Je voudrais que tu l'invites à la maison et que tu lui prodigues affection et attention chaleureuse. » Ou encore d'un dîner à Paris, sur une terrasse au parapet très bas, vers lequel un petit de trois ans se précipita. François, l'ayant repéré, s'élança et le ramena à sa mère, heureux d'avoir évité un drame éventuel. Protecteur, attentif, généreux et aimant. Ses années d'université américaine l'épanouirent beaucoup. Il travaillait très dur et réussit, comme pour le bac, deux semestres en un.

Parfois, quand j'appelais de Paris, c'est Alon qui répondait ; François était encore en cours. Bruno, son père, s'embrouillait dans le décalage horaire et il lui arrivait de les réveiller. FX était toujours inquiet qu'un coup de téléphone nocturne fût l'annonce d'une mauvaise nouvelle. Conscient qu'il était des dangers du sauvetage en montagne, surtout en hiver : les bourrasques inattendues, les fils invisibles mis en place dans les forêts et les campagnes, l'orage qui obscurcissait l'horizon, la défaillance technique imprévisible et fatale pour les frêles hélicoptères.

À partir de 1980, je ne cessais de voyager entre Paris, New York et Los Angeles pendant cinq ans : je voulais faire écrire un scénario à partir du roman *Mermere* et inventorier les possibilités numériques qui s'offraient à l'époque. L'auteur du livre, Hugo Verlomme, était un compagnon de la mouvance Écologie 78 et des Amis de la Terre. Son histoire était magnifique et visionnaire : sur une Terre détruite par la pollution et les pillages prédateurs des humains, tel un groupe de guérilleros s'enfonçant dans le maquis, quelques-uns s'exilèrent sous la mer, sur les versants d'un volcan sous-marin. Pour vivre selon leurs préceptes écologiques. Ayant découvert un processus pour respirer sous l'eau, comme les dauphins, ils passèrent un pacte d'amitié avec les orques jusqu'au jour où l'un d'eux les attaqua. Ces dissidents comprirent alors que les humains terrestres cherchaient, en reprogrammant le cerveau de leurs amis du monde aquatique, à les détruire et à éradiquer le modèle de vie harmonieuse, basé sur le respect et l'amour de l'environnement. Commencèrent alors la riposte et ses aventures. Afin d'imaginer les décors, j'ambitionnais d'utiliser les possibilités des nouvelles technologies balbutiantes : marier les images sous l'eau des acteurs et des dauphins avec celles des fonds de décor créés par les tout premiers ordinateurs, énormes, les Crays. Les scènes marines avec humains et mammifères s'y superposant, technique désormais possible grâce encore à l'informatique. Ce qu'on réalisait autrefois avec des « transparences » d'images filmées et refilmées l'une sur l'autre. Ce qui est aujourd'hui d'une blafarde banalité eût été en 1981 l'ancêtre d'*Avatar*, le film de James Cameron, d'autant plus que le metteur en scène choisi, Murray Lerner, y ajoutera l'idée de la 3D. Je comptais réunir une équipe de petits génies précurseurs, éparpillés l'un dans un garage à Los Angeles, l'autre à Minneapolis, d'autres encore ailleurs qui avaient des spécialités limitées mais inédites. Un rêve fou et utopique.

Soutenue par mes deux avocats new-yorkais exceptionnels, Bob Montgomery et Roland Betts, et sous contrat avec l'une des plus influentes agences hollywoodiennes, CMA, je descendais Sunset Boulevard, mes rouleaux de films sous le bras, et naviguais d'agence en agence pour trouver le scénariste adéquat.

Je continuai bien sûr à produire en France. *Cause toujours, tu m'intéresses...* d'Édouard Molinaro avec Annie Girardot et Jean-Pierre Marielle. *Une affaire d'hommes*, de Nicolas Ribowsky avec Claude Brasseur et Jean-Louis Trintignant. Je montai aussi *Fort Saganne*, le roman de Louis Gardel. J'avais pu prendre une option avant les autres producteurs grâce à un déjeuner organisé par mon amie Simone Gallimard, durant lequel je rencontrai Georges Conchon, du Seuil, qui m'en passa les bonnes feuilles. Je pus ainsi l'acheter avant publication.

Mon père, rentrant de sa Californie hivernale, n'allait pas bien du tout. Au printemps 1980, on l'opéra d'un cancer à l'estomac, lui faisant croire qu'il s'agissait d'un ulcère. Invitée à faire partie du jury du Festival de Cannes, je ne fus pas très présente à ses côtés. Entre mes voyages incessants sur la côte est, sur la côte ouest, dans le Michigan, à New York, à Cannes, et mes deux projets de films compliqués sur chaque rive de l'Atlantique, je n'arrêtais pas, speedée en permanence. De toute manière, Papa et moi avions depuis toujours des vies indépendantes. Sauf à Noël ou à Pâques parfois. François, très attaché à son grand-père, se plaisait à l'accompagner en Californie ou dans sa maison en Jamaïque. Je les suivais, mais compliquais sans doute la vie de cet homme charmant en refusant de côtoyer ses amis ou des cousins que je ne connaissais pas.

Nous n'avions toujours pas les mêmes principes ni convictions politiques, pas les mêmes goûts ni la même façon de concevoir l'existence. Nous nous accrochions dès qu'il ne s'agissait plus de vin ou de nourriture. Il passait son temps au golf ou sur son voilier ; je n'étais à l'aise ni avec l'un, dont je n'aimais pas le public et la culture, ni sur l'autre, où j'avais à l'époque le mal de mer. Ma curiosité, mon obstination permanente de sortir de ma zone de confort et flirter avec les limites lui paraissaient dangereuses et très incompréhensibles.

Étant cette année-là vice-présidente du jury du Festival, je me devais d'être à l'heure sur les marches du Palais. J'engageai donc François, son semestre terminé, pour me seconder. Il répondait poliment aux coups de téléphone incessants tandis que je posais mes bigoudis. De plus, monter les marches avec lui me permettait d'échapper aux cancans habituels : « Ah, elle est collée avec X, Y ou Z ». Une fois, j'entendis dans la foule : « Cette fois, elle est avec un acteur suédois. » Nous, on pouffait !

Les délibérations du jury n'en finissaient pas et les échanges étaient tendus. Kirk Douglas, le président, voulait attribuer la Palme à *All That Jazz*, de Bob Fosse. Scandalisé, Gian Luigi Rondi éructait : « Il n'en est pas question ! *Kagemusha*, de Kurosawa évidemment ! » J'étais touchée par *All that Jazz*, l'histoire de ce danseur épuisé qui, sous sa douche glacée, avale amphétamine sur amphétamine pour tenir. De plus, *Kagemusha* n'était pas, et de loin, le meilleur film du très talentueux Japonais.

Kirk, en début de matinée, fit procéder à un vote d'essai. *All That Jazz* l'emporta. Puis il disparut. Il me téléphona dans la journée : « Je suis malade et je ne viens pas au vote final. Tu es vice-présidente, donc tu mèneras le dernier débat. On a voté ce matin. En mon absence, on s'en tient là. » Charmante responsabilité ! Nous luttâmes bec et ongles et partageâmes finalement cette pauvre Palme en deux. Des années plus tard, au Festival de Venise, dans le film de Giorgio Treves en hommage à Gian Luigi Rondi, je racontai cet épisode. Émus, le nonagénaire et moi nous embrassâmes, avec tendresse et nostalgie.

À mon retour de la Croisette, Papa fut opéré à l'Hôpital américain.

— Vous pouvez le ramener à la maison, un cancer trop avancé, on ne peut rien pour lui, m'annonça le médecin.

— De quoi puis-je le nourrir ? m'inquiétai-je, car il ne gardait rien et vomissait tout.

— Ce qu'il voudra, aucune importance.

Je le ramenai donc à Genève. Durant le trajet, les restaurants étoilés ayant toujours été sa passion, il voulut s'y arrêter. La route est longue, de Neuilly à Genève. Et les trois-étoiles nombreux.

— Ce vin a mauvais goût et ce homard aussi ! se plaignit-il lors des repas.

Que pouvais-je inventer pour consoler un gourmet de soixante-seize ans à qui on cachait la gravité de son état ? J'étais angoissée, perdue et indignée : comment la médecine pouvait-elle laisser, en leur mentant de surcroît, ses patients condamnés, seuls avec leur désarroi et leurs souffrances ?

Un très grand ami de mon père, médecin, m'avait procuré quelques fioles de morphine. Je savais, *Alléluia !*, faire des intramusculaires. Il m'avait de plus trouvé à Genève un médecin complice, ennemi de la douleur inutile. Malgré tout, l'agonie fut longue – plus de deux mois – et la comédie éprouvante.

Nous eûmes nos moments de vérité, indispensables et réconfortants.

— Pourquoi caches-tu toujours ton visage derrière tes cheveux ? Tu as un si joli ovale !

— Papa, c'est la première fois que tu me dis cela ! Pourquoi ?

— Ta mère, sa jalousie…

— Mais, Papa, ça fait vingt-deux ans qu'elle est morte !

— C'est exact, mais on prend de si mauvaises habitudes…

C'était cela aussi, mon père : des dialogues de théâtre… Un matin, il s'était fâché et nous avait renvoyés, FX et moi, en Valais, pour le week-end :

— Ne restez pas ici, partez vite, remontez là-bas. Allez retrouver Georges, tu as des amis à la maison dont il s'occupe, en ermite, depuis le début de la semaine.

Il m'avoua ensuite :

— Tu sais, quand on n'est pas bien, on est mieux tout seul.

En fin de week-end, il semblait en forme :

— Je me sens bien aujourd'hui. Je viens de manger un steak, j'avais faim.

Comme j'ignorais à cette époque les signes de la fin de l'existence et l'allégresse qu'engendrent de fortes doses de morphine, je n'ai pas su déchiffrer ce qu'il en était.

Mon père mourut tranquillement quelques heures plus tard. L'admirable docteur complice venait de passer. C'est à cet instant que je décidai de faire un jour quelque chose pour alléger la souffrance, l'angoisse et l'omerta autour de la mort dans nos sociétés occidentales. Pour les malades et pour leurs familles. Papa ne voulait absolument pas retourner à l'hôpital. Il m'avait fait jurer de ne pas l'y emmener. J'avais promis.

— Comment feras-tu si le médecin insiste ?

— Dors tranquille, Papa, ce n'est pas ton problème, mais le mien.

Je ne sais pas ce que j'aurais fait. Mais j'avais juré. Le fusil de chasse dans l'entrée ? D'où l'urgence de créer des soins palliatifs à domicile. En août 1980, cette décision s'imposa à moi.

J'étais dévastée par la disparition de mon père. Il me manquait. Je l'admirais pour ses choix pendant la guerre, où il fut décoré de la Croix de guerre. Son dégoût de la Collaboration a certainement contribué à structurer mon parcours révolutionnaire. J'aimais son existence d'aventurier africain. J'étais plus que critique sur ses vingt ans de mariage. Mon père était beau, séduisant, quelque peu méprisant et méfiant à l'égard des femmes, comme rivalisant d'élégance et de charme avec elles. Il avait épousé Maman sans lui apporter l'amour véritable auquel elle pouvait légitimement prétendre. Je lui reprochais d'avoir, en fait, épousé son beau-père, image fantasmée d'un père idéal. Il avait tout de même été présent, et aussi protecteur qu'il pouvait l'être pour moi ces vingt et une dernières années.

Son enterrement à Picpus, là où étaient ensevelies sa mère et la mienne, me propulsa au milieu d'une foule avec laquelle j'avais coupé les ponts depuis des décennies : des cousins dont je le savais proche, des Polignac, la sœur de Maman, Rainier et Grace de Monaco… Leurs réactions, affectueuses et chaleureuses, m'apportèrent la sensation que j'étais reliée à une famille et me mirent du baume au cœur. Après les funérailles, je me rapprochai de certains membres. Graziella, la sœur aînée de Maman, m'appela pour m'apprendre qu'elle aussi était atteinte d'un cancer et n'avait plus que peu de temps à vivre. Je lui rendis souvent visite jusqu'à son décès et son incinération, trouvant à ses côtés un peu du réconfort maternel dont j'avais manqué.

Quel gâchis, les familles, si souvent ! Jalousie, immaturité et narcissisme, comme autant de pics et d'épines. Il y a peu d'adultes de par le monde ! Ajoutez à cela mes préjugés rigides de rebelle, attribuant des étiquettes, ne faisant pas la distinction entre ceux de bonne compagnie et les affreux représentants d'une classe sociale et économique mesquine, haïssable et égoïste.

Me retrouver héritière à quarante ans me déstabilisait. Cela me paraissait étrange. Pour commencer, je n'avais aucune impression de l'être : pendant des décennies, je ne l'avais pas été ! Devenir propriétaire de ces tableaux, de ces œuvres d'art, de ces bijoux, de ces maisons, de ces meubles, de ces comptes en banque et d'hôtels paternels parasitait mon identité et modifiait la trajectoire que je m'étais fabriquée seule. J'étais dans une sorte d'imposture. Je considérais que je ne « possédais » pas tout cela et que je le garderais en tuteur responsable, gérant l'ensemble au mieux pour François-Xavier, m'interdisant d'en disposer indûment.

Le travail de gestion de ce patrimoine imposant engloutit une bonne partie du temps que je consacrais auparavant au repos et aux loisirs, et fit naître un stress qui grandit au fil des années suivantes, que je paie physiquement aujourd'hui. Je n'y connaissais rien et ne faisais confiance à personne. Utilisant mon bon sens, mon instinct, et j'ose ajouter mon intelligence, je travaillais sans relâche, apprenant, posant des questions et demandant des explications approfondies sur tout. En parallèle, je montais un gigantesque film en Amérique, *Mermere*, et un autre non moins pharaonique en Afrique, *Fort Saganne*. Je refusais de changer ma façon de fonctionner, continuant à faire des films à travers trois continents, tout en apprenant l'immobilier, l'hôtellerie et la finance sur le tas. Et pour un être humain, qui, en 1980, ignorait ce qu'était un certificat de dépôt, la base de tout investissement bancaire, gérer astucieusement cette fortune revenait à grimper l'Himalaya en flip-flops !

Je renvoyai beaucoup, si ce n'est quasiment tous, les collaborateurs de mon père et choisis les miens. Table rase ! Comme je ne fréquentais plus personne de riche, je cherchais donc un expert en fortune. Mon recours fut ce cher Michel David-Weill, devenu depuis P-DG de la Banque Lazard. Lors d'un dîner, il m'expliqua avec patience les arcanes des placements, les pièges de l'immobilier. Comme j'objectais à chacune de ses propositions les dangers de tels investissements, il finit par dire :

— Alors liquide tout et place dans des bons municipaux.

— Et s'il y a une inflation ?

J'avais repéré ce piège durant l'échange. Michel leva les bras, découragé :

— On ne peut pas avoir le beurre et l'argent du beurre !

Pour ma part, je décidai de garder cet immobilier et ces hôtels, de ne pas vendre et de ne faire confiance ni à la finance ni aux placements que je ne contrôlerais pas.

Je notai l'adresse d'un avocat que Michel David-Weill me recommanda, Maître Degroux. Il fut, de longues années durant, un excellent conseil. Je continuais, pour ma part, à contrôler les comptes des hôtels, allant jusqu'à y mesurer les draps pour voir si les centimètres de tissus facturés collaient à la réalité, si la note présentée par le talentueux mais retors directeur correspondait.

Je pourrais écrire un livre entier sur mon apprentissage chez les nantis, rempli d'anecdotes, de leçons à tirer, de peaux de banane et de procès gagnés ! Les cinq ans que dura mon expérience de la grande fortune furent un cours intensif, mains dans le cambouis financier, digne d'une *business school* de Harvard. Ils me furent utiles pour le restant de mes jours.

Je me tournai aussi vers mon ami avocat Bobby Shriver, neveu des Kennedy. « Bobby, ta famille doit avoir les meilleurs conseillers en affaires, non ? » Il me recommanda à James Wolfensohn, surnommé « Jim », qui venait de rejoindre leur conseil d'administration. Celui-ci devint un de mes amis les plus chers. Sa femme et ses enfants aussi. Jim deviendra pendant dix ans président de la Banque mondiale. Il me mit entre les mains d'un as de l'immobilier américain, Craig Stapleton, pour m'épauler dans la gestion de ce patrimoine immobilier outre-Atlantique, trop compliqué pour moi.

J'appris notamment que les vraies affaires se font en contractant des dettes. Les hôtels étaient dans le rouge, ce qui me faisait paniquer. L'angoisse montait. Si je passais sous un bus, alors FX resterait criblé de dettes ? J'étais comme Bécassine catapultée au pays des millions et des quarante voleurs ! J'ai alors expérimenté la malhonnêteté, la cupidité, la déloyauté, la duplicité mielleuse et les fausses amitiés intéressées. À côté, l'univers du cinéma me semblait peuplé d'anges rêveurs et tendres, en dépit de leurs addictions …

Je continuais de parcourir les continents : la gestion de ces biens en Europe et aux États-Unis, les recherches de scénarios jusqu'à Hawaï pour *Mermere*, les détours par Détroit pour voir mon fils et mes incursions par le Brésil et l'Afrique pour les repérages de *Fort Saganne*... Les soirées hollywoodiennes perdaient peu à peu de leur attrait initial. La frénésie des lignes de coke, que je ne partageais pas, me contraignit, la dernière année, à me cantonner au room service... Dans ces fêtes, je me sentais ailleurs, sur une planète où toute conversation devenait surréaliste.

Par ailleurs, mon corps était de toute évidence réfractaire à la coke. Par deux fois, j'avais essayé. Après une interview de Jerry Brown, ayant rejoint des amis au restaurant, l'écrivain Harold Robbins me demanda si je voulais prendre « quelque chose pour me remonter ». J'imaginai naïvement un Bloody Mary ou un scotch. Il me fourra un stylo dans la narine et j'inhalai violemment dans un réflexe. Shootée, je passai la nuit suivante éveillée à réclamer des plats au room service. Une autre fois, le dirigeant d'une major, les pieds sur son bureau, alignait ses traits de poudre blanche. Exténuée, je devais ce soir-là remettre un prix. « Prends, tu vas t'écrouler sinon. »

Euphorique, je partis à la cérémonie. Le lendemain, après de nouvelles fringales nocturnes, j'avais le corps en plomb, je claquais des dents, frigorifiée, et j'étais anormalement déprimée. Atroces sensations qui font comprendre pourquoi, pour y échapper, on reprend une dose, puis encore une… La coke n'était définitivement pas pour moi : j'aimais trop être en prise directe avec la réalité et confortable dans mon corps. Une chance biologique.

En cette année 1982, je m'apprêtais à divorcer. Je rêvais de vivre de nouveau à New York, ma madeleine de Proust. Georges et moi, par nos activités professionnelles, vivions des vies étrangères l'une à l'autre. Le ciment familial que constituait François s'était dissous. Ses études d'ingénieur en aéronautique et astronautique terminées, il allait filer à Air-Glaciers pour piloter ses chers hélicoptères, être indépendant et gagner sa vie.

— Tu as rencontré quelqu'un ? me demanda Georges quand je lui fis part de ma décision.

— Non, mais j'ai trop de respect pour toi pour mener une double vie publique. Je souhaite que les choses soient claires le jour où l'éventualité pourra se présenter et cela ne changera rien à notre relation.

En effet, rien ne changea. Quand j'étais en Europe, je logeais chez lui. FX venait aussi passer des fins de semaine avec nous au Mesnil, comme autrefois. Il avait écrit un *Manuel d'apprentissage pour enseigner le vol en hélicoptère*, dont les écoles se servent encore aujourd'hui. Moi, je me sentais libre d'explorer des pistes amoureuses avec de charmants messieurs, auxquels je ne m'attachais nullement. Les femmes libérées de ma génération ne s'embarrassaient pas de scrupules pour vivre des aventures sans lendemain. Cette démarche m'arrangeait. Depuis que j'avais découvert avec horreur ma vulnérabilité charnelle, je préférais la schizophrénie amoureuse. J'étais épouvantée à l'idée de combiner sexe et sentiments et de souffrir de la dépendance qui en découlerait. Les films, les livres me révélaient combien aimer un homme qu'on avait dans la peau pouvait s'avérer destructeur et mener à la mort.

J'étais parfois triste de rompre, mais ma mélancolie se dissipait rapidement. « Un de perdu, dix de retrouvés ! » Ou bien j'aimais intensément des hommes avec qui je n'avais pas ou plus de relations sexuelles. Ou bien j'avais des aventures sensuelles sans passion ni conséquences. Et sans exaltation non plus. Mais, pour l'heure, l'amour immense que je portais à mon fils et la tendresse inconditionnelle qu'il me manifestait en retour, couplés à la confiance complice que nous partagions avec Georges Casati que j'aimais profondément, me comblaient affectivement et me sécurisaient totalement.

« Si, tu as manqué craquer une fois », me morigéna ma confidente Catherine Verret, la talentueuse ambassadrice du cinéma français aux États-Unis. « Pour George Soros. » Il n'était alors nullement le richissime homme de pouvoir qu'il est devenu par la suite. C'était un jeune homme atypique, aux yeux bleu vif qui lui conféraient un charme irrésistible, génie de Wall Street à l'humour caustique et à l'intelligence hors norme. Comme moi, il cherchait à changer le monde et y consacrait une grande part de sa fortune naissante. L'homme idéal ? À l'hiver 1982, j'allai le chercher à Genève alors qu'il revenait d'Afrique du Sud où il luttait avec l'ANC contre l'apartheid. J'étais plus qu'amoureuse, éblouie et séduite...

Cependant, le dernier jour de notre escapade romantique au ski, je reçus une douche glacée. Il écrivait sur un bloc-notes jaune ce qui deviendrait un de ses premiers livres à propos du capitalisme et de sa propre philosophie financière.

— Viens skier, chéri. C'est notre dernier jour, il fait un temps splendide, lui dis-je amoureusement.

Me toisant d'un sourire sadique, il répliqua :

— Tu sais, je crois que le marché sera toujours ma maîtresse.

Je le pris très mal. Peut-être manquais-je d'humour, mais il n'était par ailleurs ni sentimental, ni romantique – cela dit, vu sa nature intrinsèquement infidèle, à propos de laquelle il se confia à moi dans une complicité amicale bien des années plus tard. J'avais vu juste.

Quelques mois plus tard, il m'appela. Je rentrais d'Afrique où je préparais *Fort Saganne*, après être passée par Los Angeles pour le montage financier de *Mermere*. J'étais exsangue.

— Je t'invite à Budapest pour le week-end.

— Georges, ne viendrais-tu pas plutôt à Paris ? Je suis à bout de forces.

— Non, je voudrais que toi tu viennes.

Sans plus d'explications. J'obtempérai.

Et je repartis plus tôt que prévu, courroucée par son incapacité à partager la moindre confidence sur les raisons de son insistance à me montrer le Budapest de son enfance. Je compris alors par les termes qu'il employa dans ses adieux maladroits qu'il avait envisagé le mariage… Vingt ans plus tard, nous avons eu quelques déjeuners nostalgiques où mutuellement, avec tendresse cette fois, nous nous sommes confiés à quel point nous avions tenu l'un à l'autre et combien nous nous étions ratés.

— Nous nous sommes croisés comme des navires dans la nuit, lui dis-je.

— C'est ce que tu m'avais déjà dit il y a vingt ans, me répondit-il.

J'étais immature et ignorante des hommes à l'époque. Trop dans l'insécurité, trop mauvais caractère, incapable de le déchiffrer et de l'apprivoiser. Et lui ?

— Je suis comme ça, me dit-il, quand je lui expliquai que je n'avais cessé de mal interpréter ses intentions à cause de sa froideur.

Pourtant voilà un homme qui a su, quand j'en ai eu besoin beaucoup plus tard, passer du temps à me réconforter et à me donner des conseils précieux.

Je bourlinguais entre le cinéma, mon métier, et mes responsabilités d'administratrice qui me plombaient d'ennui. « Quand tu auras trente ans, disais-je à François Xavier, je te passe tout et tu donneras une rente à ta mère pour bons et loyaux services. » Il faisait la grimace, préférant consacrer tout son temps au pilotage. « On partagera, et chacun fera de sa moitié ce que bon lui semblera. » Je me voyais déjà militer de nouveau en faveur de la protection de la vie, de la Terre et du climat. Parce que j'avais fait le choix de l'indépendance, j'étais devenue, en dépit de mes idées de gauche, chef d'entreprise, une nantie capitaliste ! Révolutionnaire repoussant l'« establishment », mais catapultée par les circonstances dans le système.

En 1982, un nuage sombre surgit à l'horizon de ma vie. Un de nos avocats, en qui j'avais toute confiance et auprès duquel j'allais chercher conseil à New York, voulant y vivre, fut défenestré, alors qu'il s'apprêtait à dévoiler les noms d'opérateurs mafieux, la veille du jour où nous avions rendez-vous.

Dès mon atterrissage à New York, j'appris que les indices prouvaient que l'avocat ne s'était pas suicidé. « Tu étais son premier rendez-vous. Pars, ne prends pas le risque de te retrouver devant un camion arrivant à toute allure vers toi sur le trottoir... », me conseilla Bob Dattila, l'agent de l'écrivain Jim Harrison, et au fait des coutumes de Cosa Nostra. Ce que je fis dans les vingt-quatre heures. Jetlaguée, profondément endormie par les somnifères sous mon édredon parisien, le téléphone sonna à neuf heures du matin.

— Tu me réveilles ! éructai-je, furieuse, à mon interlocutrice.

— Ouf ! Heureusement, tu n'es pas dans ton bureau.

C'était Michette Karr.

— Un attentat a eu lieu rue Marbeuf, dans l'immeuble voisin et tout est démoli chez toi.

La violence me talonnait d'un continent à l'autre !

Les drames se poursuivirent durant l'année 1982, avec l'atroce accident mortel de Fernand Martignoni, l'associé de Bruno et un as du pilotage d'hélicoptère. Il ne vit pas un fil d'acier qu'un paysan avait illégalement tendu au-dessus d'un champ, et qui, pour cette raison, n'apparaissait pas sur la carte. Volant très bas pour répandre un traitement de forêt, l'hélicoptère y entortilla son rotor. Crash immédiat, brutal et spectaculaire. À l'annonce de sa mort, je m'interdis les larmes. Me laisser aller à ce que je ressentais, le reconnaître, plonger dans la douleur, mettrait en péril ma santé mentale. Une fois de plus, je choisis de me figer, de me pétrifier. Chasser toute image, toute pensée insupportable, invivable, pour me protéger. Nier. Interdire. En dépit de toutes ces parades, je ne parvins pas à me sortir de mon mal-être. Je ne dormais plus et vivais collée inextricablement à une sœur siamoise, boule d'angoisse douloureuse qui ne me quittait plus. Je ne cessais de me répéter que si le plus expérimenté et le plus talentueux des vieux pilotes se faisait piéger, comment mon garçon, mon petit garçon de vingt ans, pourrait-il réussir à éviter les guets-apens traîtres et autres embuscades sournoises qui jalonneraient ses longues années de travail ? La peur nouait mes entrailles et m'empêchait de respirer.

Fin juin 1985, alors que je descendais avec Georges Casati à Athènes d'un bateau des îles grecques, retournant d'un lieu sauvage et désert où je m'étais ressourcée dans la solitude et le silence, le titre d'un quotidien français me foudroya : « Accident mortel d'un hélicoptère en Valais, aucun survivant. » Muette, tremblante et glacée de froid dans le soleil grec torride. Impassible, je laissai Georges devant un café et partis téléphoner. La voix joyeuse de la réceptionniste de l'aéroport de Sion me délivra. Ce n'était personne d'Air-Glaciers, et surtout pas mon fils !

— Passez-moi François, s'il vous plaît, demandai-je d'une voix que je tentai de maîtriser.

FX m'expliqua :

— C'est un jeune pilote genevois. Il transportait du monde pour un film de José Giovanni. La veille, on s'était parlé, je lui avais recommandé d'aller au-delà de l'aire d'atterrissage et de revenir en arrière afin d'éviter des fils électriques peu visibles dans le soleil. Il a été droit dedans.

Plus tard, François évoquerait avec une émotion retenue l'horreur des corps déchiquetés, défigurés. C'était aussi le travail des pilotes de sauvetage de ramasser les cadavres et les débris des accidents.

Un soir de l'hiver 1985, FX arriva au chalet, verdâtre et défait.

— Je ne dîne pas, je vais me coucher.

Inquiète, je le rejoignis dans sa chambre.

— On a ramassé aujourd'hui une jeune fille dans une crevasse du glacier. Elle était si jeune, Maman, et si jolie. Si jeune… répétait-il.

Ces récits me paralysaient. « Arrête de t'infliger ces expériences cauchemardesques, tu es trop jeune pour vivre sans répit l'horreur de la mort et la cruauté de la réalité », avais-je envie de lui crier. Je demeurais pourtant muette, posant un baiser sur son front et tenant sa main dans la mienne. Il me fallait respecter ses choix, son chemin de vie. Il me fallait être solidaire et contenir la peur qui me rongeait.

Fort Saganne s'était tourné l'été 1983 en Mauritanie et Gérard Depardieu en était le héros, lieutenant lancé à la conquête du Sahara algérien. Il fut compliqué de signer Sophie Marceau, la piquante beauté de *La Boum*, pour incarner Madeleine. La Gaumont et Alain Poiré l'avaient sous contrat et renâclaient à la lâcher. Catherine Deneuve accepta, quant à elle, le rôle de passion fulgurante de Depardieu. Philippe Noiret, parfait en colonel de l'armée française au début du XXe siècle, nous rejoignit, ainsi que Florent Pagny, Hippolyte Girardot et Robin Renucci.

L'adaptation du roman s'était faite avec l'auteur, Louis Gardel. Henri de Turenne s'y colla comme scénariste, Jean-Loup Dabadie y mit sa patte et Claude Sautet fit une relecture. J'avais tenté de persuader Louis Malle de passer derrière la caméra, mais il ne voulait réaliser que ses propres sujets, de préférence aux États-Unis. Je m'étais tourné alors vers Alain Corneau, professionnel solide, loyal, technicien éprouvé. Le tournage dans le désert serait une aventure en soi. J'avais toute confiance en lui.

Georges et moi avons proposé à François-Xavier d'être le second pilote, à côté de Jean-Claude Rudaz, des avions Air-Glaciers loués pour le transport des personnes et des vivres depuis Nouakchott. Au moins dans le désert il n'y aurait ni fils d'acier ni brouillard. Et nous serions proches de lui.

Ils avaient tous deux eu beaucoup à faire : pendant la préparation, ils transportèrent les matériaux pour les décors. Puis ils prirent en charge les échantillons d'eau des puits, que je réceptionnais à Paris afin de les faire analyser, et mirent en place les appareils à rayons UV pour assainir ces puits. Georges et son équipe s'éreintaient à terminer des décors dans le désert, à aménager un vieux fort en ruine dans Chinguetti, une oasis plusieurs fois centenaire en un logement décent pour une équipe de quatre-vingts personnes, pendant que plus loin se construisait ex nihilo le fort Saganne lui-même. L'ensemble était une entreprise titanesque. Et une folle utopie.

J'étais, l'été 1983, en Tunisie avec l'équipe de tournage, accompagnée d'un directeur de production chevronné choisi par mon désormais ex-mari mais toujours soutien inconditionnel et mon meilleur ami. Nous n'étions pas d'accord sur le choix des équipes ; Georges voulait ses « gars » habituels, machinistes et électriciens amis de longue date avec qui tout se déroulerait sans accroc. Cette fois, dans le sillage du chef opérateur choisi par Corneau, Bruno Nuytten, s'engouffrèrent des équipes qui prêtaient plus allégeance à la photo qu'à la production.

Georges avait raison : dans des conditions difficiles, voire extrêmes, mieux vaut tous être solidaires. Il y a inévitablement des heurts entre la production, le metteur en scène et son équipe. Or cette équipe-ci râlait sur tout. La nourriture, par exemple. Nous tournions à Nefta, en plein désert : « La convention collective prévoit salade, fromage et fruits », entendis-je un jour. L'expérimenté directeur de production, horripilé par leurs exigences permanentes, avait disparu, ce qui limitait les réponses. Georges, lors de la préparation du tournage à Paris, avait photocopié son majeur et le distribuait à chaque personne entrant dans son bureau pour réclamer quoi que ce soit. Corneau, outré, était entré dans le mien, brandissant la chose. J'éclatai de rire. À Nefta, sans garde-chiourme, je reçus à mon tour la réclamation salade. Ils m'exaspéraient : « Si vous voulez attraper la turista, je vous en commande. » Et ce qui devait arriver arriva. L'embarcation tanguait, on prenait du retard et le directeur de production dut regagner Paris.

À Chinguetti, les décors dans le désert n'étaient pas prêts, et nous prenions encore plus de retard sur le plan de tournage. L'équipe se montrait de plus en plus hostile, réclamant les jours fériés musulmans en plus des chrétiens. Je tentai d'infiltrer par une joyeuse amitié ses membres pour connaître leur état d'esprit. Le mot d'ordre était : « Faire payer un max la prod ! » J'ai donc emmené de Nefta jusqu'en Mauritanie une bande de loubards durs à cuire, que j'aurais sûrement trouvé sympathiques dans d'autres circonstances. Mais là, je menais seule une direction de production « rock and roll » en totale improvisation. Bateau sans gouvernail sur un océan déchaîné.

Quelque soixante-dix personnes atterrirent sur la piste artisanale de Chinguetti. Je sentis immédiatement que la bonhomie amicale que j'avais tenté de créer en partageant les walkmans dans l'avion, s'était assombrie. Dans la nuit saharienne, François, Georges, et son régisseur de choc Alain Artur nous attendaient. « Georges est si malade et exténué qu'il a eu un malaise, me chuchota mon fils. Il a perdu vingt-cinq kilos dans cette préparation cauchemardesque. »

J'étais si mal ! À cause de ma détermination et de mes rêves utopiques, voilà ce que j'infligeais à ceux qui m'aimaient et se dévouaient pour moi.

Gérard Depardieu, à cause du retard pris, était rentré à Paris présenter *La Chèvre*. Il arrivait le lendemain pour tourner dès quatre heures du matin sur un chameau. Il avait déjà mal supporté les chevaux de la Fantasia à Nefta, alors des chameaux… Le metteur en scène, blême, se rongeait les ongles. La vedette arriva en trombe, quelque peu éméchée, et disparut se coucher. « Prévenons-le du réveil à quatre heures du matin », suggérai-je. Derrière sa porte on entendait déjà des ronflements. « Surtout pas, c'est un fauve si on le réveille. » Alain avait déjà tourné un film avec lui, moi pas. Je l'écoutai. À tort probablement. Le lendemain, au petit-déjeuner à l'aube, il se trouvait en tête à tête avec mon fils, râlant contre la production et les conditions de tournage. Rage ponctuée de « Oh, excuse-moi, c'est vrai, c'est ta mère ! ». À tel point que François, qui tartinait du pain avec son couteau suisse, d'énervement contenu le lâcha et se le planta dans la cuisse. Infirmerie, points de suture. Le médecin le confina dans sa chambre. Je soupçonne les équipes hostiles d'avoir gravement fantasmé, du fait de l'héritage du comte Guy, sur le luxe imaginaire dans lequel ils supposaient que vivait la production et d'avoir contribué à monter le bourrichon à Gérard. Aux jérémiades s'ajoutait la haine à l'égard de ce directeur de production réputé intraitable qu'ils allaient devoir subir durant des semaines. Le nouveau mot d'ordre : « S'en débarrasser. Faire le plus de dégâts possible pour faire payer ces chiens ! » Une obsession !

Ce soir-là, je me dirigeai dans la nuit vers la cantine, luxe et confort improbables au milieu de nulle part, quand j'aperçus avec horreur Georges, extrêmement myope, hagard, cherchant ses lunettes. Depardieu, s'étant chauffé tout seul, lui avait mis son poing dans la figure. Je vis non plus rouge mais écarlate. L'injustice de l'impunité des plus forts envers les plus démunis me donne des envies de meurtre. Je visai un long et grand couteau de cuisine, que je m'apprêtais à saisir, pour le planter, moi aussi avec haine et dégoût, dans le gros ventre de l'acteur principal. Une longue main beige et fine m'arrêta dans ma course.

— Je sais ce que tu vas faire, me murmura Ahmed Baba Deida, l'immense Mauritanien en djellaba bleu ciel, partenaire gouvernemental.

— Lâche-moi ! sifflai-je, vipérine.

Le temps de cet échange rapide, le courageux assaillant, aussi en djellaba bleu pâle, dévala par le côté les marches de la cantine pour disparaître dans la nuit africaine. Scène shakespearienne. Je récupérai Georges et ce que je pus des lunettes aux verres cassés. Ahmed nous escorta dans nos quartiers.

— Veux-tu que je le fasse arrêter ?

Tentant, ô combien tentant ! Depardieu dans une geôle mauritanienne ! Mais le mal était fait. Tous les sacrifices de Georges et de son équipe pour rien ? Toutes ces souffrances inutiles ? Non ! Ma plus belle vengeance serait de résister et de terminer ce film, coûte que coûte. En dépit des abus et de cette guerre quotidienne.

— Mets juste, s'il te plaît, un soldat armé devant nos chambres.

Au matin, confiant le tournage au metteur en scène et au fidèle et solide régisseur Alain Artur, en dépit des protestations de mon pilote de fils et de Georges, je nous embarquai tous les trois dans l'avion pour Paris via Dakar.

— Vous êtes mes talons d'Achille. Vos présences me vulnérabilisent. Je vous retire de l'échiquier.

Après recherche d'un nouveau directeur de production, je réatterris à Chinguetti. Mon merveilleux Alain Artur était en larmes.

— Sans Georges, on n'y arrivera pas. Les dépassements seront astronomiques !

C'était ce qu'espéraient les éléments sécessionnistes, qui nous attendaient au tournant. Je rassemblai alors mes propres troupes, la régie, maquilleur et coiffeur inclus, et nous mîmes en place un plan praticable. Débarquèrent Christian Lentretien, Jean-Louis Livi et Nadine Trintignant entre autres, histoire de montrer leur soutien.

Car de nouveaux défis se profilaient. Les chameaux et l'armée se dérobaient : les puits étaient asséchés, ce qui les obligeait à faire un immense détour. Des frais supplémentaires à l'horizon. Cerise sur le gâteau : un des groupes électrogènes naviguait dans un bateau à la dérive sur l'Atlantique à cause des tempêtes, l'autre venait de s'embourber dans les sables et était irrécupérable. Corneau, le bob de plus en plus enfoncé sur la tête, déprimait. « T'inquiète, me susurra Nuytten. S'il craque, je reprendrai le film. » Un assistant déboula. « Rien à tourner. Que fait-on ? Pas de chameaux, le décor suivant est inachevé, et on n'a aucun groupe pour filmer celui d'aujourd'hui. » Je me gavais de tranquillisants, moi qui n'en avais jamais pris de ma vie : l'anxiété due à mes gigantesques responsabilités me taraudait l'estomac. Le gentil médecin, Claude Cahen, à qui chaque soir, en consultation, je confiais mon obsédante frustration – avoir été privée du coutelas enfoncé dans le gras de Gérard –, me les allongeait.

— Eh bien, moi, je vais aller dormir, réveille-moi lorsque tu auras de meilleures nouvelles, répondis-je à l'assistant.

Que faire d'autre ?

Je ne dormis pas longtemps. Nuytten avait trouvé : enregistrer la discussion des confidences entre Gérard et Robin, allongés près d'un grand feu sur le sable. Je me relevai :

— Ah ! voilà qui est créatif !

Grimpant à l'arrière ouvert du 4 x 4, je me rendis sur les lieux du tournage. Ce fut l'une des scènes les plus lyriques et émouvantes du film. Comme quoi, la pénurie… Il y aurait tant d'anecdotes à raconter ! Tels ces rouleaux de pellicules des rushes se dévidant dans le sable à l'arrière du camion à cause du vent ! Au bout d'une bonne semaine, un jeune et nouveau directeur de production, bien vu des équipes, prit le relais et le tournage se termina avec, bien entendu, du retard.

François, inquiet, avait dit à son père :

— On ne peut pas laisser Maman toute seule face à ces fous !

— Je lui fais descendre un groupe de guides robustes, si elle veut, offrit Bruno.

Je déclinai cette adorable proposition, tout comme l'offre généreuse de mon François :

— Si tu as un gros dépassement, Maman, maintenant on peut vendre un des hôtels de Bon-Papa.

— Certainement pas ! Je n'ai jamais eu recours à ce genre de repêchage, je ne vais pas commencer aujourd'hui !

Les dépassements, je les assurerais en vendant tous les passages télé disponibles de mon catalogue jusqu'aux septièmes et huitièmes. Jamais je n'oublierai le geste de

Jacques Rigaud, patron de RTL, à qui je proposai une série de quatre heures – le film en faisait déjà trois ! Élégamment, généreusement, il accepta. Forte de l'expérience Bresson et des passages de péniches, je fis ajouter, avec l'accord d'Alain, de longues marches de chameaux tombées sous les ciseaux du monteur. Ainsi, tout se réajusta.

La plus belle récompense me vint du Festival de Cannes 1984, dont le film fit l'ouverture. J'avais fait un rapide aller-retour New York-Paris pour persuader Favre Le Bret et Gilles Jacob de renoncer, étant donné les jalousies à l'égard de Corneau qui avait mené à bien le plus gros budget du cinéma français dans des conditions inhumaines, à ce que *Fort Saganne* représente la France. À la fin de la projection, la salle se ralluma sous les applaudissements. Le producteur le plus puissant de l'époque, patron de la Gaumont, Daniel Toscan du Plantier, se tourna vers moi et m'applaudit longuement. Il savait le tour de force de production que représentait ce beau mais infernal film. Lui non plus, je ne l'oublierai jamais.

En cette année 1985, la préparation de *Mermere* avançait. J'avais un prodigieux metteur en scène, Murray Lerner, expert en 3D et films sous-marins, qui peaufinait avec une créativité inouïe le scénario et sa folle technique. Nous planions dans le même délire, inédit au début des années 1980. Portés par notre imagination galopante, nous discutions en marchant des heures dans les rues de l'automne new-yorkais, notre nouveau bureau.

J'entamais les négociations de coproduction avec le grand bassin des orques de Floride. J'envisageai aussi par leur bureau à Londres une coproduction avec l'Australie où nous projetions de tourner les scènes sur terre. Encouragés par notre agent de CMA à Los Angeles et Bob Montgomery notre avocat à New York, qui parlementaient pour le financement avec les grandes compagnies. Murray et moi avions projeté de faire des repérages dans la région des Alice rouges australiennes en février. Lorsque seraient passées les fêtes de fin d'année et le Paris-Dakar, en janvier, sur lequel François avait décidé de retourner. Restait à démarcher des acteurs, ce que nous ferions, budget établi, vers mars. Bien entendu, nous songions à Robert Redford !

François, venu passer un examen GMAT à New York, avait consulté les messages laissés sur son téléphone fixe à Air-Glaciers. En ce temps-là, pas de portable !

— Tiens, Albert m'a appelé.

En effet, son cousin monégasque, sachant que François avait suivi le coureur automobile valaisan Reverberi dans un avion Air-Glaciers l'année précédente, lui avait demandé son aide pour l'édition 1986.

— J'ai accepté, nous annonça FX. Maman, j'ai passé l'examen GMAT d'entrée pour Harvard et demandé toutes les lettres de soutien requises. Cela t'ennuierait beaucoup si, au lieu d'y entrer au semestre de printemps, je rentrais à celui d'automne ? Cela me permettrait de mieux me préparer et aussi de faire cette course en janvier.

Bien sûr que cela m'ennuyait. Je n'avais déjà pas vu d'un bon œil le rallye précédent. J'espérais que cette année universitaire nous ferait gagner du temps sur les hélicoptères et ouvrirait de nouveaux horizons. Mais, comme toujours avec François, je voulais lui laisser la liberté de choix. Ne pas infléchir son destin par l'autorité maternelle ou lui mettre la pression par culpabilité. Ce rallye était dangereux et imprudent, certes. Mais le vol hivernal en Valais recelait, lui, d'autres pièges sournois. Que répondre ?

— Fais ce que tu penses être le mieux pour toi, lui dis-je.

Et là, les sorcières du destin s'en mêlèrent. Allant chez Thierry Sabine Organisation, ou TSO, pour préparer le vol Air-Glaciers en vue de suivre Albert, son cousin et ami, il retrouva une camarade qui y travaillait.

— Pourquoi ne postules-tu pas plutôt pour accompagner Thierry Sabine ? Tu es un excellent pilote d'hélicoptère et le sien est hors circuit.

En effet, Michel Anglade, pilote attitré, avait fait un atterrissage forcé, brutal, et s'était fracturé une ou deux vertèbres.

— Oh, il ne me prendrait pas, je suis suisse et il ne me connaît pas, répondit FX, toujours modeste.

Quand Thierry Sabine rencontra François, ce fut un coup de foudre amical. FX devait choisir entre suivre Albert en avion ou le directeur du Paris-Dakar en hélicoptère. Bruno misait sur le fait que son fils avait des licences suisses et que les Français refuseraient pour cette raison qu'il prenne les commandes d'un hélicoptère loué en France. Georges, à qui François demanda conseil, lui répliqua :

— Moi, je choisirais l'engin dans lequel je suis seul maître à bord.

C'est-à-dire l'avion, puisque l'hélicoptère de Thierry avait une double commande pour que ce dernier, titulaire d'un certain nombre d'heures de vol, puisse décoller et atterrir devant des journalistes. Il ne prenait jamais les commandes pendant les trajets, d'après les témoignages et les dires de FX. Georges ajouta :

— Si tu ne prends pas l'avion, en somme, tu laisses tomber Albert ?

François lui jeta un regard noir, agacé de ne pas obtenir le soutien escompté. J'avais pour ma part entendu des rumeurs terrifiantes sur les caprices et les coups de tête du charismatique directeur de la course. À mon tour, je tentai :

— Tu n'as jamais volé avec lui, faites au moins un vol ensemble pour voir comment il se comporte.

Ce qui fut fait. Au retour, François me dit :

— Tu as raison, Maman, on dit sur lui des choses épouvantables, mais moi, je m'entends très bien avec lui.

Alea jacta est !

Pratiquement courbée en deux par les mille nœuds que j'avais à l'estomac, je respirais entre deux apnées, tant j'étais impuissante et angoissée de ne pouvoir choisir quel environnement, du désert ou des sommets d'hiver, était le moins dangereux pour mon fils. De toute façon, ma peur m'interdisait de le pousser dans l'un comme dans l'autre sens. Continuant mes allers-retours entre les États-Unis et l'Europe, je lui téléphonais sans cesse.

— Maman, tu peux me lâcher les baskets ? Oui, je vais trouver un pilote pour me remplacer auprès d'Albert !

François, vingt-quatre ans, nous avait, à tous, échappé. Quelque temps plus tôt, un soir, alors que j'étais à Genève, il avait débarqué de l'aéroport de Cointrin.

— Ça y est ! Je l'ai ! J'ai le diplôme de vol de nuit ! Mon père ne l'a pas !

Bruno, pilote pionnier de la montagne, avait appris sur le tas. Ce garçon, notre fils, très doué, passionné, aux capacités rares, l'avait dépassé. Dépassé aussi par les offres qu'on lui faisait. Dans les années 1970, Bruno avait effectué des vols de transport de matériaux dans la brousse en Afrique. Une compagnie suisse-allemande lui demanda de faire de même dans l'Himalaya. Bruno déclina :

— Il y a des vents à parfois 120 kilomètres heure, nous ne connaissons pas ce terrain ni ses particularités. C'est trop risqué !

Il répétait souvent : « Ce n'est pas difficile d'être un bon pilote, ce qui est difficile, c'est d'être un vieux pilote. » Quand il envoyait un pilote plus âgé sur un sauvetage dangereux, François se plaignait : « J'adore Air-Glaciers et Papa, mais s'il ne me laisse pas voler, j'accepterai de travailler ailleurs. » Bruno s'efforçait de le cadrer, de le protéger.

Cette fois-ci, FX, par son incommensurable obstination, passa un à un les obstacles qui se dressaient entre lui et son projet du Dakar. Y compris trouver un pilote de confiance pour la « mission Prince Albert », bien qu'aucun ne fût libre à cette époque, ou ne voulût l'être, sachant que Bruno comptait aussi sur cette carte pour que son fils n'ait d'autre choix que de piloter l'avion d'Albert.

Noël 1985 arrivant, je repartis de New York rejoindre, selon notre tradition depuis cinq ans, Georges à Bois-Malagny, à côté de Genève. J'y organisais un repas de famille avant la messe de minuit. François se joignait d'habitude à nous quelques jours avant, mais je n'avais pas de nouvelles cette fois-ci. Me préparant, en ce soir du 24 décembre, je ressentis combien mon fils était devenu indépendant et adulte. Il montait et descendait du Valais, organisant le départ du pilote qu'il avait démarché in extremis pour Albert, préparant sa propre expédition et arrangeant dans le même temps le petit chalet de son enfance à Crans, que j'avais mis à son nom – il finançait les travaux de rénovation par ses propres gains. J'étais très fière de lui. Indépendant et volontaire comme sa mère, il ne voulait demander aucun subside, ni à son père ni à moi.

Tout en m'habillant, je réfléchissais à l'année nouvelle et à celles à venir. Comment diriger ma vie après ce gigantesque film à Hollywood ? Eh bien, je changerais encore d'existence. Je n'avais plus pour ambition de produire en France. Que pouvais-je inventer après l'aventure de *Fort Saganne* ? D'où le rêve d'un défi technique quasi impossible à relever aux États-Unis. Toutefois, après ce gigantesque saut à la perche, je retournerais à ma vie simple. Aux reportages, à ce que j'aimais. Toutes ces collections, ces affaires d'argent, d'entreprises à gérer que j'avais remises à flot, je trouverais moyen, jusqu'aux trente ans de FX, de les confier à des hommes ou femmes d'affaires talentueux. Je retrouverais la maîtrise de mon temps, de mes choix et ma tranquillité. Je pourrais participer aux actions de Médecins du monde, la nouvelle organisation des fondateurs de Médecins sans frontières. Je militerais de nouveau pour la sauvegarde de la planète.

François-Xavier n'assista pas à la messe de minuit, pour la première fois depuis que j'avais instauré cette tradition de rassemblement familial. « Je pars très tôt, rendez-vous à Paris pour les derniers préparatifs. » Toutes les barrières, il les avait abattues. Son père, Georges et moi n'avions plus aucun recours ni espoir de le voir voler sur l'avion d'Air-Glaciers. Au petit matin, dans l'escalier en bois du chalet, j'entendis monter les pas légers de ses longues jambes rapides et agiles. Très fort, je l'étreignis. L'embrassant tendrement :

— N'oublie pas que je t'aime.

— Moi aussi, Maman, me répondit-il de sa voix douce et tendre.

Ne montrer aucune inquiétude : surtout ne pas formuler « fais attention ». Et ainsi disparut-il, sans bruit, souple, aérien, toujours pressé, dans le pâle soleil levant de l'aube de ce 25 décembre 1985.

LIVRE III

Mes étoiles de mer

Il y a un moment pour tout
et un temps pour toute activité sous le ciel :
un temps pour naître et un temps pour mourir,
un temps pour planter et un temps pour arracher
ce qui a été planté, un temps pour démolir
et un temps pour construire…

Ecclésiaste 3:1-11

Vos enfants ne sont pas vos enfants. Ils sont les
fils et les filles de l'appel de la Vie à elle-même,
Ils viennent à travers vous mais non de vous.
Et bien qu'ils soient avec vous, ils ne vous
appartiennent pas. Vous pouvez leur donner
votre amour mais non point vos pensées,
Car ils ont leurs propres pensées

Khalil Gibran

Albina a défendu la cause des enfants orphelins
du sida depuis le début de la pandémie, alors
que peu de gens avaient la compréhension,
le courage et la détermination nécessaires
pour faire entendre leur voix.

Docteur Peter Piot, ancien directeur exécutif
du Programme Commun des Nations unies
sur le VIH/SIDA, ONUSIDA.

François parti, je restai désemparée. Mes propres déplacements professionnels ne reprendraient qu'en février, le Dakar se terminait autour du 22 janvier. J'avais demandé à François s'il voulait que je le rejoigne en Afrique pour nager ensemble au Club Med de Cap Skirring.

— J'aurai assez vu de sable, Maman. Je préfère te retrouver en Suisse et skier avec toi. Nous pourrons aussi travailler sur les dissertations d'entrée à Harvard. L'une d'elles porte sur le problème le plus grave aujourd'hui dans le monde. Selon toi, c'est quoi ?

— Dans l'immédiat ? la guerre : il faudrait arriver à la paix dans le monde. Ou alors la faim.

Telle fut ma réponse.

Le 20 janvier, je m'installerai au chalet de Verbier, pour attendre le retour de mon fils. Grâce à Bruno, j'avais des nouvelles de François, et parfois un numéro où le joindre. Il me raconta comment il avait pris la tête de la caravane au-dessus des Pyrénées pour rejoindre Alger, habitué qu'il était aux vents d'altitude et à leurs brouillards intermittents. Le 7 janvier, un hélicoptère d'Antenne 2 se coucha sur le flanc d'un erg en Algérie. Sans dégâts autres que matériels. « Une erreur technique », me rassura mon fils, d'un téléphone satellite, avant d'ajouter : « Maman, il ne faudra pas t'inquiéter si tu entends, ou lis, qu'un hélico s'est écrasé, ce ne sera pas moi », et de raccrocher. J'en devins glacée.

Plus ils s'enfonçaient dans le Sahara, plus les communications devenaient difficiles. Le 11 janvier, je participai à une opération promotionnelle d'Air France sur un de leurs nouveaux appareils. Une cohorte d'actrices, d'acteurs, de metteurs en scène, de producteurs, avait été embarquée à Orly pour un vol publicitaire jusqu'en Algérie. Scrutant la nuit noire au-dessus du Sahara, je me demandais si, au sol, mon fils se trouvait quelque part. Endormi. Je m'imaginai un instant, descendant en parachute, dans l'immensité désertique... Le hasard et la chance me feraient peut-être atterrir non loin de lui ? L'avion fit demi-tour. Retour à Paris et à la réalité.

Le 14 janvier au soir, sortant du bain, je regardai l'heure. « Tiens, me suis-je dit, il est vingt heures vingt. » Nuit agitée, remplie de cauchemars. Georges Casati m'hébergeait chez lui, comme chaque fois que je passais à Paris. Une chambre pour François, une pour moi, sous les combles, très lumineuses, au-dessus d'un escalier en colimaçon dont le bois craquait. À dix heures cinquante le lendemain matin, le téléphone sonna.

— C'est Bruno, j'ai une très, très mauvaise nouvelle : notre fils s'est tué hier soir. Accident d'hélico.

Pétrifiée, j'ai dû poser une question absurde :

— Ça s'est passé à quelle heure ?

— Vers vingt heures trente.

Sans parvenir à intégrer l'information, je raccrochai. Le cerveau pris dans un cyclone. Une douleur indicible s'infiltrait par tous les pores de ma peau, jusqu'au tréfonds de mes entrailles, recouvrant tout. Tsunami implacable et silencieux.

Figée, paralysée, le cœur battant à tout rompre, je ne pleurais ni ne bougeais. Entièrement fossilisée dans un étau de souffrance indescriptible, qui se resserrait implacable, seconde après seconde. De la gorge aux pieds. « Aller à Sion », dis-je dans un souffle. Je ne me souviens de rien ensuite, si ce n'est d'avoir erré dans une sorte de brume irréelle.

À Orly, rencontre avec des amis producteurs arrivant de Genève. Graves et fantomatiques. Pourquoi m'embrassaient-ils ? De l'eau me sortait des yeux, comme un trop-plein qui déborde. Mes sanglots emprisonnés dans les nœuds de mon corps. S'y abandonner aurait dissous ma raison. Ne pas intégrer. Nier la réalité avec violence, seul passe-droit de stabilité de ma santé mentale.

Sortant de l'aéroport de Genève, nous avons croisé Bruno. Rencontre certainement orchestrée par l'attentionné Georges. « Je pars à Bamako reconnaître le corps, organiser le rapatriement. Si tu veux venir, il faut te décider tout de suite, l'avion part. » Je vacillai. Que faire ? La vision de mon fils sans vie me précipiterait vraisemblablement dans la folie. Je ne serais qu'un poids de plus. Je voulais garder de François cette image lumineuse, tendre et conquérante dans le petit matin du 25 décembre. De plus, Bruno absent, il fallait organiser une belle cérémonie forte en Valais, où tant de gens étaient eux aussi dans la peine.

Trois jours d'attente à Bois-Malagny durant lesquels le téléphone ne cessa de sonner. Je ne parlais à personne. Si ce n'est à mon grand ami guide Michel Darbellay.

— Que puis-je faire ? m'interrogea-t-il.

— Faire venir les guides du Valais avec qui François a fait tant de sauvetages et leur demander de porter son cercueil au cimetière.

— Ils ne le font que pour l'un des leurs, mais François était sauveteur, comme eux. Je suis sûr qu'ils accepteront.

Deux aubes noires et glacées plus tard, Georges et moi nous rendîmes à Cointrin, attendre Bruno et l'avion d'Europ Assistance qui ramenait les cinq corps du Mali. Arrêt à Genève pour y déposer FX.

Des amis lointains abordèrent notre rivage. Jim et Elaine Wolfensohn, de New York. Bobby Shriver, de Washington. D'autres de Paris. J'étais très émue par ces témoignages, non seulement d'amitié, mais aussi d'amour pour François-Xavier.

« C'était un type formidable », lâcha Bobby à la maison, devant son cercueil… Ses camarades des années universitaires dans le Michigan – Alon Kasha son meilleur ami, Jane Saunders et Silvana Paternostro –, des amis genevois, et tant d'autres, frappèrent à notre porte.

Le 18 janvier, dans la petite chapelle Sainte-Rita eut lieu une cérémonie extrêmement recueillie. Chapelle bondée, abondance de fleurs. Le fidèle assistant italien de Papa, Mario Borgini, prononça quelques mots très touchants. « Vous êtes parti comme nous vous avons connu : pressé, toujours pressé. » En effet, lorsqu'on disait à FX : « Mais ne te dépêche pas, fais cela plus tard », il répondait : « Mais si je ne le fais pas maintenant, je ne le ferai jamais. » Et il avait, malheureusement, raison. Guy Gaudry, chef mécanicien d'Air-Glaciers, qui pourtant avait vu tant d'accidents mortels, à commencer par Geiger et Martignoni, s'évanouit sur le seuil de l'église, totalement bouleversé.

Le cercueil ayant été posé dans sa chambre, François y était en quelque sorte présent. Je passais là une grande partie des nuits précédant l'enterrement. Alain Delon débarqua et offrit de nous accompagner en Valais le 20 janvier, jour de l'enterrement au cimetière du Châble, veillé par la grande église du XVe siècle, entouré de montagnes et de pâturages. À Bernard Kouchner qui appela, je m'entendis répondre : « Malheureusement, maintenant, j'aurai le temps de partir en mission. » Comment pouvait-il s'agir de ma voix, de mes mots ? Moi qui n'avais plus envie de rien ? Dont les morceaux de vie tombaient telles des feuilles mortes ? Production, hôtels, affaires, maisons, êtres chers, tout m'était indifférent. Je n'étais que douleur et déchirure. Toutefois une étrangère avait exprimé un désir : celui d'aller soigner au loin des inconnus.

Je traversai ces journées tétanisée. Mentalement et physiquement.

Engourdie, ankylosée. Comme droguée – ce que j'étais probablement, entre Lexomil et somnifères. Je luttais pour anesthésier la souffrance. Douleur indescriptible et permanente. Georges, heureusement, veillait. J'étais absente et indifférente à tout, à tous. Sans répit, comme de l'acide insidieux, le désespoir rongeait ma pensée, mon corps. J'avais mal partout. Je vivais là ce que mon amie Romy avait vécu et à quoi je n'avais, en 1982, véritablement rien saisi. Impossible de communiquer avec les vivants, si aimants et attentionnés soient-ils. Ils ne sont pas déchiquetés par cet enfer qui nous enchaîne et nous broie, dans lequel ils n'ont jamais plongé. Ils sont loin de nous. Ailleurs.

Arriva cet abominable matin du 20 janvier. Départ dans le craquement de la neige et le froid glacial vers le cimetière du Châble. Les dernières heures dans le corbillard en présence du corps de mon fils. Comme s'il était encore là, invisible, immobile, muet, mais à côté de moi. Pas encore charnellement détruit, sous terre, absent.

L'église était archi-pleine. Des milliers de personnes se pressaient dehors. Le Valais était en pleurs. François avait compté pour tant de familles, sauvant une vie ou ramenant un corps. Chacun venait nous témoigner sa reconnaissance. De beaux et émouvants hommages lui furent rendus. Pour sa ressemblance blonde et candide avec le héros de Saint-Exupéry, il avait été surnommé « le Petit Prince des montagnes et des sables ». Les gendarmes saluèrent militairement le cercueil porté par quatre guides très proches avec qui il avait si souvent travaillé : René Mayor, Bernard Polli, Raymond Joris et Yves Rausis. Ils ont à jamais une place particulière dans mon cœur. Par leurs marques d'affection et de respect, ils ont reconnu François comme l'un des leurs, un de ces hommes qui, contre vents et brouillards, sauvent. Généreux, courageux. Un *mensch*.

Lors de cette cérémonie, je pris conscience que mon fils, mon petit garçon, qui n'était plus petit, n'appartenait pas seulement à sa famille, mais aussi à ce pays, à ses épopées montagnardes. À ces Valaisans et Valaisannes, venus de leurs villes et de leurs villages. Ce n'était plus seulement notre deuil, mais celui d'un pays en larmes.

Dans un état de choc ouaté, sons et images me parvenaient filtrés, en sourdine. Figée. L'eau coulait sur mon visage. Je ressentis à ce moment-là que j'avais une famille. Avec laquelle j'avais certes pris mes distances. Dont j'avais rejeté les codes, mais qui existait. Avec certains Patino présents, même si nos modes de vie resteraient à jamais éloignés, je retrouvai la tribu de mon enfance. Quant aux Polignac, voir l'oncle Guy, la tante Gladys et l'oncle Louis piétiner la neige glacée entre les tombes, me fit prendre conscience que j'appartenais également à la famille de mon père.

Ceux qui me donnèrent un bel exemple de solidarité et d'affection familiale furent le fils et les petits-enfants de mon tant aimé oncle Pierre de Monaco. Je n'avais eu jusqu'alors que des contacts sporadiques avec Oncle Rainier. Le voir arriver sans aucun protocole, en toute simplicité au fond de l'église, pour accompagner jusqu'à sa dernière demeure son petit-neveu qui, lui, se plaisait beaucoup dans le décorum de la principauté, m'émeut encore à ce jour. De ce matin-là, et jusqu'à la fin de sa vie, je l'ai accompagné avec amour et tendresse. Prince quelque peu bourru, mais si attachant. Il me manque. En beaucoup de choses, il ressemblait à mon propre père. Ses enfants, Caroline, Albert et Stéphanie, étaient devenus très proches de François-Xavier. Ils avaient comploté le premier Dakar ensemble, avec le mari de Caroline, Stefano Casiraghi. Touchée de les voir venus discrètement des quatre coins de la planète, sans fanfare ni trompette, mais aussi de n'avoir en rien caché leur immense chagrin. Autour de ce trou béant, où l'on allait descendre notre enfant, nous étions tous soudés dans la même souffrance. Les Valaisans, Bruno et sa famille, Georges et la sienne. Celle du cinéma, les amis de François-Xavier, les miens. Et moi, avec mes deux familles si différentes, ici réunies.

À l'issue de cette cérémonie cruelle, je me suis enfermée, isolée. Pulvérisée, en charpie. Sans identité, sans projet ni avenir. Plus rien ne me raccrochait à ma réalité. Toute ma vie, depuis sa naissance, je l'avais construite autour et à partir de mon fils. Mur porteur de l'édifice. J'étais désormais incapable de m'intéresser à quoi que ce soit. Ne voir personne, si ce n'est ceux qui avaient partagé sa vie et sa passion. Et son père, Bruno, et son beau-père, Georges.

Il devait être au moins dix-sept ou dix-huit heures lorsqu'on me reconduisit en motoneige dans mon nid d'aigle, perdu à deux kilomètres de toute route accessible, une fois terminé le « repas des Morts ». Tradition valaisanne incontournable, pendant laquelle famille et amis mangent, boivent, échangent des réminiscences au sujet du défunt. Rires et plaisanteries avaient surgi des souvenirs que tous partagèrent au sujet de François, des détails de sa vie évoqués avec amour. Et admiration, aussi, pour ce qu'il avait accompli durant son passage sur Terre.

Ce processus est supposé faciliter le deuil. Et ce fut le cas. Prévenue que je me devrais d'en passer par là et persuadée d'être incapable de traverser cela, je me retrouvai apaisée par tant d'amour. J'eus l'illusion réconfortante que, pour quelques instants encore, François était présent parmi nous.

Quelqu'un me mit au lit – sans doute Georges. Tout ce dont je me souviens, c'est d'avoir plongé dans un sommeil sans fond, dans le gouffre de l'oubli. Rarement ai-je dormi si profondément. Paradoxalement, le pire étant arrivé, les insomnies angoissantes à propos de l'avenir avaient disparu. Mais le matin, dès que je repris conscience, au réveil, l'infernale douleur revenait à sa place. La mémoire, la souffrance. La souffrance, la mémoire. Duo en duel.

Une part de mon cerveau, paralysée dans une agonie indescriptible, avait intégré ce qui s'était produit. L'autre, totalement irrationnelle, pensait et réagissait comme si je me trouvais coincée dans un cauchemar, dans une histoire à laquelle les autres essayaient de me faire croire. Il me semble même avoir murmuré à Georges : « Pourquoi êtes-vous tous si cruels à vouloir me persuader que François est mort, alors qu'il ne l'est pas ! » Quelque chose en moi s'obstinait, arc-bouté : la certitude que je devais traverser pendant un an cette vivisection du cœur et de l'esprit, au bout de laquelle, le 14 janvier 1987, François reviendrait rayonnant, le sourire éclatant. Si pendant un an je supportais stoïquement l'horreur, son retour serait ma récompense. La partie insupportablement douloureuse de mon cerveau savait que cela était faux, mais l'autre partie imposait sa vérité avec une force inouïe. Simultanément je vivais deux convictions contradictoires, schizophrènes. Mentalement saine et totalement dérangée en même temps.

Je refusai de rencontrer, voir ou parler à quiconque qui ne m'ait accompagnée depuis ce fatal jour du 14 janvier jusqu'à la clôture, au crépuscule, du repas des Morts le 20 janvier. Et quand bien même, je ne pus, pendant des années, me retrouver avec certains d'entre eux. Soit parce que dans leur sillage s'engouffraient trop de souvenirs, soit parce qu'en dépit de leur amitié nous ne nous trouvions plus sur le même chemin. Le mien était devenu une torture permanente. Ne pas dégringoler dans la déstructuration mentale définitive me demandait des efforts effroyables. Leur parcours les avait fait dériver loin, très loin, vers le territoire des vivants en bonne santé. Vers le pays des préoccupations futiles, de ceux qui ignorent ou veulent ignorer la souffrance, pour ne pas être contaminés. Essayant avec force de vous attraper et vous ramener parmi eux afin de pouvoir enfin s'exclamer : « La vie continue ! »

Pour moi, elle ne continuait pas. J'avais à la fois le sentiment que le temps, insensible à tout malheur, s'égrenait, inexorable, seconde par seconde, minute par minute, heure par heure, jour par jour, et la sensation, en attendant patiemment que se termine l'année diabolique, qu'il était suspendu. Qu'il s'était arrêté après le coup de téléphone de Bruno : « François, tué dans un accident hier soir. » À cet instant, je me suis statufiée, ne pouvant intégrer ce que cette phrase signifiait. Bloquée, je ne pouvais plus avancer. Le temps, en coulant, scellait l'impossibilité de retourner aux jours précédant cette phrase maudite. Où nous étions tous, vivants. Heureux.

J'avais grand besoin de ceux qui étaient eux aussi démolis. De communier avec eux dans le chagrin et la mémoire du passé. De même, j'avais besoin de voir des gens du Valais qui aimaient FX, tout en le connaissant assez peu. Ceux dont il avait partagé un peu de la souffrance et du désespoir, ramenant le corps d'un de leurs proches. Ceux-là ressentaient et savaient ce que nous traversions. Une partie de mon cœur et de mes racines demeure à jamais dans ce canton du Valais. Je serai enterrée, dans ce cimetière du Châble, berceau de sommets enneigés, à côté de mon fils.

Je cherchais aussi à rencontrer des amis de François que je ne connaissais pas. Des collègues avec qui il avait travaillé. Ainsi que les participants et les organisateurs de cette course de malheur, pour déterrer, tel un chien de chasse, des informations supplémentaires à ajouter aux pièces du puzzle de l'accident. Je me forçais à chercher les numéros de téléphone, à les composer. À interroger des participants du rallye comme Claude Brasseur, Jean-Claude Tournier, pilote qui avait ramené les corps à l'aube. Ou encore Sylvie, l'anesthésiste de Cochin, volontaire détachée par l'organisation de secours, qui, la première, a retrouvé les corps.

— Comment était mon fils la veille, heureux ? fatigué ? inquiet ? tout cela ensemble ?

Comment étaient-ils quand Sylvie, trois heures après le crash, s'est penchée sur eux ? Aurait-on pu les sauver ? Et la voiture du dentiste de Menton, qui les a vus s'écraser, s'était-elle arrêtée ?

— Non, répondit Sylvie.

— Et François ?

— Quand on a les artères des jambes sectionnées, on perd tout son sang en trois minutes, même la présence d'un hôpital à proximité n'aurait rien changé. À part cette blessure fatale, il n'avait rien. Intact et beau. Juste une dent cassée.

La DGAC mena une enquête technique. Seulement technique, pour dédouaner le constructeur de l'Écureuil, l'Aérospatiale, et Héli-France qui avait loué les cinq machines à Thierry Sabine. Je n'avais à l'époque ni la force ni la clarté d'esprit pour les harceler davantage de questions, auxquelles ils répondaient de toute façon avec réticence. Une demande en soulevait une autre, mais ma tête était vide et mon cerveau en miettes. J'identifie ma douloureuse recherche à celle de la famille de Simon Gautier aujourd'hui, le jeune randonneur décédé près de Naples. Fraternité de souffrance en quête d'apaisement impossible.

Je me suis enfouie dans le Valais. Si Georges ne m'avait pas nourrie, entourée pendant des mois, si Bruno n'avait pas sans cesse répondu présent, si Raymond Joris n'avait pas infiltré mon existence, si des administrateurs, comme Michel Degroux et mon ami banquier Denis Severis, n'avaient pas veillé sur les affaires durant mon éclipse totale, et Christian Lentretien sur Albina Productions, aurais-je continué de vivre ? De me nourrir ? De me soigner ? Aurais-je pu retrouver trois ans plus tard ce qu'avait été ma vie ? J'ai pour eux une reconnaissance éternelle.

Si, en ces jours, je n'avais eu le privilège d'être protégée par Georges, Bruno, Alon et Silvana, ou Halima, cette ancienne employée de maison algérienne, partie vivre une autre vie, qui réapparut de je ne sais où, puis disparut à nouveau, telle une fée, un ange, il est probable que j'eusse sombré à jamais. Bourrée de somnifères et de tranquillisants, je ne comprenais pas comment mon corps, virtuellement dépecé, démembré, continuait à fonctionner. De battre si douloureusement, mon cœur ne s'était pas arrêté. La digestion se faisait, les reins drainaient, les poumons respiraient, les cellules se multipliaient ; toute la biologie était intacte. Malgré cette souffrance insupportable s'immisçant dans les moindres recoins de mon organisme.

Les pensées arrivaient et disparaissaient aussitôt. Les relier les unes aux autres ? Un exercice voué à l'échec. Coquille vide faite de squelette, de muscles, de chair et d'organes, je ne parvenais toujours pas à retrouver une identité. Depuis mes vingt ans, elle s'était construite autour de mon fils. J'avais cherché à lui donner une autonomie, émotionnelle et physique, en le mettant au jardin d'enfants à trois ans, tandis que je retournais à mes propres études. Rien n'avait d'importance en dehors de François-Xavier. Recroquevillée sur moi-même, je m'habillais du même pantalon, du même pull et de la même écharpe noirs pendant près de deux ans. Désormais sans désirs, sans envies. J'œuvrais à recréer sa présence parmi nous, échangeant des souvenirs avec ceux qui lui étaient chers. Ses proches. Découvrant des moments de sa vie inconnus de moi, qu'il avait partagés avec des amis, collègues, fiancées, professeurs et élèves.

J'eus aussi la chance d'avoir constamment à mes côtés un autre ange gardien : Raymond Joris. Enfant du terroir, figure de proue des guides valaisans, il connaissait les Alpes comme sa poche. Râblé, cheveux longs en bataille, avec ou sans barbe, ses yeux bleus profonds jetaient d'intenses lueurs. Personnage d'un roman de John Berger, pétri de l'histoire locale, des secrets et scandales des familles du lieu, des vendettas villageoises, des traditions saisonnières de sa vallée, celle d'Entremont. Lui et ses trois frères me faisaient penser aux Dalton, batailleurs en mots, en venant parfois aux mains. Un cœur en or, habité par toutes les valeurs des guides. La responsabilité de la personne lui ayant confié sa vie, chevillée au corps.

Depuis qu'il avait dix-huit ans et moi vingt-quatre, nous nous croisions parfois. Sur les pistes, les courses alpines ou en juin à la fête des Guides, où j'emmenais François. Lequel, petit bonhomme, vêtu du même costume que son papa, défilait fièrement, tenant un drapeau derrière Denis Bertholet, François Carron, Xavier Kalt dit Papa Kalt. Avec sa barbe grisonnante et son bonnet à pompon ce dernier ressemblait aux Sept Nains de Blanche-Neige. Ils devinrent des collègues de François en sauvetage. Ils faisaient partie de sa vie et lui des leurs.

Raymond rejoignait les régiments de haute montagne, vêtus de blanc, que commandait Bruno, construisant des igloos à 3 000 mètres d'altitude. Bruno avait du mal à garder dans le rang ce bel insoumis, anarchiste lorsqu'il ne voyait pas l'utilité d'une directive. « Une vraie tête de mule », se lamentait son commandant. Une attraction silencieuse et forte s'exerçait entre nous, mais nous étions l'un et l'autre trop timides pour y donner suite.

Raymond était un des seuls guides ayant un second métier : éleveur de moutons. Il vivait dans une belle et vieille ferme en bois sombre, encerclée de prés et de glaciers. Au son de la musique des bêlements et des piétinements désordonnés des bêtes, il leur distribuait chaque soir du foin. Fidèle à l'engagement qu'il avait pris pour le 22 janvier auprès de François et moi, et en dépit des circonstances, dès le 23 au matin Raymond ouvrit ma porte et s'installa dans ma vie.

— Lève-toi, habille-toi, tu vas venir skier, déclara-t-il de sa voix la plus déterminée et bourrue.

— Je ne peux pas, je suis incapable de bouger, de quitter mon lit, cette maison. Ankylosée, je ne peux bouger les jambes.

Georges s'y mit aussi :

— Vas-y, tu avais décidé de skier avec François, il voudrait que tu y ailles pour lui. Il n'aimerait pas te voir ainsi, au lit, recroquevillée, pas lavée dans ce jogging noir, par un soleil pareil.

Son argumentation fit mouche. Je savais bien au fond de moi que François aurait jugée durement sa maman s'il l'avait vue incapable de se ressaisir, de gérer son deuil et d'accepter la souffrance avec dignité et courage. Indigne d'être la mère d'un pilote de sauvetage.

Ceux qui vous aiment endossent la responsabilité de vous soutenir inconditionnellement, et, en cas de deuil douloureux, de continuer à vivre. Dévastés par la perte et la peine, serrant les dents, avalant les larmes, il nous faut regrimper sur le chemin de la vie. C'est ce que fit Bruno à la direction d'Air-Glaciers, poursuivant les missions de sauvetage. Et tous les autres, le cœur brisé. De Marie, la secrétaire des hélicos, à Jacques Martignoni, mécanicien de l'atelier, très proche de FX, et fils de Fernand, mort lui aussi trois ans auparavant dans un accident d'hélico. Ensemble, ils répondirent à l'appel du devoir, solidaires de l'engagement de François-Xavier à Air-Glaciers, leur tribu bien-aimée. Oui, j'appartenais aussi à cette tribu et je me devais de me secouer !

Alors je parvins, ce matin-là, à m'habiller, à enfiler bottes, gants, bonnet. Puis, l'équipement réuni, à maladroitement monter, descendre les pistes de Verbier, derrière Raymond Joris. Religieusement, chaque matin, il préparait mes skis, son sac de guide, m'obligeait à le suivre sur les pistes. Excellents remèdes ! Il me fallait me concentrer sur mon équilibre, mes réflexes, trouver la détermination et la volonté pour négocier les virages dans des gorges raides et rocailleuses, en dépit de la peur et du vertige. Autrefois, derrière François Carron, le joyeux et trapu président des guides de Bagnes, sans pitié pour les mauviettes, je dévalais, tremblante, des à-pics en pleurant de terreur, mais ne voulant pour rien au monde me dégonfler. Maintenant, le regard de FX me suivait : « Allez, Maman, vas-y, bouge, courage ! » Les heures que je passais à supputer la pente ou les bosses devenaient une routine mentale quotidienne qui empêchait pendant quelques instants mes trois obsessions de tourner en boucle dans mon cerveau : aurais-je dû partir au Mali avec Bruno reconnaître mon fils mort ? Lui dire adieu ? Aurais-je dû trouver les mots pour lui instiller l'importance de se protéger, de vivre ? De conserver sa vie plutôt que de sauver celle des autres ? Et sans répit, ce questionnement lancinant : Que s'est-il passé ? Pourquoi l'hélicoptère s'est-il écrasé ? Comment aurait-on pu l'éviter ? Exténuée, courbaturée, le soir venu je dormais avec de moins en moins de somnifères et de tranquillisants, ces béquilles que je détestais. Si Raymond ne m'avait administré avec autorité ce remède d'effort physique, j'aurais abandonné. L'exercice ouvrait l'appétit. Je mangeais. Et buvais. Agrippée au plaisir passager du Syrah local, avalé comme de l'orangeade. En dépit de ces satisfactions animales éphémères, le goût de vivre demeurait toujours aux abonnés absents. Je n'avais envie ni de musique, ni de journaux, ni de livres. À l'exception, pour un temps, de ceux traitant de la mort et de ce qui se passe ensuite. De religion, d'ésotérisme. Le quotidien n'avait plus de saveur. Je ne ressentais qu'indifférence envers le monde des vivants. Semblable à un immeuble bombardé de Beyrouth, sans toit ni fenêtres, exempt du moindre grouillement de vie.

Seul l'accident mortel de la Navette Challenger, que je vis à la télévision, me fit réagir. François, en décembre 1985, devenu ingénieur en aéronautique de l'université du Michigan, m'avait demandé si je connaissais une personne influente à la NASA, qui lui permettrait de participer à cette mission… Son rêve ! Je m'étais désolée à l'époque d'être incapable de procurer ce plaisir à mon fils. Là, devant cette tragédie, une lueur vacilla dans mon esprit englué : la trajectoire de ce beau garçon imaginatif, doué et généreux, était programmée pour s'arrêter en janvier 1986. Qu'il ait réalisé ce rêve, ou qu'il soit resté à voler en Valais. Jo Pouget se souvenait que, le matin du 14 janvier, lui-même pilotait un hélico rempli de bombes, pour déclencher des avalanches, quand soudain, panne de rotors. Lui et Ménigue, le mécano habituel de FX, voyaient leur dernière heure arrivée.

— C'est un miracle, je ne sais comment j'ai réussi à atterrir sans tout faire exploser !

— Est-ce une mission que François aurait prise, eût-il été à Sion ?

— Très probablement : ce travail, il le faisait souvent.

Certes, il y a le destin. Mais les enfants ne doivent pas mourir avant leurs parents. C'est contre nature… Comme des étoiles brillant dans un ciel bleu, à côté du soleil, ou des palmiers poussant sur les glaciers… Il n'y a pas de dénomination, pour les parents qui survivent à leur enfant, contrairement aux orphelins, aux veuves et veufs. La raison est évidente : c'est innommable.

Au terme de deux années à malaxer et à boxer maladivement mes interrogations dans le bocal de ma cervelle, me heurtant à l'impossibilité d'obtenir des réponses irrévocables à cette tragédie, je jetai l'éponge. J'éteignis la lumière de mes déductions et décidai de fermer la porte au supplice mental de l'interrogation. Il me fallait faire la paix avec la fatalité, accepter l'amputation et avancer handicapée, toutefois décidée à marcher comme si j'avais deux jambes.

Un matin, passant la grille du cimetière où Raymond m'accompagnait quotidiennement, je perçus, comme on entend une radio dans la pièce à côté : « Maman, cesse de te torturer, tu as toujours été là. Le Mali, il fallait que ce soit Papa qui vienne m'y rechercher. » De ce jour, cette question lancinante me quitta et avec elle la déchirante culpabilité qu'elle engendrait. Pourtant, lors de l'accident, que s'était-il réellement passé ? Quelle avait été la chaîne des événements tissée par le destin qui avait conduit au crash et à la mort de cinq personnes ?

Jamais je n'aurais de preuves du déroulement exact des faits. Pourtant, j'avais récolté suffisamment d'éléments, de récits, pour en avoir une idée, partagée par Bruno et

Georges : probablement un dernier sauvetage. Mais j'ai renoncé aux « s'ils avaient fait ceci ou cela, et si, et si, et si ? ». J'ai pactisé aussi avec cette torture. La réalité n'est hélas pas une page de scénario que l'on peut arracher pour mieux la réécrire. Elle est gravée, indélébile. Il s'agit de trouver comment alléger ce fardeau, le porter avec grâce. Ensuite, je parvins à chasser le regret de n'avoir pas enseigné à mon fils à être un peu égoïste. De lui avoir choisi comme père un guide sauveteur. De lui avoir donné pour racines la culture du Valais : les guides, les pilotes de haute montagne. D'avoir maintenu autour de lui, en dépit de mon divorce, les Geiger, les Martignoni, les Pouget, au lieu des paillettes. D'avoir œuvré pour lui éviter la fréquentation de fausses valeurs. Avec sa nature généreuse, son courage compassionnel, je ne devais pas m'attendre à ce qu'il devienne un chercheur enfermé dans son laboratoire, ni un as du barreau ou de la finance. Non, il avait suivi l'exemple de son père, d'Air-Glaciers, de nos amis guides. De ce canton, où les habitants, conscients au plus profond de leur être des dangers de leur environnement et de l'obligation d'être solidaires, portent dans leur ADN la nécessité de sauver la vie des autres avant de préserver la leur. Le rêve de François ? Égaler les meilleurs d'entre eux. Sa passion : le sauvetage.

Pénibles cependant durent être pour mon entourage, pendant une dizaine d'années, mes crises de panique à la vue d'un autocollant Paris-Dakar à l'arrière d'une voiture. Ou, dans un film, un plan d'hélicoptère en détresse. Braises douloureuses des cendres de la mémoire. Je me sens privilégiée, durant cette fragile décennie, d'avoir été entourée de leur patience, de leur amour et de leur attention sans relâche. C'est de ce temps que date mon rapprochement avec mes cousins monégasques. En dépit de nos modes de vie et de nos choix respectifs, nos douleurs réciproques ont scellé un pacte de tendresse entre nous, et particulièrement avec ma cousine Caroline. Cherchant à soulager ma peine, elle me fit marraine de sa Charlotte, car elle avait projeté que François en soit le parrain. J'ai vu grandir ses enfants d'année en année. Douce brûlure cicatrisante ; je les aime tendrement. Son veuvage nous avait unies plus encore, dans cette douleur que nous partagions si intimement. J'aurais, bien sûr, préféré que cette famille d'altesses ne soit constituée que de cousins franco-américains sans cette étiquette de « super-people » qui leur colle à la peau et fausse la perception qu'en a le public. Une parenté amie avec laquelle partager, sans bruit, nos goûts communs pour les livres, la nature, l'écologie, les éléphants, les chevaux. L'océan. Et nos ADN si disparates.

Notre « curé skieur », Louis-Ernest Fellay, me fut également d'un grand soutien. Ce montagnard, qui partageait avec les habitants de Bagnes son amour du sport et les vicissitudes de leurs vies, remontait à peaux de phoque, en ski, deux kilomètres de route glacée pour venir jusqu'à mon chalet isolé. Nous n'échangions pas tant sur la religion que sur la vie et la mort. Le destin, le sens des choses. Il eut un jour cette phrase consolante : « Ne déplore pas que chaque jour t'éloigne de ton fils, dis-toi que chaque jour te rapproche de lui. » Oui, si l'on est persuadé que quelque chose de nous subsiste après notre fin corporelle. J'espère et je pense que l'énergie qu'a générée notre vie, bonne ou mauvaise, demeure quelque part. Est-ce ce que l'on désigne sous le terme d'âme ? Sous quelle forme persiste-t-elle ? Toute la question est là. Louis Ernest, dans ce canton très catholique, pendant près de vingt ans, a célébré tous les 14 de chaque mois une messe en souvenir de François. Occasion de retrouver les amis fidèles, comme Jeanne et Maxime Dumoulin, gardiens de la Cabane Panossière, qui rapidement est devenue la Cabane FXB, Cathy et Michel Darbellay, les fidèles dames âgées du village, le boulanger, dont François adorait le pain. Et tant d'autres. La force de la vie et celle de l'amour partagé rôdaient. Ces moments passés ensemble me régénéraient.

Le printemps 1986 arriva et avec lui la fonte des neiges. Accéder à mon ermitage en motoneige devenait problématique. « Viens à la ferme », me proposa Raymond. Aux côtés de ses deux chiens blancs et noirs : Bobby, basset de chasse, à la voix puissante et rauque, sourd à force d'entendre des coups de fusil, et Milka, berger bernois, de ceux que l'on voit sur les chocolats Nestlé, qui rassemblait les moutons. Pour empêcher Bobby de folâtrer sur la trace d'un gibier, Raymond les attachait ensemble. Le couple tirait à hue et à dia, mais ne pouvait s'échapper. Voyant que je les aimais et que c'était réciproque, il les laissa sous ma responsabilité.

La nuit, je me blottissais, paniquée, contre Raymond ; le jour, je m'agrippais aux chiens et aux agneaux. Sentir sur ma peau, contre mon corps, la pulsation d'un cœur, la chaleur du sang chaud, la proximité immédiate de la vie, était nécessaire à la mienne. Pour rester sur ce versant-là, arrachée aux précipices de la mort et rattrapée par l'existence. Collée au vivant. Je ne sais si ce fut intentionnel, mais me confier la mission de nourrir ce petit monde, de donner des biberons aux moutons orphelins, de m'occuper de leur survie, de faire appel en somme à mon sens profond des responsabilités était une brillante idée. D'abord parce que je devais me lever tous les matins, m'extirper de ma souffrance et de ma douleur pour prendre soin de ces animaux qui dépendaient désormais de moi. Ensuite, ces tâches quotidiennes consolaient mon cœur de mère. J'avais tant d'amour à partager ! Enfin, admirer chaque matin la beauté du paysage qui se dévoilait sous mes yeux, ce corridor de roches et de vent reliant la Suisse au Val d'Aoste, m'émerveillait malgré moi. Devant ce spectacle éblouissant, j'étais submergée par un sentiment d'immensité et d'éternité, avec la conscience que nos vies n'étaient que de minuscules parties d'un grand tout, éphémères.

Plus bas, dans la vallée brumeuse, se calfeutraient le vieux village d'Orsières et ses maisons de pierre grise. Nous descendions souvent dîner au restaurant de Véronique et Jean-Maurice Joris, le petit frère de Raymond, magicien culinaire qui transformait les produits locaux en délices. Ce restaurant de l'Hôtel des Alpes était l'épicentre d'un monde aux traditions ancestrales : nourriture, vin, pâturages, animaux. Les bases de la vie, qui me reliaient au canton de François-Xavier. Lentement mais sûrement, la vallée d'Entremont, où je me réfugiais alors, remit mes pas sur le chemin de la vie.

Les saisons se succédaient : après le vert festival du printemps, l'été jaune et beige voyait la coupe et la mise à l'abri du foin avant l'arrivée de l'orage du soir. L'automne, peignant en orange les mélèzes, marquait la saison de la chasse, des vendanges et de la « brisolée » dans les cafés locaux. On s'y retrouvait après un combat de reines, ces petites vaches noires aux cornes coupantes. Je me souviens d'un combat où se présenta en finale une vachette noire très trapue, aux cornes décorées de fleurs, qui se précipita dans l'arène en dansant d'un pied sur l'autre. Visiblement ivre. Son fier propriétaire lui avait déversé une copieuse rasade d'eau-de-vie dans la gorge. Cette « monstresse », gracieuse et brutale, se battit avec une intensité inouïe, comme si sa vie en dépendait. Et, bien entendu, gagna. Elle repartit vers son étable toujours en dansant !

Les derniers jours d'automne étaient consacrés à la préparation du blanc hiver, à la « saison ». Bétail rabattu dans les étables, skis fartés, lames affilées : chacun se préparait à l'arrivée des touristes, habitués de Lausanne, de Genève, ou étrangers, mais tous amoureux des Alpes.

C'est l'année suivante, au printemps 1987, que Bernard Kouchner me téléphona. « On organise l'envoi d'une mission de vivres et de médicaments pour les réfugiés des deux côtés du Liban en guerre. Départ dans une semaine, tu viens, prépare-toi », m'ordonna-t-il. Il n'avait pas oublié mon offre. Je me sentais cependant bien incapable de partir au loin en laissant mon quotidien si rassurant, mais je me décidai vite : mon ami Bernard attrapait la main que j'avais tendue. J'irais. Mais je pensais aussi au destin. Aux risques encourus. À la mort. Jamais je n'aurais délibérément mis fin à mes jours. C'eût été indigne de François. Et puis je m'étais juré de ne pas suivre le triste exemple de ma pauvre mère. Mais la mission nous envoyait dans un pays en guerre, cible d'attentats nombreux. Alors si, d'aventure, je devais y rester, ce serait un coup de ce fameux destin.

La mission de Médecins du monde s'appelait « Un bateau pour le Liban ». Ayant atterri à Chypre, nous avons embarqué sur un bateau des Nations unies. Je dormis durant toute la traversée de la Méditerranée, de nuit, enveloppée dans une couverture à même le sol du pont. J'y retrouvai des forces. L'arrivée au petit matin dans le bassin n° 5 du port de Beyrouth ne ressemblait en rien à mes souvenirs : immeubles éventrés, détruits, visages tendus des bénévoles de la Croix-Rouge et des amis venus nous accueillir.

À peine débarqués, nous fûmes mandatés pour une distribution à l'est, dès le lendemain, chez les chrétiens. Or le docteur Jean Porrini, que j'assistais, s'apprêtait à négocier d'abord avec les factions musulmanes rivales de l'ouest, sunnites, chiites, druzes et leurs sous-groupes, en essayant de ne pas tomber dans les pièges des alliances et des antagonismes locaux. Il s'agissait de répartir de la nourriture et des médicaments en quantités appropriées. Jean me chargea d'expédier un télex à Nabih Berri, du parti Amal, chiite, lui-même laïque, en coquetterie avec le Cheik Hussein Fadlallah, seigneur de la Bekaa, « les Fous de Dieu ». Du Hezbollah religieux tendance Iran...

« Tu mets 10 % de nourriture, pas plus. » Ledit Nabih m'envoya bouler rudement, fermant la porte à toute négociation. Porrini prit le relais avec ce coriace guerrier, qui refusa ensuite de nous recevoir, irrité, semblait-il, que ses milices n'aient pas été chargées de la distribution.

Bernard, de son côté, cumulait les rendez-vous ; il fallait les voir tous et n'en vexer aucun. À l'ouest de la ville, il nous emmena visiter le Mufti Cheik Hassan Khaled, chef religieux des sunnites. Café à la fleur d'oranger vite avalé. Nous courûmes ensuite chez le chef religieux des chiites, Cheik Mohammad Mehdi Shams-Eddine. Caftan noir et enturbanné de blanc. Dans la pénombre, il parlait d'une voix chaude et lente, agitant la main de manière raffinée. Derrière lui, un seul lys penché, aussi immaculé que son turban. À son côté, debout, encravaté à l'occidentale, tel un grand vizir moderne, l'avocat Kobeissi traduisait les propos du Sultan. Je me sentis parachutée dans un conte oriental. Le Cheik expliquait que c'était la première fois qu'il faisait confiance à un organisme étranger, demandant tout de même la provenance des vivres et des médicaments. Hochant la tête, il tenait à exprimer son désir de mettre en place une société démocratique qui prendrait en compte la pluralité des religions et la diversité des cultures.

Lors de cette première mission, j'appris ce qu'il fallait faire et ce qu'il ne fallait pas faire. Médecins du monde était une ONG flexible, peu hiérarchique, je me familiarisai avec son mode de fonctionnement. Les fondateurs de l'Association étaient des anciens de Médecins sans frontières, expulsés de leur propre mouvement parce que Bernard Kouchner, généreux, avait voulu que tous ceux et celles qui souhaitaient adhérer pussent devenir membres votants. La politique interne, la jalousie et les ambitions personnelles firent le reste. Ici comme ailleurs.

J'étais rassurée et très touchée que le docteur Jean Porrini et le journaliste Pierre Blanchet veillent sur moi, encore passablement dans le potage et souvent sous tranquillisants. Si je n'étais pas à l'heure au petit-déjeuner, ils s'inquiétaient et montaient me chercher. Durant cette première mission, je fis, avec Renée Hazan, la présidente de la Croix-Rouge, une distribution à une famille de réfugiés chrétiens de l'est, qui avaient perdu deux fils dans la guerre, l'un tué par des druzes, l'autre descendu par des factions musulmanes. Ce fut une salutaire piqûre de rappel de courage, d'espoir et de dignité que de les voir, eux, continuer à vivre. Je découvrais la souffrance parentale universelle ! J'étais une parmi d'autres. Nous ne pouvions que nous réconforter, solidaires, et reprendre notre route.

Plus tard, passant la ligne de démarcation entre l'est et l'ouest, le fameux « passage du Musée », Bernard nous entraîna à pied, dans les ruelles, chez des réfugiés musulmans. Une famille elle aussi décimée. Tandis que nous étions entassés dans une pièce minuscule pour les réconforter, je sentis une urgence toute féminine qui ne pouvait attendre...

— Donne-moi les clés, il me faut retourner chercher quelque chose vite, vite dans la voiture plus haut, dis-je à Bernard.

— Pas très recommandé seule, fais attention, sois rapide.

Ce que je fis, zigzaguant d'un trottoir à l'autre, tantôt à l'ombre, tantôt au soleil. Nous fûmes bouleversés et choqués d'apprendre le soir même qu'après notre départ la fille aînée de la famille, prenant le même trajet une demi-heure plus tard, se fit descendre par un sniper perché sur les toits.

La guerre au Liban a duré de 1975 à 1990. Bombardement après bombardement, les Libanais reconstruisaient, résilients. Un courage et une volonté de vivre uniques.

Bernard organisa une rencontre à l'ouest avec les druzes. Ceux-ci le pressaient de monter avec eux rendre visite à Walid Joumblatt dans son nid d'aigle. Hésitant, il y avait eu pas mal d'enlèvements. Ce que je fis remarquer au chef moustachu présent. Agacé, celui-ci me rétorqua :

— Ce n'est pas la saison.

Autre visite, à l'ouest musulman, l'atelier de rééducation des amputés de guerre, créé par Kamel Mohanna du Croissant rouge, dans le cadre de son association Amel. Par l'artisanat, des jeunes, handicapés à vie, réapprenaient à vivre malgré leur membre absent. J'en fus bouleversée. Confrontée en direct aux conséquences d'un conflit. Pas à un plan de cinéma qu'on peut tourner différemment, s'il est trop douloureux à regarder. La vraie vie.

Au Liban, quelque chose en moi se coagula. Je décidai d'aller de l'avant, de me réinventer, d'y revenir dans cette vie. De participer modestement, dans la limite de mes possibilités, à combattre la souffrance, l'injustice, la cruauté et l'indifférence des décideurs, par des actions concrètes, sur le terrain. Non plus par des théories politiques abstraites. Par moi-même en direct. Cette décision s'intensifia, quand, descendant au Sud-Liban, à Tyr, Jean Porrini et moi visitâmes un camp de réfugiés palestiniens. Hommes, femmes, enfants et vieillards vivaient dans la misère nue, désespérés, derrière des barbelés, comme des criminels. Je n'oublierai jamais le regard de certains enfants. Que ce soit dans les génocides, les guerres de religions, les guerres économiques, les luttes d'intérêt ou d'ego des puissants, les premières et innocentes victimes sont *toujours* les enfants. Cet après-midi-là germèrent en moi une profonde solidarité avec les réfugiés et une fureur puissante contre ceux qui considèrent « l'autre » comme un ennemi à détruire. Ainsi qu'une ardente urgence à sortir des souffrances multiples infligées par les adultes, tous les enfants victimisés et oubliés.

Jusqu'alors je n'étais révulsée, meurtrie, scandalisée, que par l'innommable atrocité de la Shoah et ses victimes. Ici j'étais témoin des conséquences inhumaines et injustes de haines fratricides croisées. Lestée de nouvelles blessures se superposant aux miennes, porteuse de résolutions et de forces, je repris le bateau pour l'Europe en compagnie de cette famille qu'étaient devenus pour moi les membres de Médecins du monde, ayant acquis la certitude qu'il me fallait agir.

Pendant deux ans, je fus bénévole à Médecins du monde en Suisse. Le président, le professeur Alain Deloche, réunissant les nouveaux, nous donna une admirable leçon que je m'efforcerai plus tard de transmettre – pas toujours avec succès – à mes équipes : « Ici, il n'y a pas de travail attribué. Il y a du travail à réaliser. Vous vous saisissez de ce que vous vous sentez capable de mener à bien. Seulement comme au rugby, quand un ou une camarade est mieux placé pour marquer l'essai, vous lui passez le ballon. » Il m'en fit d'ailleurs une rapide démonstration. Il me chargea de dénicher le dirigeant des « Médecins aux pieds nus » de l'Érythrée, de passage à Genève, pour le ramener dans la mouvance MDM avec laquelle il s'était fâché. Dès que je l'eus suffisamment amadoué pour qu'il accepte de voir Alain, ce dernier géra la suite seul. À juste titre.

La « culture ONG » des années 1970 était encore vivante à la fin des années 1980. Bouffée d'adrénaline pour qui avait envie d'agir, était créatif, rapide et autonome. Je l'étais. Espace idéal pour les adeptes de la liberté. Pendant ces deux années, je tissai des amitiés pour la vie : le docteur Patrick Aeberhard, qui succéda à Alain Deloche à la tête de l'organisation et qui devint mon partenaire privilégié pour AFXB sur la route des droits de l'enfant. Comme le docteur Jacques Lebas, qui épouserait mon amie Michèle Barzach, amie dont je serais témoin de mariage. Jacques que je rencontrais à MDM Genève, lorsqu'il se rendait à Berne demander des visas pour les futurs « Boat People » de la mission que préparait Paris en mer de Chine. Action menée par l'admirable docteur Dominique Monchicourt, avec qui je partagerais cinq années rugueuses, bien que passionnées.

La chrysalide d'assistante sociale, militante engagée, parfois journaliste, ancrée tout au fond de moi, commençait à éclore en papillon, radicalement différente de ses avatars précédents. Dans le sillage du Liban, un jour par semaine, mon travail pour MDM prit naturellement sa place. Ces jours-là, je descendais tôt le matin à Genève et en revenais tard le soir ou le lendemain. Retrouver les gestes du quotidien et interagir avec les vivants m'apparaissait comme autant de petites victoires. Je parvins même à écrire un article pour *Grands Reportages* sur la mission « Un bateau pour le Liban ». Faire de nouveau fonctionner mon cerveau relevait pour moi du parcours du combattant. Une idée affleurait, puis, le temps d'accueillir la suivante, la première s'était échappée. Sans mes notes, les noms, les faits, se dissolvaient. Le reste du temps, je continuais ma vie de fermière montagnarde, rythmée par mes visites quotidiennes au cimetière pour allumer de nouvelles bougies. L'obsédante culpabilité de n'avoir pas suffisamment insisté sur les risques inhérents à un métier si dangereux et l'obligation prioritaire de protéger sa propre vie. Cette torture-là s'incrustait. Je serai toujours reconnaissante à la mère de mon amie journaliste

Carol, Margaret Thatcher, me convoquant un jour à Chequers, résidence campagnarde du Premier ministre anglais, et me consacrant un samedi entier de son emploi du temps, pour m'ôter avec force du cerveau cette responsabilité bancale.

J'entamais les négociations de paix avec la destinée. J'acceptais de n'avoir pas été une entité toute-puissante qui aurait pu tracer l'avenir de son enfant en lui évitant tout danger. Que c'était *Mektoub* (c'était écrit) et « la faute à pas de chance », comme me le répétait Georges.

Germa en moi, pendant les années 1987 et 88, la nécessité de faire perdurer, coûte que coûte, la présence de François. Que son action et ses valeurs ne se diluent pas dans le passé. Que sa mort ne soit pas vaine. Y retrouver un sens. Perpétuer ce qui avait été sa passion. Il était un maillon de la chaîne valaisanne de sauvetage.

C'est un article du journal local qui me bouscula, me poussant à agir. Le journaliste, présent lors des débats au Conseil du canton, relatait qu'un terrain serait attribué dans le but de mettre en place des activités baptisées « François-Xavier Bagnoud ». Si l'idée peut se comprendre, personne ne déciderait à ma place quoi faire au nom de mon fils ! Il me fallait aller de l'avant. M'en mêler. D'autant que je ne garderais pas pour moi l'héritage que je destinais à mon fils. Comment et à quoi l'utiliser ?

Naître. À quarante-huit ans.

Au nom de François-Xavier, nous offririons un avenir aux enfants les plus malheureux, ceux qui en auraient le plus besoin. Le mot « sauvetage » prendrait alors tout son sens, et François continuerait ainsi d'exister, pour moi, pour nous, pour tous ceux que ses actions toucheraient.

Je fis équipe avec Bruno et Georges pour créer la Fondation FXB, « François-Xavier Bagnoud ». Denis Severis, qui avait ma totale confiance, banquier avisé, tellement attaché à mon fils, se joignit à nous. Mais je tenais à ce que cette fondation puisse être libre d'agir comme bon lui semblait, surtout financièrement. Qu'elle ne soit pas contrainte par des réglementations, notamment celle de ne dépenser que 5 % de son capital annuel, par souci de pérennité. Que nous quatre, et nous seuls, soyons habilités à en assurer la gestion. Libres de décider, de dépenser, de donner.

Il était évident pour notre quatuor qu'une partie des fonds serait consacrée à des actions chères à François, par exemple dans son université tant aimée du Michigan, à Ann Arbor. Ou à des activités dans le canton, où la population lui était si attachée. C'est ainsi que naquit l'action « La Vie communautaire dans le Valais », qui prit en charge la construction d'un observatoire d'astronomie performant à Saint-Luc – François était passionné par le cosmos –, la reconstruction de la Cabane de Panossière, sur le glacier du même nom, rebaptisée « Cabane FXB », gérée par les gardiens Dumoulin, et des activités valaisannes diverses. Dans le Michigan, la Fondation finança l'édification d'un nouveau bâtiment moderne baptisé « François-Xavier Bagnoud », dédié à l'enseignement aérospatial et aéronautique, équipé de laboratoires dernier cri et d'un centre de recherche de vol vertical (hélicoptères). Une chaire et des bourses d'études furent aussi créées.

Forte de mon expérience à Médecins du monde et de mon long compagnonnage avec Médecins sans frontières, je souhaitais également mettre en place une ONG FXB. Même si je ne savais pas encore quelle orientation précise elle prendrait. Je pensais au sida, grand défi planétaire qui se profilait. Et aux enfants qui en seraient victimes.

Par ces deux structures bien différentes, nous perpétuions la passion de François pour le sauvetage et son intérêt pour les enfants. Un enfant aidant d'autres enfants.

J'éprouvais le besoin impérieux de mettre l'amour maternel en moi au service d'enfants inconnus qui en manquaient. D'apaiser ne serait-ce qu'une infime partie du malheur d'autrui, d'agir pour un monde meilleur, plus aimant, plus juste. Contribuer à changer des législations. Le *Tikkun olam* du Talmud, « réparer les vases brisés », était profondément gravé en moi. Mon militantisme enraciné venait s'y rajouter.

Agathe Bagnoud, sœur de Bruno et marraine de FX, les deux complices de François durant ses années universitaires, Alon, et Silvana, mais aussi Jim Wolfensohn, qui m'avait tant aidée à démêler la situation financière de mon père, nous rejoindront au conseil de la Fondation.

Pour les amis valaisans de François-Xavier, je choisis de mettre en place dans le Valais une activité identique à celle fondée par l'actrice américaine, Linda Bergendahl-Pauling, « Make a Wish », en Californie, qui s'attachait à réaliser les rêves des enfants malades de cancer.

Très gentiment elle m'autorisa à transposer son action dans le canton. Caty Darbellay, présidente des « Membres sympathisants » de l'AFXB, réussit à convaincre l'administration hospitalière. Ce groupe, repris longtemps par Isabelle Millioud, fut et demeure un grand succès, soutenant au fil des années un grand nombre d'enfants sur le difficile chemin de la guérison, ou offrant aux plus malades un sursis de bonheur. Je me souviens d'un bouleversant petit David, ravagé par le cancer, dont le vœu était de voler en hélicoptère. Je le vois encore, squelettique, porté par son papa dans l'engin. Il avait tenu jusqu'au jour dit et décéda peu de temps après. Le sourire esquissé sur ses lèvres nous avait à tous broyé le cœur… C'est dans ce même esprit que Bruno et moi, avec Christine Eggs alors assistante de l'ONG, allâmes chercher à Minsk en 1993, quatre-vingt-cinq petits cancéreux victimes de l'explosion de Tchernobyl pour leur permettre de passer trois semaines de joyeuses vacances d'été en Valais. Ces actions s'inscrivaient dans le cadre de cette « Vie communautaire dans le Valais », qui en compterait de nombreuses autres, participant à la vie locale du terroir.

Dès 1988, bien que l'ONG n'ait pas encore d'existence légale, j'avais déjà vendu des biens immobiliers, alimentant la Fondation pour qu'elle puisse financer ses propres programmes, mais surtout l'ONG AFXB, afin que celle-ci reste indépendante.

En mars 1989, Patrick Aeberhard, président de Médecins du monde, me proposa de gérer la logistique d'une opération visant à proposer et faire signer la Convention des droits de l'enfant à l'Assemblée générale des Nations unies, La Route des droits de l'enfant. Quinze enfants de pays différents participeraient à cette expédition sur le *Vendredi 13*, voilier qui relierait Nantes à New York, empruntant la route des bateaux d'esclaves – l'île de Gorée au Sénégal, la Martinique. Le parcours serait jalonné de rencontres et de prises de parole d'enfants africains et antillais.

— Comme tu projettes d'emmener des enfants par bateau sur trois continents, lui dis-je, il te faudrait un régisseur par étapes, comme pour un tournage. Je suis en train de monter ma propre organisation, je n'aurai pas le temps de coordonner tout cela. En revanche, je veux bien participer et mener à bien la dernière étape, à New York, en août.

La plus importante aussi : il s'agissait de rencontrer le secrétaire général des Nations unies, Javier Perez de Cuellar, pour que les enfants lui remettent leurs remarques et leurs commentaires sur la Convention avant présentation et signature espérées. Car la réponse faite à MDM était un refus masqué.

— Nous allons lui mettre la pression pour l'obliger à rencontrer les enfants, promis-je à Patrick.

Le budget de La Route des droits de l'enfant n'étant pas bouclé, Patrick me demanda de trouver en Suisse des partenaires qui accepteraient de se joindre à MDM et Action Écoles. J'en trouvai trois, puis me fis la réflexion que j'étais bien sotte ! Certes AFXB n'était pas entièrement finalisée juridiquement, mais j'avais déjà apporté des finances à la Fondation. François eût-il été là, je l'aurais poussé à accompagner bénévolement cette magnifique traversée. C'est ainsi que l'AFXB se substitua aux partenaires suisses pressentis pour cette superbe mission, la première pour l'Association.

Quelle émotion lorsque le petit Américain David Lyons, à côté du jeune Libanais Sami Ziede, tous deux âgés de treize ans, lurent ensemble les conclusions des différentes rencontres entre les enfants !

Le secrétaire général céda finalement aux diverses pressions. Les miennes, très insistantes, par le biais de ses propres nièces, amies d'une amie de Silvana que je mobilisai. Celles de Patrick Aeberhard, celles de l'Unicef, que quotidiennement je sollicitais par Marco Vianello-Chiodo. Mais si j'avais su que Perez de Cuellar était un ami très proche du frère de ma mère avec qui j'avais coupé tout contact depuis les années 1960, et qu'il ait eu connaissance de cette parenté, l'affaire eût été conclue bien plus rapidement ! Ayant coupé les ponts avec les réseaux familiaux, je me suis drôlement compliqué la tâche, en politique humanitaire comme dans la gestion de mes affaires, me privant de leviers bien utiles.

Une photo restera à jamais gravée dans ma mémoire. Celle prise par Alex Décotte du petit Israélien Shouki et du jeune Palestinien Ammar Dabbour. Sur le cliché, les enfants, qui ne s'adressaient pas la parole au départ du *Vendredi 13* à Nantes, devenus amis intimes pendant les traversées, se regardent avec chaleur et complicité, assis sur un trottoir new-yorkais. Cette photo m'est précieuse. Elle me touche infiniment. Elle me rappelle combien des mailles de paix peuvent se tricoter par les enfants. Elle influencera aussi des décisions ultérieures de mon parcours.

Gravé de même, le souvenir de Gerson, l'orphelin des rues guatémaltèques. Qui, contrairement aux quatorze autres participants, n'avait personne chez qui retourner une fois la mission achevée. L'anniversaire de ses quinze ans tombait durant la semaine new-yorkaise. Avec Silvana, nous lui organisâmes une fête dans un restaurant : gâteau, décorations, bougies et cadeaux. Il était entouré de ses amis du voilier et des organisateurs de MDM. À son retour, nous avons continué de le suivre à Guatemala City, veillant sur lui, fournissant tout ce dont il nous disait régulièrement manquer par téléphone – leçons de français, baskets, lunettes. Je l'ai fait participer aux conférences des Nations unies qui traitaient des droits de l'enfant à Vienne, à New York. Nous lui avons donné une éducation, et, devenu adulte, il a eu des enfants. Beaucoup plus tard, après mille péripéties, en dépit de couacs administratifs internes et du peu d'engagement de certains responsables, je pus lui confier un petit pécule pour qu'il s'achète un atelier de réparations de voitures. Aujourd'hui, il gère son affaire avec succès, s'est remarié et a eu un nouvel enfant, dont il nous envoie des photos.

En 1990, il fit partie d'une délégation d'enfants américains qui assistèrent à la conférence sur leurs droits et s'exprimèrent auprès des grands de ce monde. La seule qui accepta de les recevoir individuellement fut Mme Thatcher. Elle s'adressa particulièrement à Gerson : « Merci beaucoup, Gerson, d'être venu de si loin pour cette conférence qui vous concerne tant. » Gerson, si émouvant : rentré à Guatemala City, il épingla sur un mur de sa masure, entre une image du Christ et une photo de Che Guevara, son propre portrait aux côtés de la Dame de fer.

Gerson m'initia aux conditions de vie tragiques des enfants abandonnés qui errent dans les rues du monde. Dans son cas, ceux d'Amérique latine, cibles des milices locales. Je commençais à entrevoir les victimes de cette génération que j'appelle « larguée ». En danger permanent, sans adultes pour les protéger, oubliés par leurs gouvernements, leurs sociétés, forcés pour survivre de s'adonner à la prostitution, au trafic de drogue, à la criminalité. Ils étaient aussi en première ligne – je le constaterai très vite en parcourant la planète – lors des guerres, embrigadés par des adultes sans scrupules ou par des groupes terroristes comme enfants soldats. Le besoin vital des enfants d'être structurés par un adulte est fort, même si c'est à l'envers.

À l'AFXB, j'avais milité aux côtés de Médecins du monde pour la signature de cette Convention des droits de l'enfant et je continuais, avec notre petit groupe d'enfants, d'être mobilisée. À New York, par Myriam Lyons représentant AFXB à l'Unicef, assistée de Don

Casey, le dirigeant d'AFXB USA. Je suivais de près la ratification de ce traité qui lui donnait force légale. Ce fut fait en 1992 par les pays du monde entier sauf la Somalie, sans gouvernement à ce moment-là, et le plus puissant d'entre eux, les États-Unis. Qui seul aujourd'hui n'a toujours rien ratifié.

Faire grandir la Fondation, lui inventer ses propres programmes, tout comme ceux de l'ONG AFXB Suisse et USA me projetait vers l'avenir. Engagée corps et âme à remettre du bonheur à la place du malheur, dans la lutte contre l'injustice, le sida, la misère, la mort. Et marteler tout cela sans cesse ni répit aux décideurs, bailleurs de fonds, souvent dans le déni et l'oubli.

De 1989 à 1994, je semais inlassablement d'un continent à l'autre les « programmes FXB » comme autant de graines d'amour pour ces enfants dénués de tout. Les autres et leurs souffrances : c'était ma vie, mon quotidien. Je ne me sentais vivante qu'à travers ces actions, en les pensant et les organisant sur le terrain.

Ainsi je proposai au Conseil d'AFXB de prendre en charge à Bangkok les petites filles qui s'entassaient dans les bordels pour satisfaire les pédophiles étrangers. MDM et une ONG locale seraient nos complices sur place. Certains de leurs membres se feraient passer pour des clients afin d'identifier les victimes, censées être protégées par la Convention des droits de l'enfant signée et ratifiée par la Thaïlande. Ils alerteraient la police locale, pour faire arrêter les proxénètes. C'est le Center for the Protection of Children's Rights, le CPCR, une association de jeunes avocats militants dirigée par Samphasit Koompraphant, qui fut choisie. Malheureusement, au bout de six mois et un changement de gouvernement, la police des mœurs locale fut réorganisée. Il fallait désormais passer par une *task force*, laquelle, après dénonciation, intervenait elle-même et se chargeait de l'arrestation.

Cette équipe ramenait ensuite les jeunes filles libérées afin qu'elles soient prises en charge par la Maison FXB. Elles y étaient testées pour le VIH, soignées si besoin, avant d'être rapatriées dans leurs familles par nos jeunes amis avocats. Sur place, dans les montagnes reculées des tribus Akka, ou dans les campagnes très pauvres, je les encourageais à expliquer la réalité aux familles. Contrairement à la tradition locale qui voulait qu'une jeune fille parte à Bangkok exercer le plus vieux métier du monde pour, à son retour, construire une maison à ses parents âgés, ils les vendaient en fait à la mort. Les avocats thaïlandais expliquaient que, désormais, les trafiquants ne laissaient plus leurs filles repartir. Qu'ils les obligeaient à s'endetter pour exercer leur sordide métier – maquillage, vêtements, remboursement de leur prix de vente–, ne leur laissant qu'un maigre pourcentage sur le prix payé par les clients. Que jamais elles ne se libéraient de leur dette. Ils expliquaient aussi le sida, maladie sournoise et invisible.

Nous avons étendu cette action FXB à d'autres villes devenues touristiques, comme Chiang Mai et Chiang Rai. Une petite fille de deux ans fut ainsi libérée... Et tant d'autres, âgées le plus souvent de neuf ou douze ans. On commençait à découvrir, en 1990-1991, ce que Bangkok recelait d'ignobles paradis pour pédophiles occidentaux, dédiés au tourisme sexuel.

Pendant ce temps, je continuais à vendre les trois quarts de ce que je possédais. J'accumulai alors le plus gros du trésor de guerre de la Fondation. À commencer par ma société de production, de l'immobilier paternel, notre maison à la campagne et ensuite celle en Suisse que j'avais gardée pour François-Xavier. Tout ce qui avait de la valeur et qui trouvait preneur. J'ajoutai tout ce qui dormait dans les comptes en banque paternels.

Je gardai seulement comme outil de travail les quatre hôtels suisses. Trois étaient dans le rouge, lourdement endettés. Seul le plus petit couvrait ses frais. Évidemment, je n'allais pas céder à la Fondation des biens endettés. Depuis cinq ans d'ailleurs je m'échinais à les redresser. N'y connaissant rien au départ, apprenant sur le tas, me débrouillant comme je le pouvais avec mon bon sens, ma méfiance et mon obstination.

La moitié des fonds amassés, 50 millions de dollars, provint du produit de plusieurs ventes aux enchères organisées par Sotheby's. Y furent vendus les tableaux du XVIIe et du XVIIIe siècles de la maison paternelle, y compris quelques gouaches et huiles modernes, des cadeaux qui m'appartenaient, les collections d'art variées de mon père et de ma mère, leurs meubles, la vaisselle, l'argenterie, des objets personnels et des bibelots, des livres de collection, des fusils de chasse et surtout les innombrables et incroyables bijoux de Maman.

J'assistais avec Silvana, Alon et notre attachée de presse, Diana Phillips, devenue depuis une amie très proche, à presque toutes les ventes. Sur des charbons ardents quand les enchères prenaient feu. « Encore de quoi monter un formidable projet FXB pour des enfants », leur confiai-je après chaque coup de marteau.

Un léger nuage de mélancolie m'envahit lorsque le commissaire-priseur scella le sort des chaises en velours ambre de la salle à manger. Témoins de ma jeunesse, de ces repas, angoissants du temps de ma mère, joyeux avec Papa, Georges, François et ses amis. Ces chaises du

XVIIe siècle, raides et élimées, emportaient chez leurs nouveaux propriétaires des fragments de ma vie.

J'écrivis pour les catalogues une note en anglais : « Lorsque mes parents sont décédés, ces collections n'ont pas trouvé leur place dans mon univers, très différent du leur. Mais je me suis efforcée d'en prendre grand soin afin de les conserver pour mon fils chéri, que je considérais comme propriétaire légitime. Y compris les bijoux que nous avions envisagé ensemble de vendre plus tard pour accomplir les projets aéronautiques, écologiques et humanitaires qui nous intéressaient tous les deux. Le destin en décida autrement. Il me semblait naturel, après le tragique départ de François, de tout vendre, pour mener à bien des projets qui lui ressemblent. Il se trouve que, n'ayant aucun plaisir d'orgueil à posséder ce que je n'ai eu que le privilège d'hériter, il est évident pour moi que ces objets précieux et magnifiques doivent circuler, trouver de nouvelles familles, découvrir de nouveaux amis et continuer de vivre. J'espère que les nouveaux propriétaires les entoureront de la même attention, de la même affection, que l'ont fait trois générations de notre famille. »

Prôner le partage et la solidarité à vingt ans, quand on ne possède rien, c'est facile. C'est lorsqu'on possède, et beaucoup, qu'il s'agit de garder une cohérence et demeurer fidèle à ses convictions.

Je renaissais. Au chalet, je savourais la beauté des oiseaux et des écureuils. J'épiais le hérisson ou le renard traversant la neige fraîche à l'aube. Je savourais la *Sicilienne* du *Concerto en ré mineur* de Jean-Sébastien Bach. Je lisais de nouveau le journal. J'y avais découvert, en 1981, un entrefilet mentionnant un groupe de garçons à San Francisco atteints d'une pneumonie rare et dont le système immunitaire était à plat. Je me mis à lire tout ce qui concernait cette maladie bizarre. En 1988, j'étais devenue assez experte de ce VIH-sida.

Dans le *International Herald Tribune*, je découvris dès cette année-là l'existence d'un médecin incroyable, le docteur Jonathan Mann, directeur du Programme mondial de lutte contre le sida de l'OMS à Genève. Médecin militant, il avait compris, parce qu'il était visionnaire et pragmatique, que la bataille contre ce fléau ne serait efficace que si les plus pauvres et les plus démunis pouvaient exercer leurs droits fondamentaux. C'est-à-dire avoir accès à l'information, aux soins, sans stigmatisation ni discrimination. Et uniquement si les femmes avaient la possibilité de refuser les rapports sexuels. Y compris avec leurs maris infectés ou soupçonnés de l'être. Jonathan Mann donnait des interviews, écrivait des articles sur son paradigme : le lien inextricable entre santé et droits humains, dont le sida était la démonstration la plus éclatante.

Je trouvais son raisonnement lumineux. Il était évident que l'accès à la totalité des droits de façon simultanée, plutôt que morcelée et parcellaire, donnait à l'ensemble une force supplémentaire. Semblable au raisonnement d'Aristote : « Le tout a plus de force que la somme des parties. » La Convention des droits de l'enfant émanait du même principe, préconisant, pour leur bien-être et leur développement, qu'ils aient accès à tous leurs droits fondamentaux en même temps. Ce constat pouvait se décliner dans d'autres domaines : l'éducation, la protection, les femmes et je découvrirais... le développement.

Jonathan démontrait combien cette pandémie, qu'il voyait déjà mondiale (il y a plus de trente ans !), démultipliait la pauvreté des plus vulnérables. Je me retrouvais dans ses préoccupations et ses projections. Surtout lorsqu'il écrivit un jour autour de 1988 : « D'ici l'an 2000, cette pandémie mondiale fera d'innombrables morts, laissant dans son sillage des cohortes d'orphelins, dont certains eux-mêmes seront infectés. » Nous devions, d'une manière ou d'une autre, tenter de trouver des solutions.

J'avais essayé timidement et maladroitement, en 1988, d'obtenir une réunion avec ce fameux docteur Mann, en téléphonant à l'OMS. Si je m'étais servie de mon pedigree et si j'avais fait miroiter que je créais une fondation, le rendez-vous serait tombé tel un fruit mûr. Mais je gardai le silence, par pudeur et timidité. Ma demande fut rejetée. Lorsque je réessayai quelques mois après, on me dit qu'il avait quitté l'OMS. Je n'avais pas encore, à l'époque, la présence d'esprit ni l'énergie de harceler, d'investiguer.

Parallèlement, je courais derrière un autre « héros » de la lutte contre le sida, un pédiatre cette fois : le docteur Jim Oleske. Obsédée par ces orphelins infectés, je cherchais ce que je pouvais faire à travers FXB pour soulager leurs souffrances. Donner à leurs courtes vies une compensation en qualité, faute de quantité. Il n'existait en ce temps-là aucun médicament contre le virus. La mort était inéluctable. Je souhaitais recréer pour eux une famille, dans une maison qui leur apporterait non seulement des soins, mais aussi toute la tendresse et l'attention que les parents ont pour leurs propres enfants. Qui les entourerait, durant les quelques années de leur existence, d'amour et leur donneraient accès aux droits stipulés par la Convention. Appliquer le paradigme du docteur Mann, leur prodiguer les meilleurs soins, y compris palliatifs. Le coût élevé de ces maisons prouvait publiquement que leur vie tronquée avait autant d'importance que celles des citoyens qui, plus tard, voteraient et consommeraient. La stigmatisation, l'ignorance et la peur étaient telles que des voisins essayèrent de mettre le feu à nos maisons FXB de Washington et de Bangkok.

J'en étais là de mes projets au printemps 1989, lorsque j'appris qu'un obscur pédiatre avait découvert que ses petits patients mouraient du VIH, dans un hôpital de Newark, dans le New Jersey. Jusqu'alors, la maladie était supposée ne frapper qu'homosexuels et héroïnomanes.

— Voilà quelqu'un qui peut peut-être t'aider à réaliser ton projet, me dit Bruno.

J'appelai l'hôpital et demandai à parler à ce médecin qu'on me passa immédiatement. Je le rencontrai le soir même à Newark. Sous une pluie battante, je pris le métro reliant Manhattan à Newark, sous la rivière Hudson.

M'étant égarée sur Orange Avenue dans cette banlieue déserte, j'arrivai en jogging, baskets et cheveux trempés. Le bon docteur Jim Oleske, petit, rondouillard, aux cheveux blancs ébouriffés, les yeux cerclés de lunettes d'acier, m'installa près du chauffage dans son bureau exigu, encombré de revues, de rapports et autres paperasses du sol au plafond. Nous bavardâmes jusque tard dans la soirée, échangeant sur la tragique pandémie et ses victimes innocentes, si souvent orphelines.

— Ces maisons familiales que vous cherchez à monter, c'est une idée originale et intéressante, mais je ne puis vous aider. Ici, dans ce coin, pourtant paumé et oublié de tous, je n'ai pas besoin de lieu d'accueil : les grands-mères hispaniques et afro-américaines s'occupent des enfants dont les parents meurent.

Il ajouta :

— Comme nous partageons le même souci et la même empathie pour ces petits, venez à la consultation vendredi.

Ce que je fis plusieurs fois, ne rentrant plus à des heures aussi indues que cette première nuit, où, dans le dernier wagon désert, il n'y avait plus que moi et un jeune homme assez agité, sur son tee-shirt on pouvait lire : « *At the Crack of Dawn I'm Dangerous* ». Jeu de mots sur le crack. J'espérais fort qu'une panne inattendue ne nous ferait pas partager l'arrivée de l'aube...

Je fus épatée et profondément touchée par le dévouement d'Oleske et de ses équipes. Par l'intelligence et l'efficacité de son infirmière en chef, Mary Boland. Par l'amour infini des imposantes grands-mères afro-américaines, latinos, portoricaines, dominicaines ou colombiennes. On ne pouvait ressentir qu'amour et compassion pour ces enfants si maigres, aux yeux immenses, amusés par les lapins mauves que Jim sortait des poches de sa blouse blanche. « Mon premier petit patient, en mourant, m'a confié son lapin mauve. Depuis, j'ai obtenu d'une manufacture de jouets qu'ils m'en envoient pour faire sourire les petits malades. »

Ainsi fis-je la connaissance d'Aisha, jolie petite brune de six ans, à qui le docteur Oleske administrait son autovaccin contre le virus, que plus tard nous l'aiderions à mieux développer. Il jurait que ce traitement la maintenait en vie, alors que les enfants infectés avaient à l'époque quatre à cinq ans d'espérance de vie au mieux. Aujourd'hui, elle a près de quarante ans.

— Si ce ne sont des maisons pour ces enfants, que pouvons-nous imaginer pour vous aider dans votre travail admirable ? lui demandai-je alors.

— J'ai besoin d'un budget pour me rendre à des conférences comme celle de Montréal et y présenter mes recherches sur le sida pédiatrique. Je n'ai même pas les moyens de payer un billet d'avion.

J'avais fini par glisser que « ma famille allait monter une fondation ». Que je pensais que nous pourrions l'aider. Je ne voulais pas qu'il me considère autrement que comme une collègue assistante sociale, partageant ses engagements. De plus, je trouvais arrogant de dire « je » ou « ma fondation », tout au début de sa construction. L'ayant tanné, ainsi que Mary Boland, pour qu'il demande plus, cette dernière ajouta un programme : « Des soins pour les soignants. » Il s'agissait de prendre en compte la douleur des médecins et infirmières, abattus par la perte de leurs petits patients, et de leur apporter du réconfort.

Partant des prévisions du docteur Mann, qui envisageait une immense pandémie mondiale, je leur proposai de m'aider dans ma bataille. À nous trois nous imaginâmes un programme FXB international de formation de lutte contre le sida pour médecins, infirmières et laborantins. La communauté médicale internationale allait pouvoir profiter des leçons apprises depuis tant d'années par l'équipe Oleske : une meilleure nutrition, une bonne hygiène et une éducation complète de prévention permettraient de mieux lutter contre la maladie. Tant de pays préféraient ignorer la réalité des routes de transmission, l'importance de la prévention et la nécessité de combattre la stigmatisation et la discrimination. Beaucoup de gouvernements niaient même l'existence de la maladie sur leur sol. Grâce à ce programme, nous avons pu former deux cent cinquante médecins, infirmières et assistantes sociales dans trente pays.

J'ajoutai pour Jim, qui deviendrait notre premier professeur médical universitaire, une chaire de Maladies infectieuses pédiatriques, au nom de François-Xavier Bagnoud. Plus tard, la Fondation attribua à Mary Boland une chaire d'Infirmière pédiatrique à l'université de Rutgers, dans le New Jersey, une première. Plus tard encore, elle devint doyenne du département des infirmières à l'université de Hawaï.

Les autorités sanitaires suisses et françaises ayant soit refusé, soit décidé de ne pas accepter d'étudier ce projet, je poursuivis mes recherches pour trouver des partenaires américains afin de réaliser mon rêve de Maison FXB. Bien plus tard, au président François Hollande s'étonnant que ce projet n'ait pas été monté en France, pas plus que le Centre FXB de santé et droits humains, je répondis : « Parce qu'en France, souvent c'est d'abord non ! »

J'essayai donc aux États-Unis. Un jour, à Washington, je rencontrai Debbie, pasteur, et sa superbe sœur Joan, de l'ONG Terrific, qui s'occupaient depuis déjà des années des membres indigents de leur communauté noire, drogués, séropositifs et psychologiquement affectés. D'une élégance impeccable, ongles rouges et cheveux savamment coiffés, ces femmes magnifiques m'incitaient à considérer un peu plus mon aspect. Inlassablement, elles visitaient les malades, en particulier ceux du sida. Leur programme principal avait pour but de rabibocher les couples en détresse et de protéger les femmes battues et leurs enfants. Dans ce contexte de pauvreté et de dénuement absolu, bien sûr sans médicaments antirétroviraux, inexistants en 1990, elles découvraient, abasourdies, des orphelins d'un type nouveau, « les bébés du crack ». Ces nourrissons, dès la naissance, étaient porteurs du VIH et connaissaient des désordres neurologiques et psychologiques dus à la surconsommation de drogue de leur mère. Pour éviter qu'ils n'atterrissent dans les services sociaux dénués d'humanité, elles avaient monté une maison, *Grandma's House*, pour pouvoir s'en occuper avec amour.

Voilà mes partenaires idéales ! Je leur expliquai le paradigme du docteur Mann. Nous allions monter une Maison FXB où, le mettant en application, les enfants auraient droit à la meilleure prise en charge et aux meilleurs soins possibles. À autant d'attention et d'amour que possible, dans le respect de leurs droits fondamentaux. Comme nous le ferions avec les nôtres. Ayant lu qu'en oncologie l'amour aidait à vivre plus longtemps, ce qu'on appelle en anglais le *Tender Loving Care*, je voulais l'appliquer au sida pédiatrique.

Il était urgent de donner à ces enfants la meilleure qualité de vie imaginable jusqu'à la découverte d'un médicament. Il fallait aussi que ces enfants, immunodéprimés, aient accès plus rapidement aux traitements médicaux classiques, car, sans antibiotiques adaptés, la moindre infection les exposait à un danger de mort rapide. Grâce au docteur Griffith, pédiatre rencontré chez les Shriver, je pus organiser une prise en charge privilégiée pour ces petits patients aux urgences de l'hôpital de Georgetown.

La Maison FXB de Washington, superbement décorée par des artistes bénévoles locaux, fut un lieu de vie, de gaieté et d'espoir. Ainsi qu'une première preuve éclatante de la force du paradigme de Jonathan Mann, d'autant plus efficace qu'on y ajoutait la tendresse. Tyrone, jeune diabétique, rejeté par sa mère, droguée et déprimée, put être élevé avec ses « frères et sœurs » sans que les services sociaux se mêlent de le placer.

Les orphelins Correa, Elizabeth, Billy et Jonathan, grâce au cocon d'attention, devinrent des *Long Term Survivors* : défiant le pronostic mortel, ils avaient atteint l'âge de douze et treize ans quand sont arrivés les antirétroviraux en 1996-1997. François aurait été si fier...

Après des années heureuses passées chez nous, lorsque arrivèrent les antirétroviraux, les services sociaux de DC envoyèrent la battante Elizabeth chez sa tante. Correa fut adoptée par une des assistantes sociales de Terrific. Jonathan, enfant difficile, très déprimé par sa séropositivité, double orphelin de père et de mère, fut placé pour son plus grand bonheur chez son oncle et sa tante. Il m'écrivit une lettre très émouvante, accompagnée d'un beau dessin de la maison. Mais il avait plus besoin qu'un autre de soins et d'attention car il refusait de prendre ses médicaments. Nous, l'équipe AFXB-Terrific, faisions appel à une psychologue. Et Joan passait aussi des heures à le persuader de les avaler. Sa tante s'en occupa avec amour mais, son mari l'ayant quittée, elle dut se remettre à travailler et Jonathan resta souvent seul. Trop souvent. Debbie et Joan demandèrent à le récupérer, mais les services sociaux mirent en avant le motif du « meilleur intérêt de l'enfant » pour le maintenir dans sa famille biologique. Sans médicaments et soins quotidiens, Jonathan mourut un soir d'automne. « Le meilleur intérêt de l'enfant » s'était révélé mortel.

Je ne voulais pas en rester là et j'essayai d'alerter le *Washington Post.* Blasé, le journaliste auquel m'adressa David Ignatius, le rédacteur en chef, me répondit : « Vous avez raison de vous indigner, Madame, mais le manque de suivi individuel et personnalisé de l'Administration fait que nous sommes confrontés à pléthore d'histoires tragiques de ce genre ». Il n'écrivit pas d'article.

Billy devait lui aussi rejoindre le domicile de son oncle et de sa tante. Lors de l'audience de placement, le juge des enfants lui dit :

— Alors, Billy, tu vas avoir une maison et retrouver tes cousins qui seront comme tes frères et sœurs.

Petit Billy, treize ans, râblé, visage résolu sous sa tignasse noire crépue, rétorqua :

— La Maison FXB est *ma* maison et les autres enfants sont mes frères et sœurs, je veux y rester !

— Eh bien, Billy, si FXB et Terrific veulent bien te garder, je suis d'accord.

Merveilleux juge, courageux et humain. Billy, lors de ma dernière visite, avait plus de vingt-quatre ans, un métier de garagiste, il vivait dans un studio. Tout comme Tyrone, devenu adulte lui aussi. Ces deux jeunes hommes timides et pudiques étaient si attendrissants. Des larmes de bonheur m'envahissaient. Beau sauvetage.

À la même époque, entre 1989 et 1994, je mis en place les premiers soins palliatifs à domicile dans le cadre de la Fondation et de son programme « La Vie communautaire dans le Valais ». Ce que je m'étais juré de faire le jour de la mort de Papa.

J'enrôlai la directrice de l'école des infirmières valaisannes, sœur Irène Seppey, sœur du meilleur ami de Bruno, Narcisse Seppey, préoccupée elle aussi par la fin de vie. Nous étions confortés par la pertinence d'un tel programme grâce à un sondage confirmant que 70 % des malades mourant à l'hôpital auraient préféré rester chez eux jusqu'à la fin. Avec son amie psychologue Annie Moria-Venetz, nous mîmes donc en place une équipe inédite, composée de médecins, d'infirmières et de psychologues, qui parcouraient le canton pour aider les familles en assurant l'installation médicalisée au domicile. Les accompagnant d'une présence régulière et les soutenant dans leur deuil par le biais de groupes de paroles.

Ce fut un grand succès. À ce jour, je croise encore des Valaisans reconnaissants d'avoir pu garder chez eux leurs parents, leurs enfants, leurs grands-parents bien-aimés. En 2010, le service de santé publique du Canton reprit le programme à son compte, avec ses équipes, ses compétences et ses dix-huit ans d'expérience. Un projet pionnier qui a pu voir le jour grâce à la Fondation FXB et qui, depuis, a ouvert la voie à de nombreux autres.

Monter des structures qui devraient être à l'initiative des services publics : voilà pour moi le rôle d'organisations non gouvernementales comme FXB. Les ONG pallient les trous laissés béants par les gouvernements, montrent la voie des solutions possibles, que ces États peuvent ensuite étendre à l'échelle nationale. Je suis fière de cette initiative que j'ai démarrée en Suisse en 1992 et que je décidai de répliquer en France. En 1997, ce fut possible grâce à l'agrément du ministre de la Santé, Bernard Kouchner. Ignorées par les ministres précédents, Annie Moria et moi avions travaillé jusque-là largement sous le radar ! La Fondation consacra en tout une quinzaine de millions de dollars à la mise en route de ces deux antennes suisses et françaises. La française fut également reprise par l'administration de la Santé publique.

Durant ces cinq années, je conçus bien d'autres programmes pour l'ONG ou pour la Fondation. Je fis plusieurs fois le tour du monde, revenant en Europe tous les mois pour les réunions du conseil d'administration à Sion, et la messe souvenir de François. Pressée, je fonçais pour ne pas tomber. Chaque programme que j'imaginais, je l'accompagnais sur le terrain pour former les responsables, empêcher les dérives, superviser les détails et préparer de nouveaux combats. La tragédie a agi sur moi comme un révélateur. J'ai habité ma souffrance, mettant en adéquation mon parcours professionnel avec celui, ancré en moi, de militante et de femme d'action.

En 1991, je quittai mon refuge valaisan. J'avais rejoint Dominique Monchicourt dans le 15e arrondissement de Paris. Médecin remarquablement dévoué à ses malades, et artiste peintre d'une intense sensibilité. Sandrine, l'une de ses deux filles, dix-huit ans, vivait avec nous. Nous avions tissé une complicité autour de la salade matinale, que nous apportions à son lapin, Breaky. C'est avec bonheur que je la retrouve aujourd'hui, devenue une adulte pleine d'humour et d'imagination. Bien que souvent distrait, Dominique me sauva cependant la vie, sur une route portugaise, dans les années 2000, grâce à un réflexe inouï : une camionnette propulsée en l'air après un violent accident se serait écrasée sur notre pare-brise, s'il n'avait accéléré au lieu de freiner. Nous sommes passés dessous de justesse ! Depuis, grâce à lui, je me sens en sursis. Nous étions tous deux très amoureux, bien que très déprimés et émotionnellement démolis. À la manière de David et Lisa, les jeunes héros du film du même nom, nous nous guérissions mutuellement. Lui, mélancolique et solitaire. Moi, écorchée vive. Notre quotidien n'était pas toujours facile, joyeux. Cependant, en cinq ans, nous avons réparé certaines de nos fêlures, cicatrisé des déchirures et nous sommes épanouis en synergie. Nous avons même vécu parfois de vrais grands bonheurs. Dominique, un des deux seuls hommes avec qui j'ai partagé une intense passion. Le temps et notre attachement durable ont soudé nos liens, dans une douce alchimie de complicité, bien qu'ayant raté le rendez-vous de nos noces d'or. Aujourd'hui nous partageons encore des vacances souvent océanes, saupoudrées d'humour tendre. Ensemble nous nous émerveillons de la nature et de ses magnificences. Devenus fraternellement indissociables.

Après la vente Sotheby's, en 1989, les médecins volants de l'AMREF, basés au Kenya, écrivirent à la Fondation : « Votre fils aurait eu sa place chez nous, médecins pilotes qui soignons dans les coins les plus reculés d'Afrique. » Ils sollicitaient le don d'un avion pour transporter les touristes. Ces vols leur rapporteraient les fonds nécessaires pour mener des missions médicales auprès des populations laissées pour compte dans la brousse.

Enchanté, Bruno s'envola avec moi pour Nairobi. Là, il rencontra l'étonnante pilote Anne Spoerry. Petite, joufflue, cheveux blancs très courts, toujours une cigarette au bec. « Ils veulent un grand avion ambulance, mais moi, j'ai besoin d'un petit deux places, capable d'atterrir sur un carré de brousse, afin de traiter les mères, peser et vacciner leurs enfants », lui dit-elle à son arrivée.

— Es-tu d'accord pour que la Fondation ajoute cela ? me demanda Bruno. François aurait adoré ces médecins pilotes...

— Bien sûr ! En contrepartie, sauraient-ils me conseiller où mettre en place, pour l'ONG en Afrique, un programme semblable à celui de Washington pour les orphelins du sida ?

Je voulais coûte que coûte trouver une solution pour les milliers d'orphelins africains frappés par le sida, dont certains erraient, livrés à eux-mêmes dans des villages surréalistes, sans adultes, comme en Tanzanie. Le gouvernement kényan, en 1990, occultait l'existence de la pandémie. Mike Gerber, directeur général de l'AMREF, me conseilla l'Ouganda, seul pays d'Afrique cherchant à lutter contre le sida. Le président Museveni, sortant de deux guerres très meurtrières, eut l'intelligence de comprendre que celle contre le VIH serait la suivante. Les discours de prévention qu'il donnait étaient très imagés : « Broutage zéro ! » proférait-il en substance. Dommage que, par la suite, il n'ait pas fait preuve de la même clairvoyance. Nous retrouvâmes donc à Kampala le docteur Dean Shuey, qui nous emmena au nord, à Lowero, constater l'ampleur du désastre. Là, dans les villages, des orphelins hagards et affamés étaient sous la garde de grands-parents très âgés et dépassés, dont ce n'était nullement le rôle culturel de chercher l'eau, le bois et cultiver de maigres champs pour nourrir la marmaille.

Accueillis par le comité local pour les orphelins – il y en avait un à cause des guerres –, nous nous assîmes avec eux dans la savane à l'orée du village. Mon désir d'exporter les Maisons FXB pour orphelins séropositifs dans ce pays s'avérait une aberration éclatante. Ici, il y avait des orphelins, point barre. Il n'y avait qu'eux. Les cohortes prédites par Jonathan Mann. Une marée infantile errant dans la misère et le deuil.

Le docteur Shuey m'expliqua :

— Dans la culture africaine, la famille étendue englobe les tantes, les cousines, voire un cousin, chacun étant susceptible de recueillir des enfants apparentés. Ce que font les grands-parents, comme vous le voyez ici.

Le constat me renvoyait à celui d'Oleske à Newark.

Bruno et moi calculâmes le coût inhérent aux centaines, si ce n'est aux milliers de maisons qu'il aurait fallu équiper de professionnels, et former, comme à Washington. Irréaliste, donc irréalisable. Il fallait absolument trouver une autre solution adaptée à la culture africaine. Entourés des villageois, j'expliquai, grâce à l'interprète, ce que nous faisions ailleurs, les principes qui nous guidaient et que nous mettions en action, le paradigme du docteur Mann, qui liait les droits des enfants à la santé. Le programme holistique de la Maison FXB à Washington : sécurité, nourriture, soins médicaux personnalisés, hygiène, éducation. Et j'ajoutai amour. Je les informai que nous cherchions à reproduire cette expérience et ces principes ici, mais que ce n'était pas possible sous la même forme. Je leur demandai :

— Alors que pouvons-nous faire pour vous aider ? Aider les grands-parents ? Élever dans la dignité jusqu'à leur autonomie les enfants qui ne sont pas infectés ? Aider ceux qui sont malades à ne pas mourir seuls et abandonnés ?

Nous avions voté un budget pour ce programme. Qu'inventer pour le rendre efficace ?

Cette conversation se poursuivit durant des semaines au-dessus des océans par fax, souvent à deux ou trois heures du matin, seules heures où la ligne téléphonique voulait bien fonctionner – il n'y avait ni e-mails, ni SMS, ni WhatsApp, ni Skype à l'époque. J'étais seule devant mes paniers en osier, où, en bonne Quechua, je rangeais mes précieux dossiers, quand Dean Shuey me faxa :

— Vous avez tant insisté sur la santé et la fatigue des aïeux qu'ils demandent un hôpital pour y soigner les parents qui reviendraient s'occuper des enfants.

— Il n'y a pas de médicaments qui guérissent, lui objectai-je. Et cela ne changera en rien le sort des enfants, qui n'iront toujours pas à l'école.

— Alors une école ? suggéraient les villageois.

— Cela ne réglera qu'un seul problème, par un droit isolé. Ils iront à l'école, l'estomac vide.

Je m'accrochais à la certitude que, ce qui fonctionne, ce sont les interventions simultanées, liées entre elles, dans tous les domaines pour un résultat optimisé et durable.

Mais comment donner à ces familles les moyens financiers pour qu'ils procurent tout cela eux-mêmes aux enfants ? Si nous distribuions des subsides, nous agirions comme un mini-gouvernement les figeant dans la dépendance, et épuisant les avoirs de la Fondation pour quelques familles seulement durant vingt ans. Dean Shuey intervint :

— La solution très préconisée par les Nations unies pour sortir les gens de la pauvreté est le microcrédit. Il faut les aider à monter une petite entreprise.

Je connaissais bien le travail de Muhammad Yunus, fondateur de la Grameen Bank dans les années 1970. J'admirais tant son invention, sa créativité et son souci d'équité que j'allai le rencontrer, au début des années 1980, lors d'une conférence à Agen. Mais il était pour moi inenvisageable de demander aux plus pauvres de rembourser FXB, de transformer FXB en banque… De plus, ces personnes, plongées dans la misère extrême, démultipliée par la maladie, perdraient de précieuses années à rembourser un prêt au lieu de subvenir eux-mêmes à tout ce dont les enfants avaient besoin pour un avenir épanoui.

Durant l'une de ces réunions de villageois, nous ayant entendus répéter inlassablement la nécessité impérieuse de donner accès aux enfants à plusieurs droits en même temps, une femme se leva, ayant entendu parler du microcrédit :

— Si cet FXB m'aidait à me procurer une vache, je pourrais mettre du lait sur la table, les enfants mangeraient mieux. Le surplus, je le vendrais au marché, et, avec l'argent, je paierais leur scolarité.

Elle avait tout compris : l'importance de la simultanéité des droits de base !

« C'est Perrette et le pot au lait réussi ! » me suis-je dit. À une différence près : « Nous allons la lui *donner*, cette vache, pas par un prêt, mais par un “cadeau-coup de pouce”, accélérer ainsi ses économies », expliquai-je.

L'idée était de faire un don de chaque petite entreprise, nous avions bien payé pour l'accès à une maison, aux soins, à l'éducation pour les orphelins séropositifs de Washington. En somme, ajouter un lien supplémentaire au paradigme de Jonathan Mann : le droit à l'entreprise et à la dignité via le travail. Ajouter un lien économique, qui, nous le constaterions sur le terrain, transformerait ce paradigme de santé publique en un paradigme de développement. Un tremplin économique pour sauter au-delà de l'ultrapauvreté. Pouvoir élever orphelins et enfants tout aussi pauvres.

En 1991, mon obsession n'était pas de trouver une solution uniquement ciblée sur l'éradication de l'ultra-pauvreté, mais de rendre ces familles économiquement capables d'élever elles-mêmes tous ces enfants à la dérive. Dans ce contexte, payer pour l'entreprise au lieu d'un crédit traditionnel fut la grande trouvaille de FXB.

L'Ouganda, en 1991, fut un brouillon, le laboratoire d'un système avant-gardiste et inorthodoxe par rapport aux dogmes humanitaires inviolables de l'époque, basés sur le microcrédit. Un projet pilote, politiquement très incorrect à l'époque mais terriblement efficace et révolutionnaire. Ce concept tirait de la noyade économique les plus pauvres des plus pauvres. En trois ou quatre ans, ils devenaient de petits entrepreneurs indépendants. Et visiblement, ça fonctionnait. Nous peaufinions nos idées sur le terrain. Pas à pas. Avec toujours le même mantra : donner, et non prêter. Les entourant, dans cette construction avec les équipes qui les accompagnaient, de la tendre vigilance qu'on a pour les membres de sa propre famille. Une attention individualisée.

Les gens du terrain savent toujours ce dont ils ont besoin – il est impératif de les écouter : Marguerite, à qui on avait donné un petit magasin, demanda une bicyclette l'année suivante.

— Je pourrai aller jusqu'au lac pêcher des poissons et les sécher.

L'administration sédunoise crut que l'on ajoutait systématiquement des vélos dans le module du programme.

— Évidemment pas pour tous ! On ajoute les suggestions créatives du terrain au cas par cas ! m'énervai-je.

La joie profonde, en Ouganda, commença à me traverser. Voir, dans les yeux des femmes et de leurs enfants bien nourris, joie et espoir, me procura, à nouveau, un peu de bonheur. Je me souviendrai toujours des fleurs roses et jaunes que les femmes, veuves la plupart du temps, si courageuses, plantèrent autour de leurs maisons de terre. Ces fleurs disaient tout de la courageuse dignité et de l'envie de vivre de ces populations.

En 1998, au Rwanda, le système était modélisé : nous avions systématisé la simultanéité de toutes les interventions, pour tous, l'accessibilité à tous les droits, inaliénables.

Tous les liens du paradigme du docteur Mann étaient maintenant entièrement financés par FXB la première année, accélérant ainsi l'accès en trois ans à l'autonomie économique des familles. Elles devenaient toutes, en trois ans, des actrices de l'économie locale et nous remplaçaient à 100 %. Les enfants, nourris, scolarisés, soignés et protégés du sida, s'épanouissaient dans une famille, tournés vers un avenir. Une équipe de trois personnes prenait en charge un nombre précis de familles, quatre-vingts, soit environ cinq cents personnes, sans dépassement de budget.

Une douzaine d'années plus tard, lors d'une tournée d'inspection de nouveaux VillagesFXB, je fus recherchée par Nite, une Ougandaise corpulente et vive : « Viens chez moi voir ce que j'ai fait avec la vache que tu m'as donnée il y a douze ans. Regarde : aujourd'hui j'ai quatre vaches, des cochons, des poulets. Un carré de café, un autre de fruits de la passion. Plus loin, des ananas. Là-bas, j'ai acheté un terrain pour mon fils aîné, et je lui ai bâti une maison. Tous mes enfants ont été scolarisés et trois ont suivi des cours à l'université. L'un d'eux a un emploi à l'étranger. » Nous en avons eu les larmes aux yeux. Éclatante réussite du partenariat entre une femme travailleuse et la méthode FXB ! Je demandai à Nite :

— On se connaît depuis combien d'années ?

— J'ai rejoint FXB en 1993.

Quelle magnifique réponse ! Elle était le sujet de l'action et non pas le complément d'objet. C'était sa démarche. Comme un club auquel elle avait choisi d'adhérer.

C'est pour cela que je tiens à ce que FXB reste à taille humaine et ne devienne jamais une machine bureaucratique. Car notre méthode exige une proximité totale de la part de l'équipe locale et du quartier général : d'admirables Christine Eggs, Gonçalo Ribeiro, Sacha Jeanneret, Aline Albasini, Laure Delouvrier, si engagés, à qui j'ai maintenant passé le relais ; des Damascène, des Gisèle et leurs équipes si dévouées ; des Stevie, des Bruce, des Mamta et d'autres locaux engagés qui pilotent les projets sur place. Tous ceux qui inlassablement rendent visite aux familles sur le terrain, sont attentifs aux détails, gardent l'ensemble des équipes et des activités sur le bon chemin. Une grande famille FXB à travers le globe.

Dès 1991, j'étais devenue très proche du professeur Mann. Ayant demandé en 1990 à Jim Oleske et Mary Boland s'ils le connaissaient, ils me répondirent : « Nous pensions l'inviter pour nous conseiller sur le programme FXB de formation et de lutte contre le sida. Même s'il a quitté l'OMS, il saura nous indiquer où et comment procéder. » Ce qui fut fait.

À l'issue de notre réunion, je me proposai pour reconduire l'éminent docteur à l'aéroport et en profitai :

— Je voulais vous demander si vous m'aideriez à monter des programmes pour les orphelins séropositifs afin de défendre aussi leurs droits.

— Je suis débordé par mon enseignement à Harvard et par la présidence de MDM États-Unis. Mon combat est celui des droits des femmes, me répondit-il.

— Je démarre les projets et n'ai pas encore dépensé tout l'argent de la Fondation, ce qui, je pense, arrivera assez rapidement. Si d'aventure vous voyez en quoi FXB pourrait vous aider à développer votre travail, vos recherches sur le sida, appelez-moi.

Ce qu'il fit six mois plus tard pour monter un groupe de réflexion et d'information, similaire à celui qu'il avait à l'OMS. Ainsi naquit, en 1991, le Global Aids Policy Coalition, ou GAPC, basé à l'université de Harvard, où le docteur Mann enseignait. C'est probablement la mise en place du GAPC qui incita l'OMS et les Nations unies en 1995 à créer ONUSIDA. Car aucune autre maladie, si menaçante soit-elle pour l'humanité, y compris aujourd'hui la Covid-19, n'a mobilisé cinq agences onusiennes à la fois.

Le docteur Mann me demanda si je voulais participer aux séances, puisque, parcourant le monde, je collectais des informations de terrain sur les orphelins du sida et les enfants vulnérables auxquels personne n'était préposé. J'ai ainsi assisté, captivée et enthousiaste, à ces réunions regroupant les médecins internationaux les plus pointus sur la pandémie. Du docteur Debrework Zewdie au docteur Manuel Carballo, en passant par des militants très engagés tels Noreen Kaliba, et Daniel Defert. Jonathan Mann et moi formions un duo inattendu : lui, avec son élégante moustache, son abondante chevelure grisonnante, son sempiternel nœud papillon, toujours suivi de son acolyte, moi, décrite par un journaliste du *Washington Post* comme un « mélange de l'actrice brésilienne Sonia Braga et de mère Teresa » !

Mon dévoué conseil d'administration, à Sion, me voyait sillonner le monde sans clairement comprendre ma trajectoire : « On aide à la réhabilitation des drogués dans notre Maison FXB du Valais, on fait cadeau de toutes petites entreprises à des femmes ougandaises afin qu'elles soient en mesure de recueillir des orphelins et nous les sensibilisons à la prévention du sida, dans le même temps, on sort des prostituées mineures des bordels de Bangkok. Où va-t-on exactement ? » Je n'avais effectivement aucun plan à cinq ans, comme Denis l'aurait tant souhaité ! J'articulais la passion de François, le sauvetage, à la mienne : réparer les vases brisés, là où les gouvernements ne tentaient rien. Pour moi, chaque intervention, chaque action sur le terrain avait le même sens : avec les fonds FFXB, faire ce qui m'apparaissait être de la bonne gouvernance.

Je n'étais désormais plus seule devant mes paniers en osier. Nous avions embauché un directeur exécutif, Léon de Riedmatten, chargé du suivi administratif des innombrables actions que je mettais en place aux quatre coins du monde sans relâche. Christine Eggs était, en 1991, la secrétaire de l'Association. Elle est ma plus ancienne et fidèle collaboratrice et aujourd'hui directrice de la branche européenne de FXB et des programmes de terrain de l'ONG, ma déléguée en somme, membre du conseil d'administration français et du Global Board FXB.

Un jour de 1991, je fis part à Léon de ma grande inquiétude : un rapport de la collaboratrice de Médecins sans frontières Belgique, notre partenaire sur le terrain à Bangkok, remplaçant MDM, égrenait, comme une liste de courses, les dernières prostituées arrivées à la Maison FXB : six Chinoises, dont une séropositive, six Thaïes, dont deux séropositives, deux Laotiennes non infectées, et huit Birmanes toutes séropositives ! Je savais, grâce au docteur Mann et à ses collègues du GAPC, que l'épidémie était en pleine expansion dans ce pays qui voulait se nommer Myanmar.

Le point le plus sensible était le rapatriement de ces jeunes filles dans leurs pays respectifs. Les Thaïes seraient ramenées chez elles par Samphasit et ses collègues, après qu'un suivi aurait été mis en place avec l'hôpital local.

Les Laotiennes, accompagnées jusqu'au fleuve marquant la frontière, n'avaient plus qu'à le traverser pour se retrouver chez elles. Quant aux Chinoises, je fus rassurée d'entendre que leur retour se ferait très officiellement grâce au compétent Center for the Protection of Children's Rights, le CPCR. Mais comment rapatrier les Birmanes ? Leur pays était, comme aujourd'hui encore, un lieu où les droits humains étaient bafoués par le « SLORC », acronyme aux relents de *James Bond contre Docteur No*, le gouvernement en place.

Je fus horrifiée d'apprendre que la *task force* policière leur avait fait passer la rivière frontalière. Comment imaginer qu'elles soient correctement prises en charge par un État qui ne reconnaissait même pas la séropositivité !

— Elles ne sont restées que peu de temps avant d'être emmenées, nous n'avons pas plus de détails, expliquait la déléguée francophone.

Mon sang ne fit qu'un tour ! FXB était garant des vies de ces filles. Après être passées par la Maison FXB, elles avaient été balancées à la *task force* gouvernementale telles des patates chaudes ! Un lavage de mains digne de Ponce Pilate ! Rien à voir avec l'éthique FXB.

De retour à Bangkok, je réunis l'équipe. Samphasit, dans son mauvais anglais, finit par me lancer :

— Elles ont été tuées !

Hors de moi, je ne cessai d'enquêter sur place auprès des groupes de droits humains, de dissidents karen et autres marginaux pour savoir comment cela avait pu arriver.

— En effet, me dit l'un d'eux, il court une rumeur : des corps de femmes flottaient dans la rivière.

Je demandai à Léon de m'aider à trouver un enquêteur pour faire toute la lumière sur cette affaire. En 1991, mes neurones n'étaient pas encore très performants, je souffrais toujours des séquelles du choc post-traumatique. J'avais besoin d'aide. Léon ne montra pas un enthousiasme débordant devant ma requête. Fort de son expérience au CICR dans les camps de réfugiés, il rechignait à faire des vagues. De plus, il n'appréciait visiblement pas qu'une femme, novice dans son domaine professionnel, lui donne des ordres… Finalement, poussé par mon fidèle trésorier Denis Severis, il trouva un enquêteur qui découvrit l'existence de bordels inconnus, ceux des pêcheurs locaux à la frontière birmano-thaïe. Se faisant passer pour un client, celui-ci rapporta des témoignages écrits de filles dénonçant les traitements inhumains qu'elles avaient subis, et le sort réservé à leurs camarades tuées parce que séropositives ou désobéissantes. Mais il n'apprit rien de plus sur celui de mes huit disparues.

En recherchant huit Birmanes mineures d'un bordel de la capitale, je me retrouvais avec des milliers de filles à sauver du piège dans lequel elles étaient tombées. Comment faire ? La Conférence internationale du sida à Amsterdam se profilait, présidée par Jonathan. Une séance plénière de six mille participants devait avoir lieu sur le thème du trafic humain en Asie du Sud-Est. L'un des intervenants était le Thaïlandais Vitit Muntarbhorn, rapporteur des droits humains aux Nations unies. Je suppliai Jonathan de m'accorder la parole au moment des questions :

— J'ai perdu la trace de huit prostituées birmanes séropositives, sûrement assassinées, dont l'ONG FXB était responsable. Aidez-les, aidez-nous, s'il vous plaît !

Ma prise de parole fit grand bruit. Vitit Muntarbhorn demanda à me voir. Il voulut que je lui apporte les témoignages des prostituées, puis écrivit un rapport qui déclencha un tollé aux Nations unies et dans le pays. Léon, ayant enfin activé ses contacts, obtint à ma demande insistante, que la *task force* fasse une descente dans ces bordels nouvellement identifiés dans l'espoir de retrouver aussi mes huit disparues. Dès la fin de la conférence, je pris le premier avion Amsterdam-Bangkok pour rencontrer la ministre de la Famille et des Femmes, Saisuree Chutikul. C'est elle qui avait ordonné les descentes dans cinq ou six bordels de pêcheurs, où furent sauvées plus de deux cents femmes mineures ou non, dont quatre-vingt-quinze Birmanes.

En sampan, sous la mousson de juillet, nous avons navigué sur la boueuse rivière Chao Phraya pour rendre visite à ces femmes et à ces jeunes filles accueillies au Centre de rééducation pour prostituées appréhendées. Toutes, nous étions assises sur des bancs, sous des parapluies, abritées de la mousson incessante. La ministre me dit :

— Je m'occupe des Thaïes, vous vous occupez des Birmanes ?

— Bien sûr, lui répondis-je, sans avoir la moindre idée de comment je pourrais intervenir, hormis lui demander de les rapatrier chez elles sous sa protection – ce qu'elle fit plus tard devant les caméras de CNN. Ensuite, je trouverais des solutions.

J'entrai dans le modeste réfectoire blanc au plafond bas, pour partager leur repas. Assises sur des bancs de bois alignés contre de longues tables également en bois, les plus âgées me regardaient de travers. Mais les jeunes ont toutes applaudi lorsque je me suis assise entre deux d'entre elles.

Nous ne parlions pas la même langue mais les échanges, dans une sororité joyeuse et soulagée, passaient par les yeux, les gestes et les sourires.

Une fois ces Birmanes rentrées dans leur pays, il fallait mettre en place un programme de formation au niveau local afin de leur assurer un avenir. Le consulat me refusa un visa. Je remuai ciel et terre pour en obtenir un à Berne, puis aux Nations unies à Genève. Subitement mes neurones se reconnectèrent : je n'étais pas seulement suisse, j'étais aussi française ! Georges Kiejman, avait été nommé ministre délégué auprès de Roland Dumas, lui-même devenu ministre des Affaires étrangères du gouvernement de François Mitterrand. « Eh bien nous allons demander à l'ambassadeur de prendre sa canne et son chapeau et de t'obtenir ce visa auprès du gouvernement », m'affirma Georges sans ciller.

Visa en poche, je m'envolai pour Rangoon. Je m'étais liée d'amitié avec le professeur Michael Aris, universitaire oxfordien et époux d'Aung San Suu Kyi, grâce à l'entremise d'un autre complice, conseiller en politique étrangère du gouvernement anglais, Charles Powell. Il me recommanda aussitôt à l'ambassadeur britannique, personnage inénarrable au verbe haut et à l'humour impertinent, qui m'expliqua comment naviguer dans les arcanes de ce gouvernement policier aussi fermé que mystérieux.

Le jovial ministre de la Santé, ancien amiral, me reçut avec une grande amabilité, escorté de son conseiller en matière de sida, médecin à lunettes, austère, au visage fermé, n'appréciant visiblement ni ma visite ni mes demandes :

— Je voudrais voir les jeunes filles que le gouvernement thaï a rapatriées au Myanmar, afin de m'assurer de leur bonne prise en charge et de leur sécurité.

Ma phrase était lourde de sous-entendus, car j'avais clamé partout que le gouvernement les avait exécutées en raison de leur séropositivité.

— On ne pourra pas vous les présenter pendant ce séjour (à l'époque les visas n'étaient délivrés que pour quatorze jours), car nous les avons ramenées dans leurs familles. Les retrouver puis les rassembler à Rangoon prendrait trop de temps. D'ailleurs, nous ne pourrons vous en présenter que soixante-quinze. Vingt d'entre elles, les femmes les plus âgées, sont immédiatement reparties à la frontière, furieuses d'avoir été soustraites à leurs émoluments.

— Pourquoi ne pas avoir gardé les soixante-quinze autres à Rangoon ? m'étonnai-je.

— Vous nous auriez accusés de les avoir retenues prisonnières dans le Centre !

Possible…

Je revins donc une deuxième fois, accompagnée du docteur Daniel Tarantola, bras droit du docteur Mann et spécialiste du sida, auteur avec lui de *AIDS in the World I* et *II*, publications du GAPC, véritables encyclopédies sur l'épidémie. J'empruntai à mon camarade ambassadeur son interprète personnelle, Gillian, en qui j'avais toute confiance : « Je veux voir ces filles, les identifier et juger de leur état de santé avec le docteur Tarantola. Seule, sans aucun officiel. » Étonnamment, cela nous fut accordé.

Ce ne serait que quelques années plus tard que j'en comprendrais les raisons. Les filles nous attendaient par groupes de six ou sept, curieuses et inquiètes, serrées les unes contre les autres, perchées sur un banc étroit tels des oisillons apeurés. Lorsque j'entrai, elles se mirent à chuchoter et à sourire. Visiblement, elles me reconnurent.

Je suggérai à Gillian de leur demander leur souvenir le plus marquant de ma visite au Centre, pour les identifier.

— Vous vous êtes assise avec nous et on vous a applaudie.

C'était bien elles ! Certaines venaient de Rangoon, d'autres de Moulmein. Des larmes d'émotion jaillirent de part et d'autre. Gillian, elle aussi en pleurs, traduisait :

— C'était l'enfer, je me suis crue à jamais enfermée dans ce bordel terrifiant, s'exclama Rosie, la plus volubile. Quand on nous a délivrées, j'ai pensé que je rêvais ; depuis je crois aux contes de fées !

Pour qu'elles ne retournent pas dans les maisons closes, il me fallait imaginer un programme qui leur permette de trouver un travail et de subvenir à leurs besoins. La spécificité de ce projet était que, contrairement à la règle que j'avais établie de ne travailler qu'avec des locaux, il faudrait détacher sur place un expatrié FXB pour assurer leur protection. Nous avons alors élaboré un programme au noyau semblable à celui qui avait fait ses preuves en Ouganda : offrir à chacune une petite entreprise pour démarrer du bon pied.

Je leur ai d'abord demandé quel travail elles auraient rêvé faire. Ensuite, nous avons évalué leurs capacités et jugé des chances de réussite de leurs envies au regard des réalités du marché économique local. Beaucoup souhaitaient tenir un petit stand de glaces au marché. Or nous allions découvrir que la plupart ne savaient ni lire ni compter. Il faudrait donc au préalable leur fournir une éducation de base.

Je n'enclenchais aucune démarche nécessitant l'accord d'un ministère, donc du gouvernement, sans consulter Michael Aris à Oxford.

— Voilà ce que je projette. Mais il me faut passer par tel ministère, qu'en dirait Suu ?

— Elle est d'accord.

Jusqu'à la mort du doux professeur en 1999, j'eus ce lien privilégié avec Aung San Suu Kyi, lui parlant même en direct une fois au téléphone lors de sa courte période de remise en liberté en 1995.

Le ministre me confia à son délégué sida, le très bouddhiste docteur Kyaw Win, pour faciliter notre partenariat avec l'hôpital des maladies infectieuses du docteur Rem Ra, afin de soigner au mieux nos petites protégées. Le docteur me fit découvrir un soir le magnifique temple doré de Shwedagon dans la ville de Rangoon, petite bourgade aux maisons de bois sombre veillées par des arbres centenaires et parcourue de vélos, paisible et silencieuse. Dans le temple, on vendait des oiseaux en cage, comme autant de métaphores des innombrables prisonniers politiques birmans, que les habitants relâchaient ensuite symboliquement. J'en achetai un, puis, sur le parvis de la Pagode dorée, pensant à *La Dame de Rangoon*, j'ouvris la cage d'un moineau multicolore qui s'envola, joyeux.

Des années plus tard, le docteur Rem Ra me raconta que, lorsque je clamais urbi et orbi que le Myanmar devait faire face à une épidémie galopante, le Premier ministre, Khin Nyunt, l'avait convoqué :

— Qu'est-ce que c'est cette femme qui nous accuse aux Nations unies et dans toutes les conférences internationales d'avoir tué huit prostituées séropositives, et qui proclame que l'épidémie est hors de contrôle ? Le sida existe-t-il au Myanmar ?

— Oui, répondit le docteur n'ayant, jusqu'ici, pas osé avouer à l'éminent personnage l'existence de la pandémie sur le sol birman.

J'avais donc travaillé avec ce gouvernement, dont je critiquais la répression. Pour contrebalancer, voulant préserver mon indépendance, j'allais maintenant entrer clandestinement dans le pays. Une fois à Bangkok, j'accompagnai mes collègues, les avocats thaïs du CPCR, pour vérifier si de nouvelles jeunes filles birmanes rapatriées dans la campagne de Kengtung étaient en sécurité et bénéficiaient des soins nécessaires. Les Thaïs étaient autorisés à passer, certains jours, le pont au-dessus de la rivière qui faisait office de frontière, ce que nous fîmes. Cachée derrière des lunettes de soleil, emmitouflée dans des écharpes thaïes, je me nichai entre Samphasit et Theerapol, dans la camionnette blanche du CPCR. Ce matin-là, le passage était interdit. Quelques cartouches de cigarettes servirent de sésame. Une demi-douzaine d'heures plus tard, nous étions devant les maisonnettes des familles des rapatriées, rassurées quant à leur bien-être et la poursuite de leur scolarité. Mes amis thaïs interrogèrent les villageois pour chercher à savoir si des rumeurs circulaient concernant la survie ou la mort de huit Birmanes disparues. Rien. Personne ne savait rien.

Nous trouvâmes des chambres au rez-de-chaussée d'une petite auberge de Kengtung, la ville principale. Maison en bois, toit en feuilles de palme, construite autour d'une cour en terre battue. Exténués, nous nous endormîmes de bonne heure. À cinq heures du matin, un brouhaha de voix tonitruantes venu de l'extérieur me réveilla. J'écartai très discrètement un coin du rideau crasseux de ma fenêtre. À ma grande stupéfaction, je vis une colonne de soldats au garde-à-vous se faire vertement tancer par des gradés décorés. Je me fis toute petite : une Européenne sans visa, témoin d'un déploiement militaire confidentiel à l'aube, voilà qui n'aurait pas été du goût du général archi-galonné, multimédaillé, qui hurlait ses ordres presque sous mon nez ! Au matin, l'aubergiste nous expliqua que cette réunion était la cause de la fermeture de la frontière ce jour-là : une rencontre militaire ultrasecrète avait eu lieu entre les généraux locaux et leurs homologues chinois, en vue de discuter du futur barrage sur le Mékong. Samphasit attendit que l'horizon se vide pour repartir. Huit heures de routes sablonneuses cahotantes plus tard, nous resurgîmes de l'autre côté de la frontière, au-delà de la rivière qui garderait pour elle son mystère. Nous ne les avions toujours pas retrouvées.

L'été 1992 fut rude. De retour aux États-Unis, après avoir scellé une alliance avec la vigoureuse ministre Chutikul, je me cassai le pied en descendant un escalier la veille d'un départ en Colombie, pour enquêter sur la situation des enfants des rues de Barranquilla, la plupart drogués et séropositifs. J'avais en tête d'initier un programme de lutte contre l'épidémie et sa stigmatisation en prenant en charge les familles des favelas, gangrenées par la violence et le trafic de drogue, par le biais de la création d'une Maison FXB. Pourquoi la Colombie ? Parce que Silvana en était originaire. Que ses amis Casas étaient aussi ceux de François.

Le père de Mono, José Ignacio Casas, charmant clone de Don Quichotte de la Mancha, me présenta des candidats médecins ou assistants sociaux pour diriger cette Maison FXB, que je voulais dédiée en priorité aux orphelins. Je choisis parmi eux le très dévoué et très compétent docteur Alejandro Haag.

Le jour, je parcourais les favelas, où je découvrais des enfants drogués en pleine hallucination qui mouraient d'overdose sur les trottoirs. Comme ce petit bonhomme de neuf ans, en haillons crasseux, qui interpellait à grands cris sa mère morte. En attendant une ambulance, je tentai de le réconforter. Le soir, je lessivais les bandages boueux de mon pied cassé, incapable d'enfiler une chaussure. En Afrique, en Asie et en Amérique latine, partout où je me rendais, je prenais la mesure de l'enfer que vivait cette génération « larguée ». Larguée par les adultes, par la société, par les décideurs, les riches et les bailleurs de fonds. J'allais leur consacrer mon énergie, ma créativité et des dizaines de millions de dollars, une dérisoire goutte d'eau au regard des besoins de l'enfance en danger. La prostitution enfantine, les orphelins errant affamés, les enfants des rues menacés d'exécution par les milices, dans les rues du Brésil, du Guatemala, traités comme des rongeurs nuisibles, les petits séropositifs condamnés à mourir seuls et sans soins, en Ouganda, en Thaïlande ou en Colombie. À Barranquilla, mais aussi à Bogota, où j'avais rencontré des enfants drogués vivant dans les égouts de la ville. Bouleversée, scandalisée, la mère que je suis fut embrasée d'une indignation écœurée, et d'une volonté d'agir. Cette fois pour l'enfance cruellement exclue. Mais c'était trop à absorber, trop lourd à porter.

Un soir d'août 1992, dans Barranquilla, je m'écroulai en larmes, découragée, désespérée par tant de douleur insupportable. La mission que je me donnais était impossible. Un verre sans fond pour écoper le vaisseau d'une enfance naufragée. Sans espoir. Entre deux sanglots, j'entendis Dominique, quelque peu agacé de ce qui lui paraissait une évidence : « Tu n'arriveras jamais à régler tous ces problèmes. Même en parcourant le monde sans répit, en établissant programme sur programme jusqu'à épuisement des fonds. Pourquoi ne construis-tu pas un hôpital où soigner ces enfants ? »

Ce fut un déclic : tiens, ce serait efficace, me suis-je dit, de dépenser en une seule fois un gros morceau de la Fondation. D'imaginer une protection pour tous les enfants. Mais pas un hôpital… Je décidai alors de créer un parapluie de protection au-dessus des enfants du monde : un Centre François-Xavier Bagnoud de santé et droits humains à Harvard, qui fonctionnerait selon le paradigme du docteur Mann, là où était projetés sa chaire, sa recherche et son enseignement. Mais avec une attention particulière aux enfants.

Or le 5 septembre à Washington DC devait être remis un prix d'aérospatiale François-Xavier Bagnoud lié à l'université du Michigan, – le premier d'une longue liste –, un prix récompensant un chercheur à l'origine d'une découverte concernant la conquête spatiale, mais dont les retombées bénéficieraient aux humains. Il fut attribué cette année-là au professeur William Pickering, dont les pattes pliantes de l'aéronef atterrissant sur la Lune avaient permis le développement de prothèses pour les handicapés. Il faut se souvenir du film *Forrest Gump* dans lequel Tom Hanks dit à son copain ayant perdu une jambe dans la guerre du Vietnam, et étonné de le voir marcher si allègrement : « C'est grâce aux astronautes ! »

Le lendemain, Denis Severis et moi devions déjeuner avec Harvey Fineberg, doyen de la faculté de Santé publique de Harvard, et le docteur Jonathan Mann, pour discuter de la chaire de Santé et Droits humains que j'avais accepté de faire financer en juillet à travers la Fondation. C'est à la conférence d'Amsterdam que Jonathan m'avait transmis le souhait du doyen de me rencontrer. « Je ne parle pas aux doyens, ni à l'establishment des universités. Je travaille avec toi en direct, et ensuite je demande à la Fondation les fonds nécessaires pour aider à ta lutte contre le sida », avais-je répondu. Depuis, Harvey Fineberg, un homme exceptionnel, d'une intelligence et d'un cœur rares, est devenu un de mes meilleurs amis ainsi qu'un allié indéfectible, soutien enthousiaste de ma vision. Notre trésorier et le doyen s'étaient entendus sur un budget de 1,5 million de dollars. Denis et moi avions calculé que nous pourrions attribuer un cinquième ou un quart des fonds de la Fondation, soit 20 ou 25 millions de dollars, à ce Centre inédit. En entrant dans le restaurant, j'avais murmuré à Jonathan :

— Au café tu vas avoir une belle surprise !

En effet, au dessert, Denis, en tant que trésorier, demanda, sans détour :

— Combien faudrait-il vous donner pour créer, autour du paradigme du docteur Mann, un Centre du même nom que sa chaire ?

Harvey faillit s'étouffer, il ne s'attendait pas à cela.

— Pour les deux, 15 millions de dollars, finit-il par répondre.

Ayant recouvré son sang-froid et après un rapide calcul mental, il reprit :

— Mais si vous ajoutiez 5 millions, nous pourrions nommer le nouveau bâtiment de santé publique que nous projetons de construire François-Xavier Bagnoud.

Je regardai Denis, qui acquiesça. Ces chiffres étaient dans le budget que nous nous étions fixé. Cependant, nous avions fait à Jonathan Mann un cadeau, pour lui, empoisonné. Il détestait comme moi les obligations administratives. C'était un nomade des idées, même lorsqu'il s'agissait des causes qu'il défendait.

En 1996, Jonathan Mann me téléphona un soir : « Albina, il faut que je te dise. Je vais quitter le Centre FXB ». Deux ans plus tard, fin août 1998, moi à Paris, lui à Philadelphie, nous complotions pour qu'il écrive quelque chose sur son expérience au Centre FXB. Trois jours plus tard, l'avion qui le menait lui et sa femme Mary Lou à Genève pour une réunion à l'OMS s'abîma dans l'Atlantique glacé, au large de Halifax. Il n'y eut aucun survivant. J'étais dévastée.

En 1988 j'étais partie en Inde. Je voulais voir Goa et la cathédrale Saint-François-Xavier, où le corps du saint, dont j'avais choisi le nom pour mon fils, parce que militant et non martyr, reposait sur un haut catafalque. Étrangement retiré intact de la chaux au XVIe siècle, cet être, défiant les lois de la physique, dégageait une énergie qui m'avait fait grand bien.

J'avais quitté Goa, décidée à monter une action FXB dans ce pays de plus de 1 milliard d'habitants, très pauvre, où il y avait beaucoup d'orphelins. L'Inde était une démocratie, contrairement à l'autre monstre démographique qu'est la Chine, mais les gouvernements des deux pays occultaient l'existence de la pandémie, qui, elle, courait, silencieuse, invisible, meurtrière.

Après avoir mis en place, seule, différentes actions pour venir en aide aux orphelins indiens, je parvins à établir une Maison FXB tenue par une religieuse, destinée à la prise en charge des enfants des prostituées émigrées d'Andhra Pradesh : ils étaient accueillis, pendant qu'elles travaillaient, et recevaient nourriture, soins, éducation, médicaments, tendresse et amour, tout cela grâce à l'appui du curé local, le père Jacinto. J'avais recruté un nouveau collègue, un Indien devenu américain, Anil Purohit. Très intelligent, astucieux, plein d'idées – parfois irréalisables. Vif-argent. Il m'écrivait en Suisse des lettres à l'encre mauve dans lesquelles il s'enthousiasmait pour mon travail, pour la création du Centre FXB, pour la défense de la CDE. « Je voudrais tant travailler avec vous ! Je suis des cours à Harvard. » Lassée de cette persévérance, je lui fis dire de m'appeler un jour que j'étais à New York. J'avais rendez-vous tôt le matin avec le docteur Oleske à l'hôpital de Newark. Lorsque je quittai mon appartement, je tombai nez à nez dans le hall de l'immeuble avec un trentenaire rondouillard, brun, à lunettes sphériques.

— Bonjour, Je suis Anil.

— Je suis en retard, je n'ai pas une minute à vous consacrer, je vous avais dit de prendre rendez-vous… Mais puisque vous aimez tellement FXB, venez avec moi à Newark voir ce que l'Association fait auprès des enfants séropositifs.

Pendant le trajet, il me raconta son désir de se battre contre l'épidémie. Étant donné ses origines, une idée me vint :

— Je veux réveiller l'Inde pour qu'elle se protège enfin contre l'épidémie, mais je n'y connais personne en dehors de Goa. Je vous y donne rendez-vous à l'hôtel Fort Aguada, le 16 février prochain. Si vous venez avec un médecin capable d'évaluer la situation réelle de la pandémie dans le pays, on pourra probablement travailler ensemble.

Dans la pénombre mauve du crépuscule indien, ce 16 février 1996, débarquant de Bombay avec mon nouveau directeur général Jean Hoefliger, je trouvai sous le porche de l'hôtel Anil, escorté du docteur Gilada, seul médecin informé sur l'épidémie… Ce fut le début d'une collaboration longue de sept ans, durant lesquels nous avons bataillé, Anil et moi, avec plus ou moins de soutien de la part des gouvernements indiens. Nous organisions des *melas*, ces événements religieux, culturels ou commerciaux qui rassemblent des milliers de personnes, pour haranguer la foule et la mettre en garde contre l'ennemi sournois et invisible qu'est le VIH. Nous réunissions des policiers, des militaires, afin d'évoquer sans tabous les routes de transmission du virus et la nécessité impérative d'utiliser des préservatifs. Je martelais sans cesse mes recommandations au micro avec traduction simultanée, aussi bien devant la foule des citoyens que devant les maharajahs de Jodhpur et de Jaipur ou dans notre clinique, embryon de la future faculté de Santé publique de Jodhpur. Habillée de vêtements locaux, *bindi* rouge au front, je menais ma guerre contre le sida. Anil, homme et indien, était ma caution.

Devant la gare de Jaipur, arrivant de Delhi un matin, Anil et moi vîmes, la tête cachée sous une couverture, deux malades séropositifs. J'allai les embrasser pour démontrer aux passants que ce n'était pas ainsi que le virus se propageait et qu'il fallait avoir de la compassion pour ces condamnés à mort, cesser la discrimination et la stigmatisation des victimes de la pandémie. Je mettais en application, sur le terrain, à Sumerpur, et plus loin encore dans le désert du Thar, les enseignements du docteur Mann. Je fis de même plus tard en Colombie, entraînant la Première dame, Ana Milena Gaviria, à visiter un mouroir de malades infectés, partageant avec eux boissons et repas. Ce show présidentiel retransmis à la télévision fit plus pour la déstigmatisation du sida dans le pays que mille discours anonymes…

Parcourant le pays en 1999 pour le compte de FXB Inde, je dormais dans un gîte au bord d'une route poussiéreuse du Rajasthan. J'entendais grincer les camions qui passaient, lourdement chargés. Ce bruit, douloureux, c'était l'épidémie qui se transmettait. Les chauffeurs routiers ayant attrapé le sida auprès d'une femme du Jarkand à leur insu, l'emportaient avec eux pour Delhi, allant infecter leurs propres femmes qui enfanteraient des bambins séropositifs. Et la ronde continuerait, mortifère, à travers le pays et au-delà des frontières. Il était urgent de sensibiliser la population, de faire toujours plus de prévention, en dépit de la réticence des autorités et des canaux officiels. Qu'il était stimulant de voir, au fin fond des campagnes les plus reculées, le docteur Joshi, moustachu aux sourcils charbonneux qu'on aurait plutôt imaginé sur un cheval guerroyant contre l'envahisseur, s'adresser aux femmes, aux hommes et aux enfants, pour leur expliquer, passant outre aux convenances culturelles locales, les précautions à prendre pour se protéger : l'utilisation des préservatifs. Ou, dans le Sanjay Camp, un bidonville aux abords de Delhi, être témoin de l'audace des très jeunes femmes assistantes sociales de FXB Inde, répétant en boucle les mêmes injonctions à des hommes enturbannés, redoutables machistes, assis par terre à les écouter comme des écoliers.

Je vivais pratiquement en Inde, y séjournant deux ou trois fois par an durant de longues semaines, payant de ma personne, me rendant sur place pour évaluer les besoins, visiter des orphelinats, des hôpitaux, des bidonvilles et les décideurs de chaque État. J'aimais ce pays, sa diversité, ses habitants. Ses enfants, aux regards si beaux et émouvants. Ses femmes gracieuses si dignes, vêtues de saris aux couleurs éclatantes. Sa musique, sacrée ou non. Je me soignais avec la médecine ayurvédique et m'essayais à la méditation et au yoga. Je participais à ses fêtes, en automne Diwali, celle des Lumières, ou celle des Couleurs, au printemps. J'aimais ses éléphants peints, déambulant, pataudds, dans les rues. Et sa cuisine succulente. J'ai laissé un morceau de mon cœur dans ce pays. Et un bon bout de ma santé aussi ! Combien ai-je été malade…

Mais ce tribut en valait la peine : en 2003, FXB Inde couvrait les trente-cinq États et territoires de l'Union de petits ou grands centres de prévention et d'information sur le VIH. Des petites îles Lakshadweep à l'immense Uttar Pradesh, cent vingt millions d'habitants à l'époque.

Dans chaque État, que ce soit dans un petit café ou un grand Centre FXB, nous avons mobilisé dix-huit mille huit cents barbiers, réseau traditionnel des arrangeurs de mariages, à l'auditoire captif, pour sensibiliser le plus grand nombre. Je m'y rendais parfois informant moi-même, par traducteur interposé, le client présent immobilisé et horrifié ! Grande excitation de la presse locale de voir une femme étrangère parler ainsi aux hommes, ce qui permettait une plus grande diffusion encore de notre message. En 2000, FXB Inde réalisa, grâce à Anil, une première historique : réunir les représentants de toutes les communautés religieuses, hindoue, jaïn, sikh, musulmane et chrétienne, pour parler sexualité, fidélité, abstinence. Grand progrès.

En 1998, des journalistes étaient sortis d'une réunion parce que j'évoquais les dangers du sexe anal !

À Kichan, dans le district désertique de Pali, la population était si pauvre et si dénuée de tout, qu'il fallut apporter nourriture et médicaments par camionnette avant même d'aborder la question du danger de la transmission du virus. Au fin fond du désert, près du Pakistan, c'est l'eau qu'il fallut acheminer en priorité. Les puits installés par la Banque mondiale, très éloignés les uns des autres, obligeaient femmes et enfants à d'interminables trajets. Hukum Singh, responsable FXB local, suggéra de construire une citerne, que l'on remplirait grâce à un camion tiré par un chameau. Visages épanouis, yeux brillants des enfants et des villageoises, lors de l'inauguration ! Quelques milliers de dollars judicieusement investis ont ainsi permis le bonheur quotidien de plus de six mille personnes et, par là, ont facilité la diffusion de la prévention.

On ne répétera jamais assez combien, pour les décideurs au plus haut niveau, les présidents, les ministres, les CEO, il est indispensable d'aller sur place et passer du temps avec les locaux, de partager leur quotidien, mettre les mains dans le cambouis, pour tricoter ensemble un programme efficace. Gagner, petit programme par petit programme, cette guerre contre la misère, le sida et l'oubli assassin. Ne pas s'isoler parmi les experts, mais parler assis à même le sol, avec les personnes concernées. Les écouter, attentivement, comme écouter en direct les équipes locales. À Chamounderi, village perdu, ignoré des dieux et des hommes, m'entendant plaider la cause des orphelins du sida et de la nécessité de mettre en place des familles d'accueil, le chef du village se saisit d'un bambin, qu'il planta sur la table, et hurla, faisant fi de la confidentialité incontournable dans l'éthique du monde médical, et de Harvard en particulier, sur la séropositivité : « Lui est orphelin, ses parents sont morts tous deux du virus et il l'a aussi. » Grand brouhaha parmi les universitaires occidentaux à mon retour : « Tu aurais dû leur enseigner la confidentialité. » Non ! Dans cet endroit isolé, où la solidarité n'est pas un vain mot, l'enfant livré à lui-même fut adopté dans la foulée par une famille compatissante. Il faut savoir s'adapter aux traditions locales pour être efficace. C'est, je crois, pour ces innombrables initiatives modestes, collant au plus près des besoins locaux, que me fut attribué, à Delhi, le *Lifetime Award* indien en présence du cher professeur Amartya Sen.

Fin janvier 1995, je m'apprêtais à changer de continent et à rejoindre l'Ouganda, quand Bernard Kouchner me dit : « Puisque tu vas en Ouganda, passe au Rwanda. J'ai monté depuis juillet 1994 une ONG pour retrouver les familles des enfants non accompagnés après le génocide. Sur cent mômes, il en restera une vingtaine que nous n'aurons pas pu placer. J'ai demandé à vingt ONG amicales de construire vingt maisons sur les terrains hérités par les orphelins, dans lesquelles s'installeront des familles de réfugiés qui accueilleront chacune un enfant. Puisque tu montes des Maisons FXB pour orphelins, pourquoi ne pas en construire une là-bas dans ce but ? »

J'arrivai à Kigali par un avion des Nations unies. L'aéroport était quadrillé par les Casques bleus et les bâtiments criblés de balles, stigmates du génocide. De là, départ pour Gitarama, visiter le centre de Bernard Kouchner. Traversant la ville dévastée, je n'étais plus spectatrice passive du désastre devant mon poste de télévision, bien en sécurité sur mon canapé, je me trouvais au cœur de ce qui était encore il y a peu une zone de guerre, témoin de la violence et de la souffrance à l'état brut. L'odeur de la mort rôdait, l'atrocité des cadavres mutilés était palpable et les balles sifflantes quasi perceptibles.

Arrivée au centre, je feuilletai les rapports de l'assistante sociale et compris tout de suite qu'il y aurait beaucoup plus d'enfants en déshérence que prévu. J'étais venue dans l'espoir non seulement de rendre service à mon ami, mais aussi d'adapter au Rwanda le programme FXB ougandais d'émancipation économique des familles par dons, préalable indispensable à la prise en charge efficace des orphelins du sida ou du génocide.

J'en étais là de mes réflexions lorsque entra un jeune Rwandais en tenue blanche impeccable :

— Je suis Charles, le nouveau maire de Gitarama. J'arrive d'Ouganda où j'étais en exil. Et vous ?

Je lui expliquai FXB et ce pour quoi j'étais venue.

— Permettez-moi de vous emmener sur ma moto et vous montrer la situation.

Grâce à lui, je rencontrai un nombre incalculable de familles délocalisées, sans abri, éparpillées à travers les collines de Gitarama, collines parsemées d'ossements humains que l'admirable Charles collectait pour leur offrir ensuite une sépulture.

— Je ne sais plus où reloger ces femmes avec leurs enfants, et les pluies arrivent, m'informa Charles, devant une mère dépenaillée, couchée dans les broussailles, entourée d'enfants la morve au nez, regards plus désespérés les uns que les autres. Je vais réquisitionner un des magasins d'un habitant qui vit là-bas sur cette colline. Il refuse d'apporter quelque aide que ce soit aux réfugiés et nous regarde sûrement en ce moment même derrière la lunette de son fusil. J'aurais droit à une escorte de protection et une camionnette pour parcourir ma commune, mais je n'en veux pas, je veux montrer un visage de paix et d'amitié.

Chaque minute passée me confortait dans l'idée qu'insérer des programmes VillagesFXB dans ce contexte post-génocidaire était prématuré. Rebâtir était la priorité.

— Combien de familles pensez-vous devoir reloger ?

— Je dirai aux alentours de trois cents.

En fin de compte, je décidais qu'AFXB reconstruirait les cinq cent vingt-huit maisons nécessaires…

La nuit tombait, le maire s'arrêta sur un terre-plein. Dans le crépuscule africain brillaient les yeux noirs angoissés de jeunes enfants et d'adolescents agglutinés, en grappes, au milieu de la bande de terre.

— Nous sommes sur le sol sous lequel il y a la fosse commune des corps de leurs parents, me dit Charles.

Mon conseil d'administration à Sion ne comprenait toujours pas : « Maintenant tu annonces que nous reconstruirons au moins trois cents maisons au Rwanda ? questionna Luc Hafner, le nouveau trésorier. Je ne vois pas bien la cohérence de l'ensemble… » Fil rouge évident, mes principes directeurs : le sauvetage engagé de François-Xavier, les besoins du terrain, en priorité les enfants.

C'est en 1995 qu'AFXB a débuté la collecte de fonds et les partenariats, notre fondation ne pouvant plus tout financer seule. Une fondation suisse, Pro Victimis, des gens remarquables, se joignirent très généreusement à nous sur le projet rwandais. Jeanne Egger, leur déléguée de soixante-dix ans, arpentait avec détermination les collines, toujours souriante, bienveillante. Bernard Sabrier, qui débutait sa fondation, nous aida aussi. Cet argent servit à construire les cinq cent vingt-huit maisons, pendant que nos fonds propres permettaient de mettre en place des VillagesFXB pour les personnes délocalisées, leurs enfants, et ceux à l'abandon. Toujours les mêmes fondamentaux : maison, nourriture, santé, hygiène, et l'indispensable article 28 : l'éducation des enfants, entourant l'entreprise offerte. Dès 1998, nous y avons systématisé la méthode expérimentée en Ouganda, tout en y ajoutant des initiatives suggérées par le responsable FXB local, le remarquable Damascène, comme les groupes de paroles des personnes séropositives, et, vers la fin du programme, l'ajout d'une entreprise de groupe, financée par les économies des participants, la traditionnelle tontine.

Au début, la situation était encore un peu tendue. On m'attribua une fois deux jeunes soldats pour m'escorter à l'arrière du pick-up. Béret grenat posé de côté, ils tenaient serrés leurs fusils pointés vers la route poussiéreuse. Au bout de vingt-quatre heures, je m'en séparai. Ils me rendaient si visible que je me jugeais plus en sécurité toute seule. De plus, les Interahamwe, ces milices responsables des massacres pendant le génocide, investissaient moins les villages, la population les laissant moins aisément traverser, maintenant qu'elle avait maisons et entreprises à défendre. Une fois, cependant, après avoir quitté Kigali parce que les manifestations anti-françaises devenaient trop enragées, nous prîmes la route déserte des volcans vers Goma et tombâmes nez à nez sur un barrage. Des jeunes gens se précipitèrent vers notre pick-up et le secouèrent violemment. Damascène, Jean-Marc Foëx, le responsable de l'Afrique chez AFXB, et moi restâmes silencieux et ballottés. Heureusement, un des meneurs arriva en trombe et les stoppa net : « Non ! Non ! Pas ces gens-là ! Ils sont bien », hurla-t-il en kinyarwanda.

Il avait lu la mention « Association François-Xavier Bagnoud » sur le flanc de notre 4 x 4…

Je venais souvent au Rwanda et constatais les progrès de notre programme. C'était très stimulant d'échanger avec nos collaborateurs locaux, si dévoués, aussi intelligents qu'inventifs, habités des mêmes valeurs que moi. Un jour, Damascène me demanda si je voyais un inconvénient à modifier un des piliers de base de notre méthode – donner une entreprise à chaque chef de famille. Il suggérait de donner une vache pour deux voisins, d'ethnies différentes, pour les obliger à travailler ensemble, gagner de l'argent ensemble et tenter de recréer du lien dans ce pays si cloisonné. Je sautai sur l'idée ! Je compris que c'était comme tricoter une maille de paix, mon autre obsession. Faire jouer les enfants ensemble, réinsuffler de la joie, de la confiance, de l'amitié dans cette population divisée et meurtrie. Faire apparaître une lueur d'espoir et s'y accrocher.

Nous travaillions main dans la main, Damascène, sa femme Azère et toute l'équipe chapeautée par Jean-Marc. Un jour, je leur demandai de faire le point sur la situation des veuves et du sida en ville. En ce temps-là, il n'y avait ni études ni statistiques. Certes, par Aids in the World, je savais que le taux de positivité au VIH était aussi important à Kigali, à Ruhengeri, à Gitarama ou à Butare, que dans les campagnes des collines. Quid après le génocide ?

Je dus pas mal insister pour aboutir, mais nous avons finalement trouvé une association de veuves séropositives citadines, Icyuzuzo, qui s'étaient regroupées pour s'entraider. Nous mîmes en place le principe du don pour que chacune puisse développer une entreprise en lien avec le marché local. Parcourant un quartier déserté, je découvris une de ces veuves, dégoulinante de sueur, hagarde dans son lit. Elle divaguait. Elle mourait. Jeune, belle, longs cheveux défaits, épars sur un visage émacié. J'essayai de refaire, tant bien que mal, son lit trempé ; de l'apaiser en lui caressant le front et lui murmurant des paroles douces et aimantes dans une langue qu'elle ne pouvait comprendre. Dans la cour, sous une chaleur étouffante, jouait un tout petit garçon à moitié nu, le sien probablement.

Je me souviens de Goreti, les vêtements sales et déchirés, courbée dans le champ de ses voisins à bêcher pour un salaire de misère : elle vivait de ce qu'ils voulaient bien lui donner comme nourriture. Trois ans plus tard, je la retrouverai patronne de son restaurant pour routiers, poing sur la hanche, dirigeant avec autorité deux employés masculins dans la cuisson du manioc. Sortie de sa profonde misère, elle avait même créé des emplois…

Une autre fois, visitant les maisons reconstruites à travers les collines de plantations de bananes avec Azère et Charles, je vis une femme qui courait d'une pente à l'autre. Vêtue d'un élégant boubou bleu et blanc, arborant une coiffure agrémentée du même tissu et dont le pan final se dressait fièrement vers le ciel. Elle arriva jusqu'à nous. « C'est la femme que tu as vue durant l'hiver 1995, désespérée, dans la rue avec tous ses enfants. Elle habite là-bas et veut te remercier », me dit Charles.

L'accompagnant jusque chez elle, nous rencontrâmes la fratrie, bien-portante, fière de nous montrer leurs cahiers d'école. Impossible d'échanger dans sa langue mais son sourire, sa coiffure si élégante, la propreté de sa maison et son petit potager verdoyant, clamaient sa réussite et sa gratitude. La dignité retrouvée.

Mukasheyaka, huit ans, séropositive de naissance, entendit un jour de la bouche de sa maman, Joséphine Mukandekwe, qu'elles vivaient grâce à AFXB, qui leur procurait nourriture et soins médicaux. En effet, Joséphine lui disait souvent que l'AFXB était une mère pour les enfants pauvres et opprimés. Mukasheyaka pensait donc qu'AFXB était mon nom ! « Je voudrais tant la voir avant que la mort m'emporte », lui dit-elle. Je lui rendis visite un jour de janvier 2002, au Rwanda. Petite fille souriante et maigrichonne aux grands yeux tristes et rêveurs Elle décéda du sida en 2003. Souvenir douloureux et cher à mon cœur.

J'aimais imaginer, dans la nuit africaine, éparpillées dans les collines, ces centaines de fenêtres allumées, ces maisons en torchis et en briques de terre, aux cheminées fumantes, où la vie s'était blottie. Petites lampes d'amour de la part de François. Des images qui m'insufflaient force et courage.

Ou une émotion intense, comme ce jour où je me suis retrouvée au milieu d'un millier d'écoliers des collines rwandaises.

— Profitez à fond de l'enseignement de vos professeurs, leur martelai-je. C'est vous, le Rwanda de demain, l'Afrique de demain. Vous êtes l'avenir du monde.

Bouleversée, lorsque, à la fin du rassemblement une enfant vint m'offrir une belle natte de paille :

— Tu nous as donné un endroit où poser la tête dans un des moments les plus critiques de notre histoire. Prends cette natte, tissée spécialement pour toi, afin qu'après un fatigant labeur tu aies un endroit où t'étendre.

Je me sens privilégiée d'avoir fait de si belles rencontres.

En 2002, Mark Connolly, de l'Unicef, demanda à me rejoindre au Rwanda afin de visiter ce programme VillagesFXB :

— Nous sommes débordés par le problème des orphelins du sida, et votre ONG semble avoir trouvé une solution.

Il débarqua avec son équipe, certains pas vraiment chaussés pour affronter les chemins étroits et boueux des collines de plantations de bananes ! Je me demandais ce que j'allais leur dire :

— Certes, nous avons une méthodologie, mais la réussite du projet dépend de la façon dont les équipes sur place adaptent le programme. L'interaction, les échanges avec les participants doivent être permanents et personnalisés. Dans une conversation ininterrompue entre les participants sur le terrain, les équipes et moi. Chaque détail compte et demande une attention particulière pour être corrigé immédiatement. Chaque intervenant doit être impliqué comme s'il s'occupait de membres de sa propre famille. Le contraire d'un système bureaucrate et administratif impersonnel.

Quarante-huit heures après, Mark me dit :

— Ce que fait FXB est admirable, mais je ne vois pas comment nous trouverions les ressources humaines suffisantes et suffisamment impliquées pour développer ce programme à l'échelle d'un pays ou d'un continent.

Peut-être est-ce grâce au rapport qu'il fit à son retour que Stephen Lewis, l'envoyé spécial du secrétaire général des Nations unies pour le VIH en Afrique, témoigna en 2006 :

— Le modèle FXB contre la pauvreté et qui vient en aide aux orphelins du sida au Rwanda et en Ouganda est une solution qui transforme le désespoir en espoir.

À chacun de mes retours, dès 1991, je rendais visite à Jim Wolfensohn. Je lui racontais l'Asie, l'Amérique latine, l'Afrique, les VillagesFXB, la réussite économique spectaculaire des femmes dans la plus grande misère, capables en trois ans de notre programme iconoclaste de subvenir à leurs besoins et à ceux de leurs enfants. L'urgente nécessité de lutter sans relâche contre le virus et de prendre en charge tous les enfants à la dérive dans l'ultrapauvreté, objectif final de la réussite économique de notre programme.

Jim a été pendant près de quarante ans un de mes meilleurs amis. Je l'admirais immensément, et l'aimais tout autant. Il m'a si affectueusement entourée quand j'ai perdu mon fils – qu'il aimait beaucoup. Il m'était donc apparu évident de lui demander d'être membre fondateur de l'Association Francois-Xavier Bagnoud en 1989. Nous partagions les mêmes valeurs. Il était taraudé par l'inégalité et l'injustice. Quand j'ai commencé à travailler en 1991 pour les cohortes d'orphelins du sida, je le bassinais avec ma cause… Je lui expliquais comment nous arrivions à ce que des familles indigentes élèvent des enfants dans l'accès à leurs droits de base, sans que FXB donne des subsides année après année, pendant vingt ans. À l'époque, il était financier, avait sa propre firme d'investissement. Mon langage n'était ni celui des banques, ni le jargon du développement, mais celui d'une militante, qui, avec sa fondation, avait payé pour l'accès à tous ces droits déjà pour les orphelins séropositifs de la Maison FXB de Washington. Mais qui, en Afrique, vu le nombre impressionnant d'orphelins, devait passer cette responsabilité aux familles d'accueil. Comme tous les budgets de AFXB venaient de la Fondation, Jim associait sans doute notre action à de la charité et non à du développement. Nommé en 1995 président de la Banque mondiale, son premier voyage fut pour l'Afrique. Un des pays sur son itinéraire était l'Ouganda. Je le suppliai de prendre une demi-journée pour monter à Lowero voir le programme lui-même. S'il avait pu le faire, avec sa vive intelligence, il aurait tout compris. Et m'aurait probablement lui-même expliqué que je faisais, de fait, de l'éradication de l'ultrapauvreté.

Pendant son mandat à la Banque mondiale, Jim mit en place un site internet consacré aux orphelins de la pandémie, où tous ceux, préoccupés par cette tragédie, pouvaient échanger et se mettre en relation. J'ignorais qu'en 1998 la Banque avait créé un think tank, le CGAP (Consultative Group to Assist the Poor), dédié à trouver des solutions contre l'extrême pauvreté. Ce que les Villages-FXB accomplissaient depuis longtemps en trois ans. Le CGAP, lui, restait englué dans des débats sur la gestion du microcrédit. Enfermés qu'ils étaient dans des raisonnements bancaires, de prêt et d'intérêt. Moi, je ne parlais que des orphelins et de l'urgente nécessité de les élever.

Dialogue de sourds. Parfaite incompréhension. Incapacité à accepter la réalité aussi longtemps que celle-ci refuserait de se laisser transformer en équations, en valeurs mathématiques scientifiquement évaluables. Ce CGAP n'était que le début ! En 2004, je pris connaissance de l'existence de centres universitaires dédiés à évaluer des programmes économiques dans un contexte d'extrême pauvreté. Je repérai ainsi l'intérêt possible d'y confirmer le bien-fondé de notre transgression, d'étendre les bienfaits plus largement, de trouver des fonds et d'entraîner des ONG dans la même démarche. On y pratiquait des « évaluations RCT » (*Random Control Trials*), études randomisées en double aveugle, qui deviendraient plus tard incontournables pour obtenir un consensus scientifique. Pour tester l'efficacité et l'innocuité d'un médicament, la méthode pouvait se comprendre : administrer la cure à 10 000 malades et un simple placebo à 10 000 autres et faire le comptage à la fin. Mais dans le cas d'êtres humains à sortir d'urgence de l'extrême pauvreté, comment cela pouvait-il se passer ? Faire croire à un groupe qu'on allait l'aider mais ne rien faire (l'effet placebo), et, par contre, quelle que soit la méthode, aider à fond l'autre moitié de la population concernée et voir quel groupe s'en sortirait le mieux ? Je ne pouvais pas l'admettre.

En 2006, Bilge et moi sollicitâmes le MIT, l'une de ces universités réputées, pour faire une évaluation. Il nous fut sèchement répondu que nos cohortes étaient trop petites, qu'il leur fallait des dizaines de milliers de personnes avec des groupes de contrôle de taille similaire aux participants. Nous étions « trop petits » pour notre grande idée. Bilge, récemment débarquée des suaves et souriantes relations onusiennes, me confia, quelque peu froissée : « Je crois n'avoir jamais été aussi vite éjectée d'une réunion ! »

Pour nous, jusque-là, les évaluations se faisaient en regardant les livres de comptes où nous notions précisément les progrès des participants d'année en année depuis 1991, l'argent gagné dès la première année et aussi le nombre d'enfants scolarisés, nourris, bénéficiant de soins de santé et du soutien psychologique, et dès 1998, avec les ajouts communautaires rwandais. Ainsi, nous savions que ce système fonctionnait sur le terrain et sortait ces personnes de leur ultrapauvreté pour les intégrer dans l'activité économique locale, leur permettant d'élever eux-mêmes les enfants.

Les RCT occultaient des facteurs humains essentiels : l'impact psychologique et social de l'action de terrain. Difficilement quantifiable, mais totalement absente des RCT de l'époque.

Beaucoup plus tard, en 2014, nous fîmes évaluer dans un consensus scientifique le travail et les résultats de FXB grâce au professeur Amartya Sen, qui, lors d'une de ses passionnantes conférences à Calcutta, m'avait fait rencontrer Sabina Alkire. Elle avait monté à l'université de Cambridge, en Angleterre, un autre laboratoire sur l'extrême pauvreté, l'OPHI. « Vous devriez parler ensemble », me conseilla, amical et en connivence, le professeur Sen. En effet, Sabina Alkire nous rendit des évaluations rassurantes, confirmant les bons résultats économiques de nos VillagesFXB. Y figuraient aussi des évaluations sur le bilan psychologique et social, essentiel, à nos yeux. Pas seulement la quantité mais aussi la qualité. Le soutien du professeur Amartya Sen, spécialiste nobélisé des travaux sur l'économie de développement ne nous a jamais fait défaut : dans une interview à la télévision américaine, il avait expliqué que FXB était une des organisations qui accomplissait un travail fantastique et méritait plus de reconnaissance. « Je crois que l'une des choses importantes dans l'approche de FXB, c'est que cette ONG se concentre sur le renforcement des capacités des familles et, à travers cela, augmente leur propension à élever leurs enfants. Et ceci impliquant cela, quand les enfants grandiront, ils seront alors capables de vivre une vie digne. »

Une forte confirmation de la justesse de la méthodologie VillagesFXB me vint des femmes en RDC. La République Démocratique du Congo avait été ravagée, en 2008, par une guerre implacable et brutale. Les viols y étaient endémiques. Ces femmes abusées, à la générosité sans pareille, serraient contre elles, avec amour, leurs enfants pourtant conçus dans la douleur et l'humiliation. Ils étaient leurs bébés. Elles les aimaient. L'une d'elles me dit avec soulagement : « Grâce aux VillagesFXB, je ne suis plus angoissée. Je ne me demande pas dans l'insomnie comment je vais nourrir mes enfants demain ! Je sais que FXB y pourvoira. De même que si l'un d'eux tombe malade, je sais que l'ONG le fera soigner. Moi, je peux dormir sur mes deux oreilles et me concentrer sur ma petite entreprise fournie par FXB et suivre les conseils formateurs de l'équipe en charge. Commencer des économies pour l'an prochain, payer une partie de mon budget. » Aucune statistique ne pourra jamais remplacer le ressenti de cette maman. J'étais comblée.

En dépit de la réussite éclatante, visible à l'œil nu et documentée sur place, des VillagesFXB, en dépit du bond économique gigantesque dont avaient bénéficié les participants, j'étais souvent la cible d'incompréhensions de la part de l'élite humanitaire internationale. Formatée au microcrédit, elle ne pouvait imaginer que notre méthodologie inédite entraînait l'éradication de l'extrême pauvreté. Je réclamais haut et fort des moyens pour prendre en charge la « génération larguée », j'évoquais les dangers de ne pas le faire : laisser s'installer sous nos yeux une génération d'enfants soldats, de trafiquants, de trafiqués, de délinquants et de terroristes. Je me posais des questions.

J'avais conscience d'être une disruptrice illégitime car dépourvue de fonctions officielles ou de diplômes universitaires, et disposant d'un budget indépendant, donc nullement tenue de suivre les directives de ces organismes internationaux et de leurs dirigeants.

Par exemple, le docteur Jim Kim, directeur du Centre FXB de santé et droits humains à Harvard, de 2006 à 2009, président de la Banque mondiale de 2012 à 2019, qui avait témoigné avec moi, en tant que directeur du

Centre, au Congrès américain de la situation mondiale des orphelins du sida, m'y présenta par ces mots : « Elle fait des choses étonnantes pour élever ces orphelins du sida à la dérive, mais je ne comprends pas exactement quoi. Elle va vous le dire ici. »

En 2003, j'assistai à Davos au Forum économique mondial, où le professeur Klaus Schwab et sa charmante femme Hilde m'accueillirent avec effusion. J'en profitai, dans les trente minutes qui nous étaient accordées, pour parler à l'inventeur du microcrédit et futur Prix Nobel de la paix, Muhammad Yunus, qui faisait partie du conseil d'administration.

— Tu sais combien je t'admire et suis éblouie depuis plus de vingt ans par ton système. Seulement, je ne l'applique pas aux populations trop pauvres et malades du sida avec lesquelles je travaille en Afrique. Au lieu de prêter pour monter leur microentreprise, je la leur donne directement. Et je mets en application l'accès aux droits, pour les enfants, du paradigme de santé publique de Jonathan Mann. Maintenant, si toi tu me dis que je devrais faire différemment, m'en tenir au crédit à la place du don, et ne pas financer la totalité de leurs besoins essentiels la première année tandis qu'ils font des économies pour la suite, je changerai d'approche car je respecte complètement ton jugement.

Je lui expliquai ensuite pourquoi j'avais fait ce choix en 1991. Au bout de quelques minutes, il me tapota le bras et me dit simplement :

— Continue à faire ce que tu fais !

Je repartis rassérénée par les encouragements de ce grand expert que je respectais tant. Alors, que les chiens aboient mais laissent passer ma caravane.

Toutes ces femmes si courageuses que nous avions accompagnées me revinrent en mémoire : la réussite de Nite, en Ouganda, de Goretti, la restauratrice rwandaise des camionneurs, celle des propriétaires de boutiques à Kigali, celles qui ouvraient des cafés, vendant la bière qu'elles fabriquaient dans les collines de Gitarama. Toutes celles qui survivaient grâce à la charité des voisins et qui, trois ans plus tard, étaient devenues financièrement autonomes et le resteraient sur le long terme. Je repensai à tous les enfants soignés, scolarisés. Oui, c'est leur réussite qui prouve le bien-fondé de notre méthode.

Entre 1992 et 2011, je retournais une à deux fois par an au Myanmar. À chaque visite, je voyais les programmes se déployer : prévention auprès des conducteurs de bus, des enfants des rues, partenariat avec l'Unicef. Grâce à nos équipes à Rangoon et à Moulmein, alors que le gouvernement refusait les attroupements publics de plus de trois personnes, nous organisions des rassemblements hebdomadaires d'une centaine de personnes, séropositives, durant lesquelles nous informions les participants sur leurs droits, sur les dangers du virus. Nous proposions aussi un soutien psychologique. Nous partagions un repas commun, symbole de fraternité, de solidarité face à la maladie. J'acceptai aussi de procurer à nos rescapées les traitements antirétroviraux, pas encore disponibles dans le pays. Nous avions des partenaires visionnaires et généreux, Derek Frost et Jeremy Norman qui, avec leur ONG Aids Ark, fournissaient déjà des antirétroviraux à nos patients en Inde. Nous fûmes soulagés de leur passer ici cette lourde et coûteuse responsabilité pionnière d'engagement, pour la désormais longue vie de malades préalablement condamnés. Une mission en soi.

Ne voulant rien devoir aux instances dirigeantes du pays, je refusai, la première année, l'invitation du gouvernement à accompagner journalistes et collaborateurs étrangers visiter Pagan, ville religieuse aux multiples pagodes dorées. Restée seule ce dimanche à Rangoon, je rendis visite à quelques-unes de mes protégées chez elles. Je tombai en admiration devant le soin apporté à l'entretien et à la décoration de ces modestes demeures au sol en terre battue, plus accueillantes que de nombreuses maisons occidentales cossues.

Mais je m'étonnais de l'empressement du gouvernement à faciliter mon travail. Je finis par comprendre quand j'eus le fin mot de la disparition des huit prostituées disparues depuis des années. En sous-main, j'avais continué mon enquête, rencontrant discrètement mes informateurs dans les jardins publics. Une assistante sociale étrangère, attachée d'ambassade, autorisée à voyager dans les régions fermées aux touristes, revint un jour avec des nouvelles. Elle m'avait rapporté les paroles du policier thaï, arrivé avec les huit filles pour leur faire passer la frontière, il avait interpellé son collègue birman :

— J'ai ici huit ressortissantes de chez vous, des prostituées séropositives, facilitez-moi le passage.

— Mais je n'en veux pas ! répliqua l'autre, du bord opposé.

— Ben alors, qu'est-ce que j'en fais ?

Sortant son revolver, il avait tiré une balle dans la tête de chacune et les avait jetées dans la rivière. La grande amabilité du ministère envers moi était leur façon typiquement culturelle de proclamer leur innocence. J'avais accusé publiquement le gouvernement, pour une fois à tort, de meurtres. Ainsi se dédouanait-il.

C'est un grand privilège dans une vie que de rencontrer des êtres d'exception. Fin 1999, j'eus l'immense bonheur de passer quelques heures presque en tête à tête avec Nelson Mandela. Nous étions quatre à déjeuner, lui, Cyril Ramaphosa, aujourd'hui président de l'Afrique du Sud, Mark Lloyd, ami généreux au bras long, ayant organisé la réunion, et moi. Le magazine *Elle*, par le biais d'Anne-Marie Périer, m'avait sollicitée pour participer à un projet à l'orée du nouveau siècle : demander à un groupe de femmes de se faire photographier avec quelqu'un qu'elles auraient rêvé de rencontrer dans leur vie.

— Nelson Mandela, répondis-je d'emblée.

— Ce sera difficile...

— Ne vous inquiétez pas, je m'en charge.

Après un appel à cet ami très cher, capable de miracles, nous voilà envolés, photographe inclus, pour Johannesburg. J'étais touchée, troublée, je pensais rêver... Non, c'était bien réel. Je me suis assise à côté de ce bel homme si simple, si chaleureux, dont il émanait une bonté extraordinaire. Paisible et douce sérénité aussi. Ce furent quelques heures rares qui donnent de la valeur à la vie. Plein d'humour, toujours prêt à plaisanter, on ne pouvait déceler aucune trace des souffrances qu'il avait endurées pendant tant d'années. Sa volonté d'unifier son peuple, de réconcilier les Noirs et les Blancs, ne relevait d'aucun calcul politique. Rien de narcissique. Aucune rancœur. Sincère dans son pardon.

Bien entendu, nous avons parlé du sida. De la situation particulièrement tragique à cet égard de l'Afrique et des innombrables orphelins. L'après-midi même, je devais me rendre à Alexandra et à Soweto pour rechercher un partenariat local qui permettrait à FXB de monter des programmes d'aide pour ces enfants.

— Je ne pouvais pas venir ici et ne faire qu'une photo avec vous, lui dis-je.

Je me devais de chercher comment FXB peut être utile aux enfants sud-africains.

— Venez avec moi ! Des photos de vous, embrassant ces enfants orphelins et séropositifs, seraient l'arme la plus efficace contre les peurs et la discrimination.

— Je ne peux pas, c'est à Thabo Mbeki qu'il faut demander cela, je ne suis plus président. Mais il est exact que c'est une immense tragédie. Quand j'étais au gouvernement, nous aurions dû faire plus, mais à l'époque nous avions tant de problèmes qui nous submergeaient au quotidien…

Honnêteté, modestie, je mesurais l'ampleur de cet homme.

Deux ans plus tard, émue aux larmes, je le revis, sur la scène de la Conférence internationale sur le sida à Durban, tenant par la main un petit bonhomme maigre qui parlait de la douleur des enfants orphelins séropositifs et qui engageait le monde à se préoccuper d'eux. C'était Nkosi, notre petit protégé FXB, dont nous avions, des années auparavant, réalisé le rêve en le faisant venir à New

York. Nelson, immense et rayonnant, tenant tendrement la main du fragile petit Nkosi. Image bouleversante. J'ai autant pleuré à la mort de Madiba qu'à celle du courageux petit Nkosi : il n'avait pas survécu longtemps, les antirétroviraux étaient arrivés trop tard. Je les aimais tous deux, la planète s'est dépeuplée sans eux : de Nkosi, j'ai conservé une jolie lettre, de Madiba, une belle photo. Témoignages et souvenirs d'une valeur inestimable.

C'est également en l'an 2000 que je fus invitée par Jim Wolfensohn à la tribune de la Banque mondiale, pour parler du désastre du sida et de l'omerta autour de la pandémie démultipliant la pauvreté de nombreux pays. Jim élargissait le champ des intervenants à la Banque. Finie l'exclusivité des experts du sérail, il voulait faire entendre les idées et expériences des acteurs du terrain et les voix de la société civile. Je racontai l'horreur dans laquelle les orphelins basculaient pour survivre. En particulier le cas des enfants soldats tel le jeune général Shareblood, comme il se nommait lui-même, âgé de quatorze ans. Selon l'histoire qu'avait relatée dans *Le Monde* le journaliste Rémy Ourdan, l'enfant-général faisait décapiter tous les matins un prisonnier par un des cinquante enfants soldats sous ses ordres, et buvait ensuite le sang de la victime mélangé à de la drogue.

Je racontai aussi cet orphelin du génocide rwandais, qui avait exterminé à la machette ses petits voisins : « Dieu m'a enlevé ma famille, alors je répands aussi la douleur. »

La salle était silencieuse et attentive. À la fin de mon intervention, les questions fusèrent. De la représentante de la Sierra Leone à celui du Zimbabwe. Chacun racontant une anecdote en écho à ce que je venais de révéler publiquement. Les langues se déliaient. Je n'oubliais pas de décliner avec précision les raisons de mes choix et de ma méthodologie depuis 1991. J'expliquais la nécessité de remplacer le microcrédit, pour cette couche de pauvreté extrême, par le don de la microentreprise, puis de le renforcer par les liens du paradigme de Mann : l'accès aux droits de base, entièrement payés par FXB, durant la première année d'un programme de trois ans, pour donner un coup d'accélérateur à la réussite économique. C'est sur ce modèle, définitivement adopté dans nos programmes au Rwanda en 1998, que le professeur Anand, avec la collaboration d'Amartya Sen, se baserait pour publier l'étude sur le coût de l'inaction en 2012.

À cette époque, l'oiseau migrateur que je suis commença à être définitivement épuisé par tous ces voyages. Ce qui me fit rater la plus belle occasion de partenariat pour FXB ! Bill Gates et son père, qui dirigeaient leur fondation naissante, avaient invité quelques-uns d'entre nous, engagés dans le combat contre la pandémie, à les rejoindre sur la côte ouest des États-Unis début janvier 2000. Étaient conviés l'Unicef, l'OMS, George Soros et moi, un petit groupe trié sur le volet. Je luttais encore à cette période, quatorze ans après le drame, contre la dépression. François étant mort un 14 janvier, chaque année, durant ce mois, cachée, calfeutrée dans le Valais, j'hibernais. J'avais déjà accepté l'invitation de Jim de me rendre à Washington fin janvier. Je me sentais faible, vulnérable et incapable de faire un aller-retour supplémentaire à Seattle au début du mois. Je déclinai l'invitation. J'étais également incapable d'écrire moi-même une lettre aux Gates expliquant mon absence. J'y avais envoyé Anil, qui avait réussi à obtenir une aide pour leur premier programme de prévention en Inde.

Mais je ne les ai plus jamais rencontrés, et n'ai pu accéder depuis à leur fondation. Peut-être ont-ils été vexés, m'ont-ils trouvée arrogante et désinvolte, sans savoir que j'étais déjà malade d'épuisement et meurtrie.

En 2001, la Fondation FXB inaugura à Sion, dans le Valais, un projet dont Bruno rêvait depuis que François et lui en avaient discuté ensemble en 1982, et auquel je tenais beaucoup moi aussi : la Maison FXB du Sauvetage. Regrouper en un seul lieu *tous* les moyens humains et matériels du sauvetage d'urgence : médecins, pilotes, guides de montagne, chiens d'avalanche, matériel médical, hélicoptères, ambulance et même une barque. Disponibles vingt-quatre heures sur vingt-quatre, sept jours sur sept. Unique au monde !

De mon côté, j'organisai à Washington, juste avant de tomber malade, un groupe d'action globale pour les orphelins, le GAO (Global Action for Orphans) dont l'activité principale était de militer auprès du Congrès américain afin qu'ils débloquent des fonds. Avec le docteur Paul Zeiss, nous nous associâmes pour élargir l'action du groupe et le transformer en GAC, Global Action for Children, dès 2003.

En tandem avec notre efficace directrice, Jennifer Delaney, nous allions frapper aux portes des législateurs, parmi lesquels le sénateur John Kerry et Betty McCollum, membre de la Chambre des représentants. De lois en amendements, notre action avec d'autres ONG aboutit à l'adoption de la loi 109-95, signée par le président George W. Bush, première réponse législative globale à la crise mondiale des orphelins du sida et des enfants vulnérables. Ce texte permit d'y affecter 3 milliards de dollars, soit 10 % du financement du Plan d'urgence présidentiel de lutte contre le sida, le PEPFAR.

Dans ce début des années 2000, FXB abordait les quarantièmes rugissants : l'organisation était devenue très grande, multilingue, présente sur quatre continents, dans des domaines allant de la santé publique aux soins palliatifs à domicile, de la recherche et l'enseignement en aérospatiale à l'éradication de la pauvreté des plus démunis. FXB s'étendait des universités américaines les plus prestigieuses jusqu'aux coins les plus reculés des pays émergents et au canton du Valais. À l'image de sa fondatrice : tout en paradoxes et en mélange des genres.

Je manquai ne pas survivre au rythme infernal que je m'imposais, en dépit des soins attentifs de Franck Garcia et Hélène Muntal qui, pendant plus de quarante ans, m'ont requinquée par l'acupuncture et la médecine chinoise. Mais un matin, fin 2000, tellement au bout du rouleau que je ne pouvais même plus étendre le bras au réveil pour attraper un Kleenex, je consultai. Le bon docteur Lorcy m'avertit :

— Tes surrénales sont en train de faire grève ! Tu es en burn out !

— Et alors ?

— Alors si elles s'arrêtent complètement, en deux jours tu meurs !

Ouille ! Je n'avais pas de ressenti propre, je vivais dans celui des autres, de ceux et de celles à la rencontre de qui j'allais. Nez dans mon guidon… Le docteur m'infligea un arrêt de travail de six mois. Je m'en accordai quatre. L'évidence était là : il me fallait absolument songer à passer la main.

Mais mon féminisme y veilla, pas à des hommes indolents ou machistes ! Je commençai à chercher une femme énergique pour me seconder. C'est en 2005 que je recrutai une directrice générale très compétente, de culture onusienne, Bilge Bassani. Passée par Save The Children, elle possédait un impressionnant CV. Je souhaitais rester quelques années encore à la manœuvre sur le terrain, ce que j'aime le plus, tout en lui cédant les responsabilités administratives et les ressources humaines des deux côtés de l'Atlantique. Grâce à son réseau et à ses compétences, elle réparerait les liens que j'avais largement distendus avec les organisations internationales. Diplomate, intelligente, elle naviguait habilement dans les eaux onusiennes et universitaires. Elle m'aida à renégocier notre contrat avec Harvard pour élargir le Centre FXB de santé et de droits humains, logé dans la Faculté de santé publique, au niveau d'un Centre universitaire global.

Malheureusement, Bilge ne put rester assez longtemps, sa mère en fin de vie requérant sa présence auprès d'elle à Istanbul. Et puis ce n'était pas si simple de passer la main ! Je travaillais depuis plus de seize ans avec de merveilleux responsables de terrain, chacun très ancré dans son fief, qui me suivaient dans mes innovations avec dévouement, affection et enthousiasme. Tant que le travail se faisait, je leur laissais une grande marge de manœuvre, sinon j'intervenais fermement. Résistance, donc, il y avait, envers une autre autorité que la mienne…

La Fondation, du temps de mes fonds propres, n'était qu'un compte en banque où parquer l'argent destiné aux programmes. Notre sérieux trésorier, Luc Hafner, prévenait qu'ils s'épuisaient. Désormais, grâce à de fidèles partenaires comme la Ville de Paris, la Fondation du Roi Baudoin, les Fondations Augusta, Arcanum ou encore Orano, et de très généreux amis, donateurs privés, l'action pouvait perdurer. Christine Eggs et Laure Delouvrier se chargeaient de récolter les fonds pour l'ONG FXB et ses programmes sur le terrain, d'étendre dans plus de pays encore les VillagesFXB – dès 2006, notre programme principal en Ouganda changea de nom et devint Villages-FXB, une dénomination plus courte que « Programme FXB pour les orphelins du sida et les enfants vulnérables ». Moi, j'ouvrais les portes, mais j'assistais avec de plus en plus de réticences aux incontournables événements mondains de récolte de fonds. Je n'aspirais plus qu'à me confiner socialement et aller seulement sur le terrain.

Le monde changeait et avec lui le monde humanitaire aussi. Face à l'afflux de budgets toujours plus importants débloqués par les gouvernements et les institutions internationales, c'est dans le modèle de l'entreprise, du *business*, que l'humanitaire alla chercher ses nouveaux outils. Pour répondre à ces « appels à projets » richement dotés, Il fallait une méthodologie, des programmes précis, déjà validés, des équipes de terrain opérationnelles. Et, effet pervers inattendu, c'est là que certaines grandes ONG et agences onusiennes se comportèrent comme une entreprise classique, en faisant de la « croissance externe », en récupérant ou en *piquant* le programme d'un autre intervenant. Procédé crapoteux, dont FXB a été victime et que je veux relater ici pour mettre en lumière le dysfonctionnement possible de l'action humanitaire lorsqu'elle se retrouve entre les mains d'intervenants avides de prébendes et de reconnaissance usurpée.

En 2012, le professeur Sudhir Anand, avec la précieuse collaboration du professeur Sen, tous deux initiateurs de *L'Index de la pauvreté* des Nations unies, publia pour le Centre FXB une étude faite durant trois ans : *The Cost of Inaction* (Le coût de l'inaction). Ces deux économistes réputés y démontraient combien il serait moins coûteux pour les gouvernements de dépenser en amont pour la santé et l'éducation, plutôt que de devoir réparer, en aval, les dégâts. Le chapitre 5 traitait du Rwanda et prenait comme terrain d'étude les VillagesFXB.

Ils présentèrent cette étude à la Banque mondiale en 2012, dont le tout nouveau président, Jim Yong Kim avait été directeur de notre Centre FXB à Harvard pendant quatre ans et donc en était partie prenante.

En juillet 2013, Silvana Paternostro, qui occupait par intérim la présidence de FXB USA, fit des recherches sur le Web. Elle chercha s'il y avait des possibilités de financement pour des VillagesFXB. Elle tomba, dans la partie CGAP, ce think tank de la Banque mondiale, sur une description très détaillée de ce qu'ils nommaient *Graduation Programs* (aujourd'hui renommés *Graduation Approaches*). Copie conforme de nos programmes, qu'ils reprenaient point par point : accès simultané – et non éparpillé dans différents programmes et dans le temps – aux droits fondamentaux, nourriture, santé, éducation, logement. Mais aussi, en ce qui concernait nos transgressions des codes : le don d'entreprise – fini le sacro-saint microcrédit auquel s'accrochait tellement la Banque mondiale dans les années 2000 ! Poussant plus loin sa lecture, elle tomba sur le paragraphe où était décrite la philosophie qui avait inspiré ce *Graduation Program*. Lisant avec elle, je fus frappée par un sentiment de déjà-vu : les mots, le raisonnement, le langage dans son ensemble étaient les nôtres.

L'explication ne tarda pas. Le professeur Anand, à qui nous avons fait suivre la page Web, nous téléphona, indigné : « Mais c'est *MON* texte ! Le chapitre 5 du *Coût de l'inaction*. Le VFXB au Rwanda. Mot pour mot. » Sur une autre page du site, le CGAP se vantait que la Banque mondiale et BRAC avaient ainsi inventé un chemin d'éradication de l'extrême pauvreté dont l'ONG BRAC affirmait être la pionnière…

Nous étions indignées. En colère. Notre méthode, celle que FXB avait mise en place dès 1991 en Ouganda, changeant sans la « bénédiction » des grandes institutions internationales le paradigme du développement pour la pauvreté extrême, puis modélisée en 1998 au Rwanda, était ici pillée. Intégralement. Vantée par un organisme, le CGAP, dont l'année de naissance – 1998 – correspondait au temps de notre mise en action avant-gardiste du paradigme du docteur Jonathan Mann, lié à notre substitution du microcrédit par le don.

C'était aussi injurieux à l'égard des professeurs Sen et Anand, un manque de respect évident pour leur immense travail, en plus de dévoyer leurs propos et leur brillante démonstration faite dans ce chapitre 5 sur les VFXB au Rwanda. Certes, il s'agissait d'une reconnaissance involontaire de notre méthodologie et d'une sorte d'hommage, mais comment un tel pillage, au vu et au su de tout le monde, avait-il pu se produire ?

J'essayai de comprendre…

De relier les points les uns après les autres pour chercher à faire apparaître une image.

Premier point : mon discours de janvier 2000 à la Banque mondiale. J'y avais exposé les raisons sociales et économiques qui m'avaient poussée à substituer au microcrédit classique un don iconoclaste, pour les plus pauvres. Non pas dans le jargon institutionnel, mais avec mes mots. J'y expliquais pourquoi et comment cela fonctionnait.

Est-ce à ce moment-là que les bases de notre méthodologie avaient été transmises au CGAP, le think tank de la Banque mondiale dédié à la pauvreté, créé en 1998, dont BRAC faisait partie en tant qu'ONG et dans le conseil duquel siégeait Fazel Abed, son président ?

Deuxième point, lors de mon exposé à Davos, au Forum économique mondial de 2003 où je déclinais à nouveau, dans leur jargon cette fois-ci, les avancées significatives du terrain depuis 1991, basées sur notre travail empirique. M. Abed a dû être alors conforté de constater le bien-fondé de son programme pilote au Bangladesh, encore au stade de l'expérimentation.

Toujours est-il que cette recette, que je partageais dans le dessein de la voir adoptée, mais incluant FXB dans son extension, fut reprise point par point dans le projet pilote de BRAC au Bangladesh en 2004 : dès 2006, le CGAP lança avec la Ford Foundation à travers Fazel Abed ces

Graduation Approaches à grands coups de millions de dollars, en Afrique, en Amérique latine, en Asie.

Jim Wolfensohn, lui, avait quitté la Banque mondiale en 2005. Très certainement sans être au courant de la reprise de notre méthodologie, éprouvée depuis quatorze ans.

De même que, en 2009, lisant le livre sur BRAC de Ian Smillie, je me réjouis qu'ils aient enfin compris qu'il fallait cesser d'imposer le microcrédit aux ultrapauvres. Même si le manque de reconnaissance donné à nos idées dans cet ouvrage, déjà à l'époque, avait provoqué une certaine frustration… De plus, moult membres de nos *boards*, ou leur famille, siégeaient en même temps à ceux de BRAC ou travaillaient au CGAP de la Banque mondiale – la tentation de piller les bonnes idées a dû alimenter les conversations. Au fond, tout le monde concerné avait couché avec notre méthodologie.

Notre indignation, elle, était décuplée par le fait qu'aucune référence n'était faite au travail laborieux de l'ensemble de l'ONG, équipes locales et courageuses participantes, qui en avaient prouvé la réussite. Mais surtout par le fait que ces gens faisaient une publicité mensongère en se vantant d'être les « inventeurs » de notre changement inorthodoxe de paradigme, sans jamais faire mention de notre travail pionnier, qui d'évidence avait totalement inspiré leur programme.

Copier oui, s'approprier et en exclure FXB, non ! Faire référence à FXB aurait été non seulement juste, mais plus efficace. Se priver de notre expérience de vingt-deux ans était en effet une perte d'énergie et de temps pour qui cherchait sincèrement à lutter contre cette pauvreté extrême et pas seulement tirer à soi la couverture.

Paradoxalement, bien sûr, nous étions fières et heureuses de ce que ces transformations radicales de l'action humanitaire se déploient de la sorte, que tant de familles et d'enfants puissent à l'avenir en bénéficier avec des moyens gigantesques que nous n'avions pas, aux quatre coins de la planète. Notre méthodologie, appliquée en 2008 par USAID, mais tellement dérangeante et rejetée, par le passé dans le monde du développement onusien et universitaire, trouvait ainsi sa place. Cette mise en lumière et cette reconnaissance allaient enfin pouvoir bénéficier au plus grand nombre…

Nous comprenions aussi aisément le bien-fondé du choix des bailleurs de fonds (neuf gouvernements et donateurs alliés du CGAP) de déployer cette copie de notre programme à l'échelle mondiale. BRAC était la plus ancienne et la plus grande ONG de développement, confinée depuis trente ans au Bangladesh. Il fallait une machine administrative immense pour étendre notre méthode aussi vite à tant de pays. D'où leur adjonction de la Ford Foundation et autres grands bazars. Mais où était incluse la petite ONG initiatrice ? Évacuée ! Gommée !

En 2014, nous mîmes en place une campagne médiatique ironique pour « féliciter » BRAC et la Banque mondiale d'avoir si bien exposé au monde la réussite de notre programme FXB débuté en 1991. Textes et vantardises de la Banque mondiale disparurent du Web. La publicité se limite, encore aujourd'hui, à des communications internes de BRAC et de leurs acolytes.

Ce pillage et cette appropriation dénotent non seulement une malhonnêteté intellectuelle, qui à mon sens ne devrait pas exister dans ce milieu, mais démontrent aussi combien certains sont prêts à faire fi de la déontologie, d'un certain sens de l'éthique et du bien commun, pour satisfaire la puissance politique et financière de l'institution qu'ils dirigent. Et pour flatter leur propre ego. Une soif de pouvoir, comme me l'a confirmé Michael Gerber, P-DG de l'AMREF pendant près de vingt ans, qui explique que l'ONU et ses agences ont passé leur temps à s'approprier les idées et découvertes des ONG, à les réemballer, les rebaptiser et les présenter comme leurs trouvailles…

Je ne regrette pas un seul instant d'avoir toujours crié haut et fort la raison de ce programme : élever les orphelins du sida et les enfants en situation d'extrême pauvreté. Qui, sinon, seraient à la dérive. Ni d'avoir exposé, partout, les moyens inventés pour y arriver. Cependant, en refusant systématiquement l'autopromotion que je trouvais vaniteuse, j'ai privé FXB de la renommée qui lui revenait de droit en tant qu'ONG. De plus, notre recherche de fonds s'en trouvait pénalisée.

Bernard Kouchner me réprimanda : « Il ne fallait pas laisser traîner tes idées ! » En 2019, Jean-Louis Sarbib, ancien vice-président de la Banque mondiale, vint spontanément me dire, au détour d'un couloir : « Tu as raison. La méthodologie de FXB lui a été subtilisée. »

Pour moi, l'essentiel est le sens de l'action de l'ONG FXB, qui porte le nom de mon fils : le sauvetage. Or quelle action de sauvetage est plus démonstrative que de sauver de l'horreur orphelins et enfants pauvres ? Et de les faire élever par des familles misérables devenues en trois ans acteurs de leur économie locale ? Et de rendre à eux tous dignité et avenir ? Au fond, toutes les louanges qui pleuvent sur ces *Graduation Approaches* ruissellent de facto sur FXB !

Femme et acteur de terrain. Deux raisons pour détonner dans ces cercles internationaux où des messieurs en cravate discouraient doctement de ce qu'ils jugeaient bon pour les plus pauvres des humains. Tous n'étaient pas sots ou de mauvaise foi, loin de là ! Mais nombreux n'avaient qu'une faible idée de ce que l'on voit, ce que l'on vit, en allant à la rencontre des plus démunis et des plus fragiles de nos semblables.

C'est sur cette violence de la vie que je veux poursuivre et terminer cet ouvrage. La réalité est souvent bien pire que ce que nous croyons. Le plus souvent, il y a urgence. À sauver des enfants, des familles. De situations inimaginables. Je témoignerai toujours.

Cela faisait plus de vingt-deux ans que la Fondation et l'ONG que j'avais imaginées et créées avec la famille, les amis, et une équipe suisse romande, pour perpétuer la passion du sauvetage de François-Xavier, existaient et se développaient. Elles avaient fusionné avec mes propres passions : mettre en avant les oubliés, faire bouger les lignes, réparer le monde, militer. Maintenant que FXB s'étendait des deux côtés de l'Atlantique, elle méritait une équipe mixte, qui s'entraiderait entre l'Europe et les États-Unis, chacune au mieux de ses compétences, y compris sur le terrain.

Seul bémol : je ne reconnaissais plus mon organisation et ne retrouvais plus mes marques… Je décidai donc, peu à peu, d'amorcer, pour de bon cette fois, le passage de témoin et de me concentrer seulement sur certains pays. En particulier l'Inde, le Rwanda et la Birmanie. Je devais responsabiliser d'autres collaborateurs, déléguer, ne plus participer à toutes les conférences. Du coup, évidemment, je faisais moins de lobbying et ne *réseautais* plus du tout !

En Mongolie, dont les deux millions d'habitants vivaient écrasés en sandwich entre deux géants au milliard et demi de ressortissants, la Chine et la Russie. Le ministre mongol de la Santé m'avait écrit une lettre très touchante pour demander l'aide d'AFXB. L'épidémie s'y développait, invisible. Le ministre avait pris connaissance de notre travail par l'équipe indienne, Anil Purohit et Jo Thomas.

En mars 2003, nous étions partis pour Oulan-Bator. – 40 degrés dehors la nuit, 25 degrés dans les yourtes où nous dormions. Sortir se soulager dans la neige était assez violent en termes de changement de températures… Sans compter les surprenants hennissements de chevaux sauvages. Nous allâmes jusqu'à la frontière russe. Assise sur une falaise, je contemplai la verte vallée menant à Irkoutsk en contrebas. En Asie lointaine, nourriture et prostitution allaient de pair. Il était donc évident que les nombreux cafés au bord des routes étaient transmetteurs du VIH, accueillant les camionneurs venant de Russie ou de Chine.

Arpentant les corridors de l'un d'eux, un Russe à qui je demandai s'il faisait usage de préservatifs me répondit, dans un mauvais anglais, qu'il n'en voyait pas l'utilité, tout comme cette ravissante Mongole à longues tresses et aux joues fuchsia ! J'y allai donc de ma tirade habituelle de prévention. J'apportai les deux volumes d'*Aids in the World* et *Aids in the Twenty-First Century* au ministre de la Santé, qui y trouverait tout ce dont il aurait besoin pour définir une politique de prévention. La population mongole était, comme il l'avait pressenti, à très haut risque. Nous avons formé un petit Conseil FXB, composé des docteurs Nyamkhue et Patzo qui nous accompagnaient. On chantait à tue-tête « Aux Champs-Élysées... » pendant les interminables trajets dans la neige, parsemée d'ex-voto et de plastiques bleus accrochés à des branches plantées en quinconce au milieu de nulle part.

J'avais été alertée de l'existence de groupes d'enfants vivant dans les souterrains de la capitale, là où passaient les énormes tuyaux du chauffage urbain. Je voulais évaluer les dégâts en vue de la prochaine conférence sur la CDE qui se profilait. Sous terre, dans ce qui était devenu de vrais égouts, survivaient des SDF, des drogués, des malades mentaux, des enfants en déroute et autres marginaux. Tout comme sous la gare de Grand Central de New York, les égouts de Bogota ou la vie souterraine sous Moscou. Violence, drogue, alcool, abus sexuels.

Seulement, ici, à Oulan-Bator, la police avait créé un refuge pour les enfants des souterrains. Lorsqu'ils répondaient à l'appel que faisaient les policiers à l'ouverture de la bouche d'égout, ces derniers les récupéraient, les lavaient, les nourrissaient, les soignaient si nécessaire, avec gentillesse et attention. Ils leur cherchaient des familles. Où rencontre-t-on des forces de l'ordre aussi attentives à la jeunesse et bienveillantes, surtout en Orient ? L'un d'eux m'ouvrit un passage souterrain où précautionneusement je m'engouffrai. L'odeur était difficilement supportable. Éclairés par une bougie, les enfants se terraient. Une femme passablement ivre se jeta sur moi. Un garçon d'une quinzaine d'années s'interposa. Je lui demandai son nom et le remerciai. La semelle de ses baskets bâillait largement, je ne sais pas même comment il pouvait marcher. Rapidement je remontai, évitant d'ajouter mes propres vomissures aux immondices. Oui, il y avait bien des enfants vivant dans des conditions atroces, mais FXB ne pourrait rien leur apporter de plus : ici l'État assumait ses responsabilités de signataire de la CDE.

Le soir de mon départ, je demandai au policier de me ramener à la bouche d'égout où j'avais rencontré le jeune garçon aux baskets usées. Je sifflai et criai son nom. Sortant agilement, il attrapa prestement les baskets en cuir gris, les miennes, que je lui tendis. Je me suis soudain retrouvée enveloppée dans une masse tendre et odorante que je n'avais point vu venir. Baisers et embrassades collés serrés, muets, inestimables.

Terrain encore. Le 4 décembre 2004, un tsunami dévasta la côte indienne. Je décidai de réquisitionner toutes les équipes des États du Sud, dont le doux et très compétent docteur Raju était le directeur, pour les regrouper à Pondichéry. La pagaille régnait sur la plage aux cabanes détruites, aux arbres arrachés. Il était urgent de mettre en place une aide aux pêcheurs, dont maisons, barques et êtres chers avaient été engloutis par les vagues géantes. Nos équipes, s'occupant habituellement des ravages affectifs de deuils dus au sida, étaient parfaites pour assurer une assistance psychologique. Le monde entier avait été touché par la tragédie que vivait l'Asie et envoyait de l'aide matérielle de façon disparate et souvent mal ciblée, ajoutant à la confusion. Je me souviens d'un camion, je crois bien germanique, qui déversa au milieu des débris son chargement de... couches.

Gérer ce genre d'urgence n'était pas notre mission. Mais les généreux lecteurs de *L'Illustré*, le magazine suisse, qui avaient confiance en AFXB, nous versèrent des sommes importantes insistant, en dépit de nos dénégations, pour que ce soit nous qui les utilisions à cet effet. Que faire ? Déblayer les tonnes de débris fut une première action. Faire place nette, éliminant ainsi les rappels visibles du traumatisme. Puis, étendre l'assistance psychologique. Je décidai de ne pas tout dépenser tout de suite et de revenir plus tard voir ce qui manquait, une fois la foule des humanitaires partie.

Quand je suis revenue avec mon équipe, quelques mois plus tard, en avril, les superbes barques neuves peintes de joyeuses couleurs jonchaient le bord de mer mais n'avaient ni cordes, ni ancres, ni filets de pêche pour la saison. Je pressai FXB Inde de leur fournir ce matériel. Pour les veuves, il fallait des glacières : ne réussissant pas à vendre les poissons que désormais elles achetaient, elles les perdaient. Les jeunes gens désœuvrés, relogés depuis des semaines dans un campement provisoire, buvaient et trafiquaient. Décision fut prise de construire un terrain de sport et de fournir des accessoires sportifs pour les occuper.

Pas question de reconstruire des maisons : la ville acceptait de le faire, mais à cinq cents mètres de la plage, tandis que la communauté de pêcheurs, elle, refusait violemment, exigeant de rebâtir au même endroit. Ils avaient choisi d'implanter ce village sur la plage, car, de là, ils voyaient les rouleaux, aux formes dictées par le vent, et savaient à quel moment sortir pêcher. Cinq cents mètres en arrière, leurs repères deviendraient invisibles. C'est la raison pour laquelle un camp de réfugiés en plastique bleu et blanc était sorti de terre au milieu de petites masures à moitié abattues.

Je me demandai comment dépenser utilement l'argent restant. Là, après presque vingt ans d'humanitaire, je reçus une grande leçon d'humilité et la confirmation que rien ne valait plus que le temps passé sur place afin de comprendre au mieux les enjeux, les besoins et, éventuellement, le soudain mutisme des équipes. Les enfants, revenant à midi de l'école, déjeunaient sous la chaleur étouffante des toits en plastique. Je suggérai d'installer au moins une cantine démontable. Nous avions expérimenté une cuisine communautaire en Colombie ; elle s'était avérée un lieu de cohésion sociale, d'entraide et de soutien affectif pour les femmes séropositives et leurs enfants. J'expliquai mon idée à notre responsable local. Hochant la tête avec gravité, il me répétait : « Oui, Madame, oui, Madame. » Je n'oubliais pas les difficultés inhérentes à cette société de castes ; s'agissant là de pêcheurs misérables, on voyait bien qu'ils appartenaient tous à celle des Dalits. Quelque chose dans le ton, l'expression absente de mon interlocuteur, avec qui je travaillais en toute complicité d'habitude, me troubla. J'insistai :

— Dites-moi ce qui ne va pas. Qu'est-ce qui cloche ?

Il continua :

— Rien, Madame, nous allons nous procurer cette cantine.

Au bout de longues minutes de dialogue de sourds, un collaborateur ami me murmura à l'oreille :

— Ils ne mangent pas la même chose et ne cuisinent pas dans les mêmes casseroles…

— Mais j'étais persuadée que tous étaient de la même caste.

— En effet, mais ils ont leurs sous-castes.

Si je n'avais prêté une attention particulière au langage du corps, aux expressions de mon collègue indien, plus encore si la décision avait été prise dans un bureau climatisé d'un centre urbain lointain, l'argent eût été totalement gaspillé et perdu.

Comme ce fut le cas au Rwanda : après le génocide, certaines Agences avaient construit des maisons collées les unes aux autres qui ne furent jamais habitées, chacun ayant trop peur de son voisin... Attentive, quand nous avons reconstruit celles de Gitarama, je trouvais plus hygiénique de faire dormir dehors les enfants pendant la sieste plutôt que dans la cuisine enfumée. Devant le refus catégorique du responsable, Thadée (« mais moi, j'ai dormi toute mon enfance dans la fumée, et vois comment je me porte »), je compris et cessai d'insister. Là encore, sous-jacente, la peur de l'autre.

Jean-Marc et moi avons sans cesse épilogué avec les directeurs locaux avant de prendre une décision concernant les habitudes culturelles, recherchant toujours le point d'équilibre entre ce que pourrait apporter de bénéfique aux populations l'hygiène, les valeurs, les « droits », et le respect des pratiques ancestrales et rassurantes qui cimentent la cohésion sociale. Ce jour-là, à Pondichéry, en mai 2005, six mois après le tsunami, sur la plage, il faisait beau. Le soleil effaçait la souffrance. Les enfants se jetaient à l'eau en riant. Je trouvais tellement inouïs leurs sourires et leurs yeux d'escarboucles brillants de plaisir. Quel triomphe de la vie sur la douleur, le deuil et la destruction ! Cette eau avait englouti leurs parents, leurs frères, leurs sœurs, leurs amis, dont les cadavres nourrissaient les poissons sous leurs pieds. Quelle proclamation d'espoir ! Tout habillée, je me jetai à mon tour dans les vagues, solidaire. J'avais totalement zappé le déjeuner officiel avec politiques et journalistes où je me rendis en sortant de l'eau, *salwar kameez* dégoulinante, écharpe et bindi perdus dans les vagues.

En 2006, les VillagesFXB se développèrent au Burundi, chez les Pygmées, les Twas, la troisième ethnie sacrifiée du Rwanda, coincée entre les Hutus et les Tutsis.

Dans les townships d'Afrique du Sud, grâce à une subvention venue de Californie, nous mîmes en place un programme pour soutenir les écoliers affectés par le sida qui s'occupaient, en parallèle, de leurs parents malades. Ce programme de soutien scolaire avait pour vocation de les aider non seulement à l'école, mais également de leur faire prendre conscience de leur dignité en tant que personnes, en dépit de la maladie. Et de donner aux petites filles des outils pour se défendre contre les abus sexuels.

Jean-Marc Foëx, collaborateur fiable et fidèle, se chargeait, avec nos collaboratrices Grace Mguni et Stevie, de mener à bien ce projet à Johannesburg, tandis que l'équipe menée par Gisèle au Burundi amenait tout cela à bon port.

J'avais par ailleurs, en 2002, absolument tenu à ce que la Fondation finance le travail des professeurs Tony Barnett et Alan Whiteside. Ils avaient publié un ouvrage, *Aids in the Twenty-First Century, Disease and Globalization*, qui complétait les deux *Aids in the World* du Centre FXB de

Harvard. Ces publications m'aidaient à attirer l'attention du monde sur les implications de la pandémie du sida.

L'Inde, de son côté, foisonnait de programmes que j'installais : des VillagesFXB, jusque dans le nord-est, peu accessible, Mizoram et Manipur. D'autres pour amener l'eau, l'hygiène, la santé et la scolarité des jeunes. L'Inde étant un pays compliqué, j'y suivais tous nos projets en me rendant sur place et en lisant minutieusement chaque rapport, chaque compte rendu. Nous y accomplissions un travail efficace de prévention du sida, de sensibilisation des populations et des gouvernements de toutes les provinces et territoires de l'Union. Au Tamil Nadu, la *Chief Minister*, Jalalayita, organisa une conférence dans la capitale, Madras, devenue Chennai, durant laquelle elle affirma qu'elle prenait en charge tous les malades. Jalalayita était une belle brune plantureuse, autrefois actrice de cinéma. Élue à une presque totale unanimité, elle dirigeait son État avec une poigne de fer. Nous fûmes quelques-uns à être convoqués dans son palais pour une discussion plus intime. J'attirai son attention sur le fait que, certes, ses électeurs étaient bien pris en charge médicalement, mais seulement pour les maladies opportunistes, pas avec les antirétroviraux qui s'attaquaient au virus lui-même et sauvaient la vie.

— Est-ce exact ? interrogea-t-elle avec courroux son conseiller médical apeuré.

— Oui, madame *Chief Minister*, fournir des antiviraux nous coûterait trop cher.

— Eh bien peu importe, dès demain vous leur procurez, décréta-t-elle avec autorité.

À l'époque, au début des années 2000, on pouvait vraiment agir utilement, contournant les obstacles de castes, de religions, sous-jacents à toute tractation. Je me rappelle comment, vérifiant dans un VillageFXB du sud de la péninsule que les latrines avaient été convenablement construites, je découvris une armoire à balais. La famille, bien que très pauvre, n'était pas de la caste des Dalits, la seule autorisée à s'occuper des questions de latrines ! Donc, ici, entorse à la méthodologie : au lieu de la famille, on embauchera des Dalits pour cette construction ! Même chose lorsque je m'efforçais de créer une équipe avec deux collaborateurs de régions différentes, tous deux très compétents, chacun dans leur domaine. Leur alliance eût été explosive ! J'avais élaboré cette stratégie depuis mon bureau valaisan. Quand je les vis entrer dans la pièce, je compris immédiatement mon immense erreur : l'un avait la peau plutôt blanche, un Brahmane ou Kshatriya, l'autre plus beige que moi, un Dalit, universitaire brillant, catholique de surcroît… « Aïe !! Cela ne marchera jamais ! », me dis-je. En effet, rapidement, ils se bombardèrent d'injures.

L'Inde, fière à juste titre de sa culture millénaire aux ramifications innombrables et aux valeurs religieuses radicalement opposées à celles de l'Occident, n'accepte pas, ou difficilement, les ingérences occidentales. Même pour son bien. Elles ont pour les Indiens des relents d'histoire récente, ce qui se comprend. La résistance aux changements venus de l'extérieur est souvent forte. La culture indienne est aussi très différente de la nôtre, dictée par un texte fondateur, l'histoire de Rama, qui enseigne que la fin justifie tous les moyens. Cette thèse peut mener très loin ! Il y a aussi toutes les inégalités sociales dues à la philosophie et la religion, inexcusables et blessantes, qui bien qu'officiellement bannies sont toujours silencieusement présentes.

J'avais, pour m'aider à traverser ces chausse-trapes, mes amis fidèles et dévoués. Autant de ponts précieux entre l'occidentalisation à laquelle ils participaient et le décryptage des coutumes locales : à Mumbai, la belle et imposante Uma Dubash Morvi, toujours généreuse et loyale. À Delhi, le diplomate lettré à l'esprit inquisiteur Côme Carpentier. Et aussi mon cher poète et artiste si doué Momin Latif, lui aussi toujours présent. La célèbre journaliste Tavleen Singh, qui a très tôt compris mon travail, m'a suivie sur le terrain et a écrit dans l'un de ses éditos que FXB faisait en Inde le travail que le gouvernement aurait dû faire ; Gita Mehta, enfin, avec qui je partage une boulimie de romans, à New York ou dans l'Orissa, m'a toujours, elle aussi, encouragée et soutenue. Eux tous m'ont aidée, par leur amitié inébranlable, à traverser les écueils et à préserver l'existence de mon organisation FXB Inde.

J'essayais de me fondre au maximum dans le paysage, m'habillant, telle une Indienne, de saris et de *salwar kameez*, avec même un tikka au front. Et j'aimais ça ! Je me sentais chez moi dans ce mélange de religions et de coutumes variées et contradictoires. Le machisme inéluctable, mais discret en ce qui me concernait, évoquait l'Amérique latine. Le curry des plats, la saveur piquante de l'*aji*. La végétation semblable à celle d'Amérique du Sud, les femmes ressemblaient à mes tantes, à mes cousines, à ma mère. Dans un lointain village, une très vieille petite dame beige, édentée et ridée comme une pomme, me serra longuement dans ses bras. Quelque chose en elle me rappelait ma si petite grand-mère, qui me communiquait son amour par de vigoureuses embrassades. Si l'on croit en la réincarnation, proposition alléchante s'il en est, j'aurais eu de nombreuses vies dans cette Inde aux multiples facettes, et pour moi curieusement si familière, dont je parvenais à décoder les mystérieux pièges, à travers lesquels je naviguais tant bien que mal.

Le Premier ministre indien, Manmohan Singh, me reçut un soir afin que je lui expose l'implication de FXB dans son pays depuis tant d'années. D'un sourire las, il me dit :

— Madame, si vous avez pu réussir ici, vous pourrez réussir n'importe où.

En 2014, je décidai de publier un manuel sur notre méthode, une boîte à outils, que je rédigeai avec la Faculté d'éducation de Harvard et les équipes de terrain d'AFXB. Je le destinais au Web, en accès libre et gratuit, afin que ceux qui étaient intéressés ne perdent pas leur temps à réinventer la roue, que les petites ONG locales puissent elles aussi faire bénéficier des milliers, ou des millions, de personnes de cette nouvelle voie que nous avions tracée, rencontre entre le paradigme de Mann et le don d'une entreprise pour éradiquer l'ultrapauvreté : nous l'avons publié le 11 juin 2015.

Le Centre FXB de santé et droits humains est mené maintenant par deux femmes remarquables, Michelle Williams, doyenne de la Faculté de santé publique, et Mary Bassett, une directrice viscéralement investie et militante. Et les études menées sur les enfants les plus vulnérables, dont c'est la mission de base du Centre FXB, le sont par la talentueuse directrice de la recherche, Jacquie Bhabha, très impliquée et concernée par la migration. Toutes leurs recherches, articles et interventions influent sur la politique de santé et des droits aux États-Unis comme au sein de l'Union européenne ou aux Nations unies. Ce pourquoi j'avais voulu ce Centre.

Je repartis sur le terrain, indépendante. Je souhaitais piloter seule, avec un partenaire unique, une action à Gaza. Revenir à nos bases : un programme dans un lieu oublié, pour les causes oubliées de personnes oubliées.

J'étais déjà venue dans ce coin du monde où les haines et les passions semblent ne jamais devoir s'éteindre. Or, il y a bien longtemps, l'argent de la Fondation s'amenuisait. Mais je décidai d'en utiliser un dernier gros morceau pour une action qui me tenait à cœur en Israël. Shimon Peres avait présenté à la Fondation Clinton un programme important de sa propre Fondation : créer des équipes de sport mêlant adolescents israéliens et palestiniens, garçons et filles. Durant les trois ans de ce partenariat où je travaillai avec le merveilleux docteur Danny Shanit, nous avons ajouté aux équipes sportives un volet de formation de médecins palestiniens par des médecins israéliens. Cette initiative imprima en moi la forte conviction que c'est non seulement par les enfants que la paix peut se tisser – ici resurgit l'image de Shouki et Ammar, du bateau *Médecins du monde* –, mais également que la cause nécessitant aujourd'hui un appui immédiat, car la moins bien défendue, était la cause palestinienne : avoir droit à un pays. Jusque-là je n'avais été militante que pour Israël et son propre droit à l'existence.

Il y a des Israéliens formidables et des Palestiniens admirables. Danny Shanit et Bassim Aramin en sont deux exemples ; le premier arracha, dans une nuit de guerre, à un checkpoint, un enfant palestinien qu'il fit opérer en extrême urgence dans un hôpital de Jérusalem. Le second, entraîneur bénévole dans nos équipes de football, perdit sa petite fille Abir. Tuée par des soldats israéliens à la sortie d'une école de garçons qui leur lançaient des pierres.

Il continua en dépit de son deuil à venir entraîner les enfants. Respect.

En début de projet, je demandai à Shimon Peres d'organiser à la fin de chaque semaine un repas de denrées mangeables et buvables par tous, afin que les parents, eux aussi, se découvrent des affinités et tricotent des liens. À quoi bon les amitiés entre enfants si, une fois rentrés dans leur famille, l'hostilité réapparaissait ? « Ça ne fonctionnera pas », me dit-on. Je réclamais quand même un essai. Ces repas partagés furent un tel succès que, pendant la guerre avec le Liban en 2006, les parents palestiniens, continuèrent de traverser les checkpoints pour retrouver leurs homologues israéliens et discuter avec eux des progrès sportifs de leurs enfants. Ces réunions restèrent longtemps, me dit-on, un élément du programme de la Fondation Shimon Peres.

À Gaza, je ciblai Omar Shaban, le très engagé et fiable initiateur du think tank gazaoui qu'il dirige, PalThink. Nous collaborons depuis plus de trois ans pour apprendre à la jeunesse en quoi la non-violence est essentielle, chez soi comme à l'égard d'autrui, et pour négocier la paix dans la région.

Au départ, nous bénéficiions de la complicité, dans la bande de Gaza, de quelques ONG et d'une radio locale. En deux ans, vingt-huit ONG gazaouies nous ont rejoints, dont de nombreuses femmes, handicapées ou victimes de violences, non seulement dans la bande de Gaza mais aussi en Cisjordanie, et timidement à Jérusalem-Est. Mon idée à terme, à laquelle Omar adhéra avec empressement, était de mélanger, au sein de cette coalition pour la paix, la jeunesse d'autres pays de la région, y compris de jeunes

Israéliens. Jamais je ne renoncerai à tenter cette paix impossible entre Israéliens et Palestiniens.

J'ai aussi, pendant près de quatre ans, dansé sur le fil du rasoir et épousé au sens propre ma cause : un Libano-Palestinien, réfugié politique aux États-Unis, né dans un camp, très traumatisé par les guerres auxquelles, enfant soldat, il avait dû participer. Ce qui l'avait rendu extrêmement fragile psychologiquement. Des années rock and roll, dans une effervescence très heureuse et potentiellement dangereuse, durant lesquelles j'ai réussi enfin à allier harmonieusement amour fou, don de soi et bonheur physique sans y être inextricablement accroc ni m'y détruire. Unique, il était intelligent, rapide, inattendu. Curieux de tout, poétique, original et d'un humour décapant. La politique, ses mensonges pour survivre, les guerres, leurs services secrets et les secrets tout court, ont soulevé des bourrasques dans lesquelles « jamais Titus ne reverra Bérénice ». Toute mon existence, je remercierai le destin d'avoir allumé cette flamme dense et très rare entre nous. Gravée en filigrane dans les brouillards de l'Histoire.

Fin 2018, une semaine avant de partir à Gaza, après un vol plané dans le noir, je me fracassai stupidement sur un sol en marbre la rotule en trois morceaux. Les années m'ont aplatie comme une crêpe. Et puis... j'ai rebondi. Dans un monde très différent. On changeait d'époque. Encore !

C'est durant l'été 1997, parlant à Jacques Grange et Pierre Passebon, que je découvris un pays d'attache, là où je décidai de poser mes valises : le Portugal, encore sauvage et peu habité d'étrangers. Ce pays réunissait en un seul lieu, dans une même culture, mon ADN breton paternel, la latinité maternelle, le soleil brûlant du Sud qui m'est indispensable, ainsi que la teinture mauresque de mon adolescence. J'y trouvai des cousins, mon incomparable Henrique devenu un frère de cœur tout comme sa fratrie. Une famille choisie. Enfants de ma bienveillante tante Thérèse, la cousine préférée de Papa. Elle avait épousé un chaleureux Lisboète. En 2002, je reçus des mains du président du Portugal Jorge Sampaio, au Sénat de Lisbonne, le prix Nord-Sud de la Commission européenne. La cérémonie fut suivie d'un dîner à la Présidence avec le charmant Jorge Sampaio, excellent musicien, et José Manuel Barroso, alors Premier ministre, dont je fis à cette occasion la connaissance.

Pendant vingt-quatre ans, j'y ai loué une maison où, durant trois semaines, mes amis les plus chers se succédaient, mes proches, marques de mon éclectisme, dont mon plus jeune ami, le surdoué Portugais Santi Esteves, treize ans, à qui je passe les livres de mon ami centenaire, Edgar Morin. Et bien sûr mon précieux Georges Casati, toujours élégant, souriant, au-delà de son cruel Alzheimer. Seule ou entourée des êtres qui me sont chers, je me suis insérée dans la vie portugaise, écoutant devant les imperturbables cigognes de la rizière des fados rythmés par le pilonnage régulier de l'océan contre les hautes dunes. C'est là que je commençai à mettre en ordre mes archives et à écrire ce livre.

Le monde, *mon* monde, changeait. Le départ de certains proches avertissait de ce changement : d'abord, en 2014, l'enterrement de K. S. Karol, journaliste français d'origine polonaise, spécialiste des pays de l'Est et proche de la gauche dissidente italienne. Sur la musique déchirante des chants de l'opposant soviétique Boulat Okoudjava, nous éparpillâmes sur son cercueil des pétales de roses pastel, Rossana Rossanda veillant depuis son fauteuil roulant. En sortant du cimetière du Père-Lachaise, Oreste, le sympathisant des Brigades rouges, béret de côté, écharpe écarlate lancée autour du cou comme une banderole, sifflota *Le Temps des cerises*. Nous, le cœur en charpie. Puis il y eut celui de notre tant aimé Jacques Lebas, de Médecins du monde, en 2019. La fin d'une épopée et d'une bande de complices, « Les Copains d'abord ». Enfin, le 29 février 2020, eurent lieu les funérailles nationales de Jean Daniel dans sa centième année. Mort d'un homme qui avait tant marqué nos jeunesses et pour qui j'ai une profonde et vieille tendresse. La mort entérinée de la deuxième gauche.

Puis la Covid débarqua, avec ses injonctions de conduites à l'opposé de celles du sida. Au sortir du confinement, le monde se retrouvera avec évidence brutalement catapulté dans un univers radicalement changé. Nous qui avions tant milité pour déstigmatiser les malades du sida, voilà qu'on nous enjoignait de porter des masques et pratiquer la distanciation physique ! Ne plus se toucher, ne plus donner d'embrassades aux malades ni aux personnes vulnérables dans les Ehpad. Discriminer les générations, tout jeune devenant suspect auprès des plus vieux d'être porteur invisible, car asymptomatique. Similitudes en revanche avec la pandémie dans le déni, le tâtonnement et les directives contradictoires des autorités.

C'est à vous que je pense en écrivant, enfants vulnérables, vous toujours et encore, partout dans le monde. Comme ces deux adolescents cachés dans le train d'atterrissage d'un avion de la Sabena entre Conakry et Bruxelles : Yaguine Koita, quatorze ans, et Fodé Tounkara, quinze ans, morts gelés parce qu'ils espéraient trouver en

Europe une vie meilleure. Sur leurs petits cadavres, on a trouvé une lettre. Elle implorait les dirigeants européens : « Nous plaçons notre confiance en vous. Aidez-nous, s'il vous plaît. Si nous mettons nos vies en danger, c'est parce que nous souffrons trop en Afrique. Nous avons besoin de votre aide pour lutter contre la pauvreté, mettre un terme à la guerre. Mais nous avons surtout besoin d'éducation. Aussi nous vous demandons de nous aider à étudier, pour qu'en Afrique nous devenions comme vous. » Ils voulaient désespérément « être comme nous ».

ÉPILOGUE

Il m'a fallu du temps pour réconcilier les deux branches de mes origines. Comprendre tout ce que m'avait apporté cette tension entre deux milieux, ses navigations difficiles, deux systèmes de valeurs, deux façons de voir et de vivre le monde. Celles des origines et celles que je m'étais choisies. Cela dit, en aucune façon je n'intégrerais jamais la bulle de snobisme arrogant et des narcissismes élitistes et scintillants. Je me trouverais toujours, comme l'écrivit de moi Charles Danna, avec « un pied dans la boue, un pied dans la soie ». Paix, liberté et justice, incrustées en moi. L'indescriptible douleur qui m'a broyée le 14 janvier 1986 s'est muée en cartilage, qui m'articule depuis à celle de l'horreur injuste, laquelle, nous reliant les uns aux autres, est la donnée commune de notre humanité.

Dans la brume qui floutait mes pensées dans le deuil, c'est cette lueur qu'il me fut donné d'apercevoir en 1987 et qui m'a propulsée vers la rencontre planétaire d'inconnus. Exclus parce que trop pauvres, trop malades, handicapés, persécutés, à la peau trop foncée ou trop claire, au genre différent, ou tout cela conjugué ensemble. J'ai travaillé en direct avec eux, à réparer la vie, maille par maille.

Je suis fière de mon fils. De son obstination à réaliser ses rêves. De son courage à affronter les dragons qui l'ont dévoré. Fière de ce qu'il a fait de ses vingt-quatre ans sur cette planète. En dépit du manque abyssal que je ressens, il se devait d'en être ainsi. À travers ce destin nous avons, lui et moi, rempli nos contrats avec la vie. J'espère, au nom de François-Xavier, avoir contribué à réparer des équilibres. À répandre l'amour, la justice, la solidarité et l'aide à la part de l'humanité si meurtrie de notre globe. Et j'espère quitter cette Terre meilleure que je n'y suis arrivée. Devenue une alchimiste, comme l'écrira *Time Magazine* en 2003, transformant ma douleur privée en initiatives de bien public.

Mes récits sont ceux de mondes anachroniques. Je suis cependant persuadée de la pérennité des modes d'emploi. Ne pas lâcher, tenir sur le haut mât dans les tempêtes. Tenir, tenir. Cultiver le courage, la résilience, la volonté, l'espoir. Apprendre. Toujours apprendre. La curiosité, qui pousse à se dépasser et aller là où l'on ne vous attend pas. Et la discipline, pour refuser ce qui détruit. Que le malheur et le désespoir n'aient pas le dernier mot. Et que la mort, qui de toute façon au bout du bout l'aura, ce dernier mot, l'ait le plus tard possible.

Et puis, si vous voulez contribuer à dispenser un peu de « cette fragile lumière du beau et du bien », comme la nomme Jean d'Ormesson, retenez l'histoire des étoiles de mer : elle m'a été transmise par le docteur Oleske, qui l'avait lui reçue d'une grand-mère afro-américaine de Newark, et elle symbolise si bien le travail de FXB : un homme déambulant sur une plage voit une jeune femme ramasser des étoiles de mer en train de se dessécher qu'elle rejette dans l'eau.

— Cette plage fait des dizaines de kilomètres et il y a des milliers d'étoiles de mer, vous ne pourrez jamais les sauver toutes, lui dit-il. Alors qu'est-ce que cela peut vous faire ?

Prenant celle qu'elle avait dans la main, la reposant dans l'océan, elle lui répond :

— Cela *fait tout* pour celle-ci.

Cent mille personnes ont été sorties de la pauvreté la plus abjecte grâce aux VillagesFXB. C'est l'équivalent en termes de population d'une ville comme Roubaix ou Argenteuil. Dix-huit millions de personnes impactées en trente ans par toutes les activités FXB confondues, c'est l'équivalent d'un petit pays, comme le Malawi ou les Pays-Bas.

L'étoile de mer, c'est cette petite fille de deux ans, à moitié nue, rencontrée à Delhi, sur l'avenue élégante menant à la Présidence, fouillant les ordures éparpillées entre les voies de circulation pour y trouver de quoi survivre. Une parmi les millions d'enfants de la « génération larguée ». Comment parler progrès tant que ces étoiles de mer n'auront pas été sauvées ? Tant que la société civile globale ne ressentira qu'indifférence ?

Je remets tout mon espoir entre les mains de la jeunesse. Aussi bien pour combattre ces injustices que pour changer nos modes de consommation, de production et inventer de nouveaux emplois verts inattendus, d'autres modes d'organisation de la vie humaine, avant qu'il ne soit trop tard pour les écosystèmes de notre planète. Tricoter des mailles de fraternité, de justice, de tolérance et de douceur, sachant garder l'émerveillement devant la nature, le vivant et le cosmos. Nous ne sommes qu'une virgule dans la longue phrase du temps. Brindilles d'existences éparpillées. Les virgules ne peuvent pas saisir le sens de la phrase.

Notre espèce qui croit tout savoir manque peut-être d'humilité. Aussi se souvenir que de la perte vient le renouveau. Que l'amour échangé est un carburant pour rouler sur la route de la vie. Rester fidèle à ses principes, à ses convictions. Ne pas laisser le malheur nous pousser à nous replier sur nous-mêmes. Découvrir combien le bonheur des autres, lorsqu'on en est à l'origine, est l'étincelle qui allume le nôtre. Savoir que les rivages de la vie sont de hautes falaises de tristesse, émaillées de petites criques ensablées de bonheur. Aimer ! Oui, l'important, c'est d'aimer. De savoir aimer. S'infiltrera en nous, dès lors, sans bruit, cet ardent courage de vivre.

Remerciements

J'aurais eu besoin d'un chapitre de plus pour remercier nominativement toutes celles et ceux envers qui j'ai de la gratitude à travers ces trois livres de mes vies qui n'en font qu'une. Que ceux et celles, mentionnés ou racontés à travers ces récits, sachent qu'à l'écriture de chaque nom m'ayant aidée ou soutenue dans I, II et III, j'ai chaleureusement exprimé un immense et profond merci.

Ma reconnaissance va aussi à tous ceux et celles du monde médical qui m'ont maintenue en vie, tels André Hiriart ou Jean-François Bezot, et à celui qui m'en a redonné une, de vie, le professeur Gilles Walsh.

Je voudrais également dire ma gratitude à mon assistante protéiforme Helena Montalvao, qui durant ces trois années d'écriture n'a cessé de me procurer qualité du quotidien avec une grande générosité. Une reconnaissance semblable de m'avoir tout autant extirpée des pièges diaboliques de l'Internet va à Marc Duraffour, à Monique Garcia et Fabrice Veiga. Ma gratitude va également à Sabine de Janvry.

Dans le parcours de cette longue vie, je me suis constitué une famille choisie : le terroir du Valais, mon fils et son père Bruno Bagnoud. Puis celle qui me ressemblait, au *Nouvel Observateur*, ensuite la joyeuse famille du Cinéma avec en tête de file mon ex-mari Georges Casati ; celle chaleureuse de MDM, et notre bande indissoluble composée de Dominique Monchicourt, Bernard Kouchner, Patrick Aeberhard, Jacques Lebas et Michèle Barzach, qui rejoignent annuellement la tribu de l'été. Que toutes ces facettes de ma famille soient profondément remerciées de leur précieuse et tendre affection. Se sont articulés à cette famille choisie et variée, au gré du temps et des événements, des membres de ma famille biologique : comme Albert de Monaco et mes cousines monégasques, leurs enfants et petits-enfants. Mes cousins portugais, leurs enfants et petits-enfants. Quelques Jacquelot bretons et des neveux libano-boliviens de Beyrouth, ainsi qu'à Tyr ma Nour Elhaj chérie et sa petite Joud. Toutes et tous je les remercie d'être dans ma vie et de m'y apporter tendresse et solidarité.

S'y ajoutent mes fidèles compagnons de route de l'été, par ordre alphabétique, qui pour la plupart sont membres de la famille étendue FXB. Sophia Aram, Benoit Cambillard, Annick Cojean, Sara et Michèle Daniel, Charles Dantzig, Amar Dib, Yan Gilbert, Alon et Betsy Kasha, Patricia et Brice Lalonde, Christine Ockrent, Silvana Paternostro, Stanislas Pottier. Les Rondeau. J'ajoute dans cette famille à multiples facettes mes six filleuls, en particulier Charlotte Casiraghi, son mari Dimitri et Alexandre Kouchner, très impliqués dans AFXB.

Mes proches, marques de mon éclectisme, merci de vos tendres et précieuses présences attentives.

Je veux dire un très grand et fort merci à toutes et tous, qui, sur ma longue route d'action humanitaire, ont participé à donner à l'ONG FXB et aux programmes de la Fondation FXB leur reconnaissance internationale. Ce sont des centaines de collaborateurs, de participants, de bénévoles que je voudrais citer en plus de ceux qui sont dans le livre III. Je pense à Supattra et Noree en Thaïlande, à Macarena en Uruguay, à Antoinette Seillière et Véronique Jenelten en Suisse, Ajit Gulabchand en Inde et tant d'autres. Mon immense reconnaissance va aussi à tous les membres des structures administratives et bureaux de FXB Suisse, présidés par Didier Cherpitel et dirigés par Christine Eggs ; de France, et leurs membres, présidés par Stanislas Pottier, où Sophia Aram, vice-présidente, s'engage dans des projets terrain ; des USA, et leurs membres, présidés par Bilge Bassani, assistée par Karima Weinstein ; aux membres du Conseil du Centre FXB à Harvard, à tous et toutes je dis ma profonde gratitude. Mes remerciements vont aussi à ceux et celles du monde international, universitaire et politique qui, eux, ont compris la nouveauté de certains de mes choix, les ont soutenus et défendus pour le mieux-être des populations concernées. Me viennent en mémoire le doyen Harvey Fineberg et la doyenne Michèle Williams à Harvard, la fidélité loyale des professeurs Amartya Sen, Prix Nobel d'économie, et Sudhir Anand d'Oxford. Du Prix Nobel de la paix, Muhammad Yunus. De même que le directeur d'ONUSIDA dans les années 1990, Peter Piot, dont une citation sur mon combat pour défendre les orphelins du sida m'émeut à ce jour. J'ai aussi une immense gratitude pour les politiques qui m'ont comprise et aidée : les ministres Georges Kiejman, Bernard Kouchner, mais aussi John Kerry, tout comme Daniel Rondeau, qui en tant qu'ambassadeur a inclus les VillagesFXB dans deux de ses conférences, l'une à Malte, l'autre à l'Unesco. Ces programmes de FXB ont été mis en lumière par Edgar Morin dans son livre *La Voie*, par la députée européenne Patricia Lalonde dans le sien sur l'Afghanistan, et par Charles Dantzig publiant, dans sa revue *Courage* chez Grasset le récit de la Pygmée burundaise Dorothée. Qu'ils en soient chaleureusement remerciés. Ma gratitude va également au professeur Klaus Schwab et à Hilde Schwab, car m'ayant choisie pour faire partie de leurs premiers Entrepreneurs sociaux, ils ont permis à FXB d'assister et de participer au World Economic Forum, tellement intéressant et truffé d'opportunités pour les ONG. Mes remerciements vont aussi au président Clinton pour l'inclusion de FXB dans sa « Clinton Initiative ». Me vient en mémoire la participation fraternelle et spontanée au Sénat des acrobates du 93, les Yamakasi. Merci.

Dans le cadre de l'action humanitaire, je remercie du fond du cœur ces « parrains » et « marraines » qui ouvrent une porte, donnent un coup de main, tels Dimitri Rassam, Mark Lloyd, Fanny Ardant, Anthony Bingham Newland, Olivier Dupraz.

Aux donateurs, qu'ils nous adressent des dons modestes ou fidélisent des soutiens importants, ils permettent à l'ONG d'étendre et de poursuivre son travail pour les plus démunis ; encore plus depuis l'épuisement des fonds propres de la Fondation. Je pense à Éric de Rothschild, à Laurent Dassault, à Béatrice Stern, à Hans Peter Wild, tout comme la Mairie de Paris, la Maison Barnes et toutes les généreuses et fidèles Fondations partenaires. À toutes et tous, une infinie et éternelle reconnaissance. Et merci Laure Delouvrier de mener à bien cette tâche.

Lorsque je me suis finalement décidée à entreprendre la rédaction de ce livre, j'ai eu la très grande chance d'être entourée d'un réseau d'amis sûrs de longue date, m'encourageant et me pressant depuis des lustres à entreprendre ce travail. Je me souviens de Florence Malraux, de Bernard Frank, d'Antoine Audouard ; de Nicole Lattès, de Bernard et Catherine Guetta, d'Olivier Nora, de Régis Debray, d'Anne Fulda, d'Antoine Gallimard, de Valérie Solvit. Ainsi que de Sophie de Villenoisy, Ivan Levaï, Leonello Brandolini. Merci, merci.

Depuis longtemps, des proches ont généreusement accepté de lire les 350 pages du brouillon de mon enfance en anglais : Diana Philipps, Gita Mehta, Françoise et Philippe Labro, en m'encourageant à continuer. Puis d'autres ont lu soit des bribes, ou des brouillons en français, soit le livre dans sa version quasi-finale, et m'ont fait suggestions et remarques bienvenues et utiles. Je les cite dans un désordre néanmoins chronologique, toutes et tous enserrés dans mon affection et mon amitié très reconnaissante : Daniel Rondeau, Éric Neuhoff, Teresa Cremisi, Natalie David-Weill, Christine Eggs, Michèle Daniel, Michèle Barzach. Un grand merci à Annick Cojean, à qui va ma profonde reconnaissance pour ses remarques et suggestions pertinentes, tout comme à Marc Lambron, dont la lecture attentive, minutieuse et fine m'a particulièrement touchée, ainsi que celle de Stanislas Pottier pour AFXB et le livre III.

Merci d'avoir pris le temps de me lire, Silvana Paternostro, Sophia Aram, Clara Paul Zemmour, Alon Kasha, Helena Montalvao, Minnie de Beauvau, Martina Stuben, Caroline Kamal. Ainsi que Pierre Netnaël Bussière, à qui je dois la généreuse inspiration du titre, merci beaucoup. Ma gratitude affectueuse à Philippe Labro et Alain Minc. Leur enthousiasme m'a fourni le carburant requis pour mettre « in fine » le mot FIN sur l'avant-dernière mouture qu'ils m'ont fait l'amitié de lire.

Pour le livre III, j'ai bénéficié des recherches de dates, de lieux exacts, soigneusement fournis par Christine Eggs, maintenant directrice générale de l'AFXB, qui me remplace au quotidien, un très chaleureux merci, comme à Alon Kasha et Anil Purohit, pour les mêmes apports.

Bruno Patino et Raphaël Sachetat, indispensables, ont contribué à rafraîchir ma mémoire, et de par leurs questions insistantes à en exhumer certains souvenirs enfouis. Raphaël, tes recherches historiques et d'archives m'ont été précieuses. Ta présence affectueuse, et amicalement concernée, en personne ou au téléphone, m'ont souvent confortée, tout comme un premier editing incontournable. J'ai enfin pu compter, dans les huit jours de ma dernière ligne droite, sur l'intervention de mon ami François Bayle, l'un des grands professionnels de l'editing en France, avec qui j'ai procédé aux dernières coupes et ajustements de ce récit. À tous trois ma très, très grande gratitude.

J'ai une reconnaissance affectueuse et particulière pour Daniel Rondeau. La belle préface qu'il m'a consacrée est un grand cadeau, merci Daniel.

Je veux, bien sûr, dire toute ma reconnaissance à mes éditrices chez Flammarion, Anna Pavlowitch et Anavril Wollman, dont les excellents conseils éditoriaux furent très judicieux. Et bien entendu cette reconnaissance se partage avec Karina Hocine et mon attentive agent Susanna Lea.

Que ceux que par mégarde j'aurais pu oublier veuillent bien me pardonner. À toutes et tous un très grand merci.

NORD COMPO
multimédia

Composition et mise en pages
Nord Compo à Villeneuve-d'Ascq

CET OUVRAGE
A ÉTÉ ACHEVÉ D'IMPRIMER
SUR ROTO-PAGE
PAR L'IMPRIMERIE FLOCH
À MAYENNE EN FÉVRIER 2022

N° d'édition : L.01ELJN000997.N001. N° d'impression : 99837
Dépôt légal : mars 2022
Imprimé en France